Q&A 若手弁護士からの相談199問

特別編 企業法務・キャリアデザイン

京野哲也 編著

ronnor 著
dtk

日本加除出版株式会社

.

は じ め に

　これまで「Q＆A若手弁護士からの相談」シリーズが2冊出版され，好評を博して来ました。第1弾の『Q＆A若手弁護士からの相談374問』は一般民事，そして第2弾の『Q＆A若手弁護士からの相談203問　企業法務・自治体・民事編』は企業法務を中心とした若手弁護士の実務上抱くであろう法律問題に関する疑問に応えてきました。

　本書は「Q＆A若手弁護士からの相談」シリーズの第3弾として，若手弁護士の法律問題「以外」の悩み，特にコミュニケーションやキャリアに関する悩みに応えるものです。とりわけ，多くの一般的な弁護士にとって苦手あるいは未知である「企業法務」「顧問会社」について，インサイドから解説したQ＆Aを多く取り上げた点に特長があります。例えば，新人弁護士が面食らう「金曜に翌週月曜までの依頼が来た」という場面について，本書は「どうして金曜に翌週月曜までの依頼が来るのか」という切り口で顧問会社の内部の視点から，弁護士に対する新鮮な示唆を与えてくれます（Q19参照）。これはほんの一例ですが，もっと広く，企業法務パーソンと弁護士間のコミュニケーション，更には企業法務インサイドでの効果的なコミュニケーションのスキルなど，更に個々人のキャリア形成などに関し，著者らが後輩である若手弁護士，同時に若手企業法務パーソンに向けて，経験から得た知見を惜しむことなく解説しようとしたものです。

　その結果，本書は，若手弁護士のニーズに応えると同時に若手企業法務パーソンの悩みに応える内容を豊富に含むものです。

　本書第一編では（法律事務所所属弁護士を念頭においた）顧客との関係での悩みについて，第二編では（インハウスを含む企業法務パーソンの抱える）企業法務という仕事の進め方の悩みについて，第三編では（全ての若手弁護士共通の）今後のキャリアの悩みについてQ＆A形式で説明します。

　本書は，『Q＆A若手弁護士からの相談203問　企業法務・自治体・民事編』（第2弾）の主要メンバーである京野及びronnorに加え，dtkが参加しています。

　司法研修所教官等の経験を持つベテラン弁護士である京野，企業内の法務部門で日々模索を繰り返してきたronnor，日米の弁護士資格を有する企業法務パーソンとして現在上場企業法務部門長を務めるdtkの3人それぞれがQ＆Aの原稿を作成し，その内容を3人で議論し，場合によっては大幅な加筆をした上で，現在の内容となっています。ronnorとdtkが主に企業法務系の原稿を，京野が主に一般民事系の原稿を作成していますが，

例外もありますし，いずれも3人の議論の成果ですので，どれが誰の原稿かを対外的に明らかにすることはせず，全体が3名の共著となっています。なお，ronnorは，自分が新人の頃知っておきたかった事項を伝えることが，悩める若手弁護士にとって役に立つのではないかと考えており，Twitter上で「#新人法務パーソンへ」というタグで投稿しており，また，ronnorとdtkは本書と同趣旨のブログ記事をいくつか書いていたところ，一部のQ＆Aはこのような「原案」のあるものも含みます。とはいえ，大幅に加筆を施しています。

　確かに事務所や会社によって若手弁護士（企業の場合，資格の有無を問わない法務パーソンを含む）の置かれている状況や悩みの解決方法が異なる部分はあります。しかし，そのような限界は十分に理解した上で，共著者間で協議をしながら「多数の組織で当てはまりそうな事項」を「例外の存在を前提とする一般論」として示そうとしています。本書の内容が，自分の置かれている組織の状況等と比較をして頂く際の「軸」になることで，読者のお役に立てることを期待しています。

　第1編は法律事務所所属弁護士である読者にとって有益なもの，第2編（及び第3編第3章，第4章）は，弁護士資格の有無にかかわらず全ての法務パーソンである読者にとって有益なもの，そして第3編は，現時点で法律事務所所属か，企業所属かを問わず，全ての若手弁護士である読者にとって有益なものではないかと考えています。

　著者らは，テクノロジーが進化する2023年においても，弁護士業務，特に企業の内外を問わない企業法務業務には付加価値及び魅力があると信じています。そのような時代における，「悩める若手弁護士」「悩める若手法務パーソン」のお役に立てればと考えております。

2023年3月

　　　　　　　　　　　共著者一同（京野哲也＝ronnor＝dtk）

参考文献

　本書は，もっぱら経験に基づいて語ったものであり，参考文献を掲げる性格のものではありませんが，読者の参考のため，本書の主旨である「法的な内容以外」の事柄を主たる内容とする書籍に限定して掲げます。

　なお，京野哲也編著 ronnorほか著『Ｑ＆Ａ若手弁護士からの相談203問』（日本加除出版，2022）について本文中で触れるときは『Ｑ＆Ａ若手弁護士からの相談203問』として引用しています。

第1編
中村直人・山田和彦『弁護士になった「その先」のこと。』（商事法務，2020）
京野哲也『クロスレファレンス　民事実務講義　第3版』（ぎょうせい，2021）

第2編
芦原一郎『「法務の技法」シリーズ法務の技法〈第2版〉』（中央経済社，2019）

第3編
北周士編著『弁護士　独立のすすめ』（第一法規，2013）
北周士，田畑淳，野田隼人，深澤諭史，向原栄大朗編著『弁護士　独立・経営の不安解消Ｑ＆Ａ』（第一法規，2016）
北周士編著『弁護士　転ばぬ先の経営失敗談』（第一法規，2015）
北周士編『弁護士　独立のすすめ　PART２〜体験談から"自分に合った独立開業・経営"のイメージをつかむ〜』（第一法規，2021）
北周士編『弁護士「好きな仕事×経営」のすすめ―分野を絞っても経営を成り立たせる手法―』（第一法規，2018）
北周士編著『弁護士「セルフブランディング×メディア活用」のすすめ』（第一法規，2020）
東京都弁護士協同組合　法律事務所経営ガイド制作チーム編『50期代・60期代弁護士による新時代の事務所マネジメント　令和元年版』（第一法規，2019）

参考文献

西田章『新・弁護士の就職と転職——キャリアガイダンス72講』（商事法務，
2021）

野村慧『新版　弁護士・法務人材　就職・転職のすべて』（第一法規，2019）

目 次

1-3　依頼者との関係を構築し，深める ─────────── 29

第2編
法務パーソン編

第3編
キャリア編

3-2 インハウスとしてのキャリア ——————————— 196

3-4　テクノロジーとの付き合い方 ——————————————— *240*

索　引

第1編　顧問弁護士編

　法律事務所に所属し，主に顧問弁護士という形で依頼者と関わる若手弁護士の悩みに対し，Q&A形式で回答します。法務については，インハウス・法務パーソンを念頭においている場合には，法務部門を意味します。顧問弁護士を想定して記載する場合，文脈上異なる意味を持たせている場合を除き，依頼者の法務担当者を意味します。
　なお，依頼者には企業の依頼者と個人の依頼者の双方が存在するところ，主に企業の依頼者を想定して記述しており，個人の依頼者を念頭におく場合については「一般民事」と明記しています。

1-1　依頼者からの厳しい要求に応えるために

キーワード【プレッシャー】【依頼者からの要求】【満足度】

Q 1

依頼者からのプレッシャーが厳しいのですが，どう対応すればよいでしょうか？

A ••

　（ハラスメントになる場合を除けば）基本的には，依頼者が（表面上要求するものにかかわらず）①費用，②時間，③内容，④形式の全てを合理的な範囲にし，⑤ストレスなくコミュニケーションできる弁護士を求めていることを踏まえた対応をしましょう。

解 説

　依頼者は，①費用，②時間，③内容，④形式の全てを合理的な範囲にし，⑤ストレスなくコミュニケーションできる弁護士を求めています。特に，依頼者側として依頼した業務遂行の全過程を通じて予想外の事態（サプライズ）が生じないよう，受任時に限らずその後も常に期待値と予測可能性に関して説明を尽くし，もし，変更が生じ得るのであれば，それを直ちに説明することが必要です。

　まず，①費用については，外国の法律事務所等は極めて高額な費用を請求することがあります。もちろん，米国訴訟に巻き込まれた場合等，それも「合理的」とみなさざるを得ないこともあるものの，通常は予算（Q21）に応じた費用とすることが求められます。

　次に，②時間については，「対応をしてもらえることの確認までの時間」と「回答時間」の違いが重要であり，Q18を参照ください。

　更に，③内容面は，個別の状況によるものの，依頼者側である程度「欲しいもの」が何かを想定して依頼していることが多く，依頼者と適切にコミュニケーションすることで，その「欲しいもの」として想定しているものが何かを理解し，それを（法律上可能な限り）提供するということが重要です（Q13参照）。実現可能性がない選択肢では助言の意味がありません。そこで，少しでも実現可能性が高い方法を考えるのが重要と思われます。加えて，外部の目から見てどう見えるかを知りたい，というのは顧問弁護士に依頼する理由の1つです。最終的には，依頼者の企業文化等に基づく「肌感覚」を踏まえたアドバイス（例えば，同じような状況でも，適法なレンジがある程度広く，その中で各社が裁量で選び取っていくという場合において，「その依頼者」がどのような選択をする傾向にあるか等を踏まえたアドバイス）を行うことが望ましいものの，そこまでは一朝一夕にはできるようにならないことも理解しておくべきでしょう。

　そして，④形式面は，まずは依頼者のリテラシーに合わせた表現です。噛み砕いた説明の要否及び噛み砕く度合い（粒度）も考えどころです。噛み砕き過ぎると，バカにされていると感じる人が出かねません。ただ噛み砕くのが足りないと何を言っているのか分からないという印象を持たれる可能性があり，そもそも理解されない可能性があります。最終的に読む人が誰かを踏まえ，例えば経営者等であれば，エグゼクティブサマリー（→Q13）を設ける等も検討すべきです。加えて，説明の論拠にどこまでの資料（判例・文献）を引用・添付することが期待されているのかも把握しておく方がよいでしょう。

　最後は，⑤ストレスなきコミュニケーションであり，上記各点を踏まえ，依頼者の意図を理解し，依頼者が依頼して良かったと安心できれば，また依頼したくなるでしょう。

キーワード　【プレッシャー】【依頼者からの要求】
【弁護士倫理】【一般民事】【獲得目標】

Q2

　一般民事の依頼者が「この裁判に自分の人生がかかっている，絶対に勝って欲しい」と強く要求する場合，どんな対応をすべきでしょうか？

A ・・

　依頼を受ける前に「絶対」に「勝って」欲しいという相談者の真の意

図（達成したいゴール）を十分に確認した上で対応しましょう。

解　説

1　受任前に言われた場合

「絶対に」及び「勝って」の意味について弁護士と相談者間において認識の離齬が生じないようにすべきです。裁判の結果は立証と法解釈次第で，「絶対」はありません。また，弁護士倫理の観点からも，勝訴を請け合うことはできません（弁護士職務基本規程29条2項［受任の際の説明等］）。

加えて，訴訟で達成したいゴールが，勝訴判決に限らない場合もあり得ます。その意味では，達成したいゴールがどこなのかの確認もしておくべきでしょう。具体的な事案や証拠関係にもよりますが，例えば，「請求額から多少減額されても，早期に勝訴的和解を得る」とか，「判決で責任論については認容され，被告が悪いということは明らかになったが，損害論ではほとんど認めてもらえなかった」ということが「勝って」に入るのか等の理解の確認をしましょう。

その上で，絶対確実な予測をすることはできないこと，本件事案の見通し，及び，弁護士としてベストを尽くす（ことまでしか言えない）ことを説明し，依頼者として，それでもどうしても了解できない場合，つまり文字通りに絶対条件だと言う場合には，その委任を受けることは結果を保証することを意味しますから，受任できないことになります。

これに対し，あくまでも「それくらいの気持ち」だという意味であり，弁護士の説明を理解してもらえた場合には，見通しを説明した書面を渡し，同書面を委任契約書に別紙として添付する等の方法を取って書面化した上で，受任すること自体は可能です（3も参照のこと）。

2　受任後に言われた場合

では，受任後に初めてそのようなことを言われたときはどうすればよいのでしょうか。

その言葉に正面から応答しようとするならば，「弁護士倫理上勝訴の保証はできませんので，絶対とは言えませんが，一緒に頑張ってみませんか」というような応答になろうかと思います。

しかし，それでも，「本当に死活問題で絶対に勝ってもらわないと困るんです。そのためにお願いしているんですから」と言われ，堂々巡りになってしまうことも考えられます。

このような場合，まずは「受任前には，人生がかかっている，絶対に勝って欲しいとはおっしゃってませんでしたが，何かご事情が変わられたのでしょうか？」などと聞いて，話される内容をとにかく「傾聴」するこ

とがよいでしょう。受任後に状況の変化があったことや，受任前に言えなかった事情を話されるかも知れません。

依頼者の事情や気持ちを「傾聴」の姿勢で臨み，弁護士が依頼者の悩みや恐れを共有し共に闘う存在であることを感じてもらうことにより，文字通りの「絶対」を求める気持ちが変化することはあります。

ただ，それでも，依頼者のこだわりが，依頼者・弁護士間の信頼関係が悪化したことによる場合等には辞任するほかなくなるかもしれません。

3　受任が「可能」であることと，受任「する」ことの相違

なお，上記1のとおり，受任前の説明に対し依頼者が「絶対とは言えないことはよく分かりました」などと了解すれば，受任自体は「可能」です。しかし，受任が「可能」であることと，受任「する」ことは異なります。

仮に絶対を求めないと依頼者が述べ，そのことを書面化をした上で受任しても，受任後に再度「本当に死活問題で絶対に勝ってもらわないと困る」と言われることはあります。その場合に傾聴の姿勢をとっても理解を得られず，辞任するほかなくなることもあります。

理解してもらえるケースになるのかそうでないかは，経験による直観としかいいようがないのですが，まずは，自分で「受任ポリシー」（→ Q30）を決めておくとよいでしょう。そのポリシーに反する受任をしてしまうと，理解してもらえない確率が上がる，と一応言えるでしょう。

キーワード　【プレッシャー】【依頼者からの要求】【白と黒】

Q 3

依頼者から是非弁護士の「適法意見」が欲しいと言われたが，調べれば調べるほど怪しい場合にどうすればよいでしょうか？

A

法務として違法の可能性が高いと分かっているのか，そうでないのか，依頼者の意図を確認しましょう。

解説

1　「黒を白にしろ」という依頼の背景にある2つの意図

一見「黒」に見えるものの，きちんと調べれば「白」だったということもあり得ますが，以下では，弁護士としてきちんと調べた上で，客観的には黒（又は濃いグレー）と判断される場合を前提として検討します。

実務上，依頼者の法務がそのような意味で「黒を白にしろ」という依頼をする場合には，①法務として難しいと分かっているもののビジネスが要求している場合と，②法務としても適法意見を欲しい場合の2つがありま

す。それぞれ対応が異なるので，まずは意図を確認しましょう。

2 法務として難しいと分かっているがビジネスがそのようにいうので依頼する場合

　なぜ法務として難しいと分かっているものの，顧問弁護士に適法ということを求めるでしょうか。例えばビジネスのキーパーソン（→Q58）がビジネスを進めたいと強く要求するところ，法務限りで「止める」ことで，法務が「悪者」になる事態を避けたいという場合があるでしょう。そうであれば，弁護士としては，法務が「悪者」にならないようにサポートすればよいのです。

　典型的には，ビジネスと法務と顧問弁護士の三者の会議を設定し，法務として「是非是非適法にして欲しい」と食い下がるものの，顧問弁護士がそれを拒むというような演出をすることで，法務として喜んでくれる可能性が高いでしょう。

3 法務としても適法意見を欲しい場合

　難しいのは，法務としても適法意見を欲しい場合です。

　それが誤解に基づく場合（法務が白（又は白に近いグレー）と考えている場合）には，その誤解を解く，つまり，法務が知らなかった条文や判例を指摘してリスクを説明することになるでしょう。コンタクトパーソンは理解をしているが，その上司が誤解しているといった場合には，上司も入った会議を開催して直接その上司に説明するといった方法も有益でしょう。

　そうではなく，法務はグレーであることまでは理解しているものの，それでも何とかビジネスを進められる旨の意見が欲しいというのであれば，弁護士としては，具体的なリスクを踏まえ，「最後は会社の判断です」ということさえ憚られるかを判断すべきことになるでしょう。例えば，「法律上グレーであることは間違いないが他社もやっている」という場合，なぜグレーなのか，それがもしブラックと公式に判断されれば（裁判所に限らず，所轄官庁や警察の判断もあり得ます）どのようなリスクがあるかをレピュテーションリスクを含めて具体的に検討することは最低限必要です。そして，そのような検討をした上で，場合によっては，「他社もやっている取扱いであり，リスクを取るかは御社の判断」という意見を出すことはあり得るでしょう。

　これに対し，どうしても止めないといけない場合（例えば刑罰法令にも触れる内容で，そのようなことを行えば，会社のレピュテーションが大きく下がる場合），場合によっては直接面談の上で，言葉を尽くして説明するしかないでしょう。それでも理解してもらえなければ，依頼を断るしかないのでしょうが，

実務上は最終的にそのようになる可能性は（依頼者の「筋」にもよりますが）
低いのではないでしょうか。

> **キーワード**　【依頼者からの要求】【有害的記載事項】
> 　　　　　　　【無益的記載事項】

Q 4

裁判で法律的には全く意味のない主張をするよう依頼者が求めるので
すが，どうすればよいでしょうか？

A

　法務としてもその記載が必要だと考えているのかを確認し，法務が不
要と考えるのであれば，ビジネスに対する対応を，法務が必要であれば
法務の説得をしましょう。

解　説

1　はじめに

　企業によっては，準備書面の提出前に，ビジネスの承認も必要とされて
いることがあります。そうすると，①法務として不要だと思っているがビ
ジネスが追加を求めているという場合と，②法務も必要と考えているとい
う場合の双方の場合があり得ます。そのいずれかで対応が異なりますので，
まずは確認をすべきです。

2　法務として全く不要だと思っている（もののビジネスが強く要求する）場合

　実際にはこちらが多いように思われますが，その場合には，それが無益
的記載事項か有害的記載事項かを考えることになるでしょう。単なる無益
的記載事項であれば記載せざるを得ない場合も多いのではないでしょうか。

　これに対し，有害的記載事項は難しいところです。法務と相談しながら，
いかにビジネスのメンツを潰さず，かつ裁判に悪影響を及ぼさない範囲で
反映するか検討しましょう。例えば，一言「原告としては～とさえ考えて
いる」と書いた上で，もし期日に釈明されたら「単なる事情に過ぎず，要
件事実的に意味のある主張のつもりはない」と回答する等です。ただし，
裁判への悪影響が大きい場合，ビジネスを入れた会議を開催して説明を尽
くし，撤回を依頼するしかない場合もあるでしょう。

　なお，（そもそも筋悪の訴訟を受けるかは議論があるところですが）負け筋の訴
訟において，依頼者が書くべきという記載を有害的記載事項という理由で
記載せず，結果的に敗訴した場合に，弁護士が記載を拒否したから負けた，
という形で依頼者に「非難される」可能性にも留意すべきでしょう。

3　法務も必要と考えている場合

　法務とコミュニケーションをして法務が「なぜそれが必要か」を聞きましょう。もしかすると法務が挿入すべきとする記載内容そのものは不要でも，その背景となる考え方や思いを反映するため，加筆修正すべき場合もあるかもしれません。その際には，企業の法務部門といっても，担当者が有資格とは限らない上，担当者の法律知識，特に訴訟実務についての知悉度合いにはばらつきがあることには注意が必要です。

> **キーワード**　【依頼者からの要求】【有害的記載事項】
> 【無益的記載事項】【一般民事】【弁護士倫理】

Q 5

　一般民事の依頼者が法律的には意味のない主張を裁判でするよう強く求めるのですが，どうすればよいでしょうか？

A ....

　依頼者に誤解がないか確認し，誤解があれば誤解を解き，誤解がない場合には弁護士倫理上の問題があることを伝えましょう。

解　説

1　法的意味について誤解がある場合

　例えば，元配偶者からモラハラを受けたことを理由に損害賠償請求をする事案で，相手が低劣な人間であることを示しうるが事案と全く関連のない事項を依頼者が主張して欲しいと求めるとしましょう。依頼者はその点が裁判に大きな影響を与えると考えがちであるところ，民事事件では悪性立証が意味を持つケースは例外的である結果として，依頼者の求めるものが「法律的には意味のない主張」となります。

　そこで，まず，そのような主張をしたいという依頼者の気持ちを傾聴（→Q 2）して受け止めた上で，「裁判官は関連性のない事実を重要視しないため，依頼者にとって有利に働かないだけでなく，相手方にその事実を争われればその立証に精力を奪われることになり，結果としてもかえって争点がぼやけてしまうおそれがある」などと説明して誤解を解くことになるでしょう。

　なお，このような説明をしてもなお主張を求める場合には次項2の問題となります。

2　法的意味について誤解がない場合

　裁判に影響しないことを認識しているにもかかわらず，例えば報復目的をもって，裁判で主張してほしいという場合，弁護士倫理上このような要

求に応じることはできません（弁護士職務基本規程31条［不当な事件の受任］）。

　結論としては，そのような主張はしないことになりますが，「倫理規定上できない」という説明にとどまるときは，弁護士側の都合（その保身）の感を拭えません。そこで，この場合であっても，そのような主張をすることが依頼者の利益にならないこと，そして弁護士は依頼者のためになる仕事をするものであることを説明するのがよいでしょう。

キーワード　**【依頼者からの要求】【リサーチ】**
　　　　　　　【オピニオンショッピング】

Q 6

　いろいろ調べたものの，その問題が新しいことから，「答え」がない場合にどのように回答すればよいでしょうか？

A ・・・

　ある意味では答えがある事案ならばそのような回答をする，依頼者が答えがないと知らないならその旨を説明する，答えがないと分かった上で質問をしている場合にはその役割を果たすことになるでしょう。

解　説

1　はじめに

　依頼者の意図として，①ある意味では答えがある場合，②依頼者も答えがないと知らない場合，及び③答えがないと分かった上で質問をしている場合に分かれるでしょう。依頼者とコミュニケーションをしてその意図をつかんだ上で対応すべきです。

2　ある意味では答えがある場合

　法律問題には，「白か黒か」という意味でクリアに答えが出なくても「グレーの濃さ」は示すことができる場合があります。例えば，特定のビジネスモデルが違法であるか否かをストレートに回答できなくとも，法令の趣旨や類似のグレーゾーン解消制度における回答等から，「特定のビジネスモデルのままだとグレーの色が濃いが，それをこう修正すると，かなり白に近くなる」といった対応が可能なことがあります。そして，そのような回答をしてもらうことを依頼者は期待しています。そこで，それでよいか確認の上，そのような回答をすればよいでしょう。ただし，その問題が「新しい，答えのない問題」である限り，「真っ白」という回答は難しく，せいぜい「（ビジネス判断として受容することも考えられる程度に）白に近いグレー」であるという回答しかできないという点には留意が必要です。

3 答えがないと知らない場合

　これは，依頼者が，答えがある，あるいは，その先生なら答えを見つけてくれると誤解している場合です。この場合，できるだけ早い時点で，そのような依頼者の期待する「答え」を見つけることは難しい旨を伝えましょう。かかった時間に応じて費用を請求するアレンジの場合において，弁護士側が「調べて回答する」と述べた場合，依頼者としては，「弁護士が回答をしてくれるだろうから，その回答に見合った費用を払おう」と考えていることが多いでしょう。サプライズを避ける（→Q1）という観点からも，早めに「回答ができない（調べたものの結局分からなかったとなる）可能性が高い」と説明し，それでも「ダメ元」で調査をし，弁護士費用を払う意向があるのかを確認すべきでしょう（多くの場合，「それならば依頼しない」という判断となると思われます）。

4 答えがないと分かった上で質問をしている場合

　これは，「弁護士の先生に尋ねたものの，弁護士の先生も分からなかった」という答えを期待している場合です。例えば，経営者が法的に到底不可能なことを可能にする方法があるはず等の無理難題を言う場合があります。その場合，法務部門として経営者に対してそれが無理筋だと説明はするでしょうが，それでも経営者が納得しない場合，あえて答えがないと分かった上で顧問弁護士に質問をし，「分からない」という回答を引き出し，それを持って，「弁護士の先生も分からなかった」として経営者を説得するといった方法をとろうとしていることがあります。この場合でも，依頼者に対し，そのような趣旨の質問なのかを確認するのがよいでしょう。

　なお，実務上気にすべきは，別の「ダメな弁護士」を経営側が連れてくるリスクです。つまり，経営側が顧問弁護士の回答に納得しないと，いわゆる「オピニオンショッピング」を行い，何らかの回答を出す「ダメな弁護士」を連れてくるという可能性はあります。その可能性の高低は，経営とその顧問弁護士の信頼関係，経営と法務の信頼関係，そして，法務とその顧問弁護士の信頼関係の高低にもよるとは思われますが，経営者は，どちらの弁護士が言うことがまっとうであるかを判断する能力がないのが通常であり，しかも，自分に都合の良いことを言う方を信用しがちですので，法務から適切に経営に説明してもらう必要があります。

キーワード 【リサーチ】【法律相談】【時間】【スケジュール】

 7

　法律相談で依頼者の期待に応える上で，相談の場において，又は事前

に気をつけるべきことはあるでしょうか？

Ⓐ ●●●

　　回答がその場でできるか，その後の回答になるかに応じた事前準備や，回答時期の事前説明等をしましょう。

解　説

1　はじめに

　法律相談の場で回答をする場合と追って回答する場合がありますので，以下では場合分けをします（→Q69）。

2　その場での回答する場合

　依頼者が，法律相談の場での回答を期待する場合があります。その会議で責任ある回答をもらえれば，依頼者としては速くて（タイムチャージ制であれば）安くてありがたいところです。

　ただし，そのような回答のためにはリサーチ時間等の準備時間が必要でしょうし，事前に資料を受領することも必要かもしれません。そこで，依頼者がその場での回答を期待している場合には，事前の協力（資料送付依頼等）を求めるべきです。なお，依頼者として想定する準備をはるかに上回る量の準備が行われた場合，特に予想外の膨大なタイムチャージが請求された場合等（→Q1）には，トラブルになることが多いと言えます。だからこそ，どの程度の準備が必要について早期に依頼者とコミュニケーションをすることが重要です。

　なお，依頼者がその場での回答を期待している場合，それが「簡単な質問だから」ということではない場合，依頼者の「急ぐ理由」や「相談後のスケジュール」（→Q14）を確認することも重要でしょう。事案の緊急度によっては，担当者レベルだけではなく，意思決定権者にも参加してもらい，その場で議論して決めた方がよいかもしれません。また，相談を踏まえて，取締役会に上程するのであれば，相談だけではなく意見書を出した方がよい場合もあるかもしれません。

3　追って回答する場合

　例えば事前の検討時間が足りないとか，当日かなり新しい話が出てきた等で，その場で回答できないこともあります。追って回答するのであれば，その旨を事前に依頼者に説明すべきです。例えば依頼者として当日回答をしてもらえると期待していたのに，回答がその後になるという場合，依頼者の内部的スケジュール（→Q14）との関係で問題が生じることもあり得ます。

　なお，「追って回答」の場合でも，翌日に回答が来るのか1週間後に回

答が来るのかで依頼者の対応が変わってくることから，追っての回答予定時期を説明しておくべきでしょう。また，その場合の対応時間の目安についても，事前に意思疎通を図るべきです。

キーワード 【契約業務】【ビジネス理解】【丸投げ】
【全社的リスク管理】

Q 8
契約業務で依頼者の期待に応えるにはどうすればよいですか？

A ＊＊＊
ビジネスに関する不明点をきちんと依頼者に確認しましょう。

解 説

1 付加価値の高い契約業務のために

契約業務を顧問弁護士に依頼する以上，依頼者としては顧問弁護士に頼むだけの付加価値のある契約レビューを期待していると言えます（ただし，単に担当者が他の案件で手一杯であり，単に担当者でもできる業務を外出しするだけの場合もあるでしょう）。では，契約業務における付加価値は何でしょうか。

契約書を作成する目的は当該取引におけるリスクをコントロールし，全社的リスク管理（Q37）を実現することにあります。そのリスクには当該契約類型に応じたリスクと，具体的案件に応じたリスクの双方があります。そして，もし当該契約類型に応じたリスクだけを検討するのであれば，弁護士としての契約業務における付加価値とは言えません。それだけならばAIレビュー（→Q193以下）でも同様のことができてしまいます。そうではなく，契約当事者の交渉力の差異やその具体的なプロジェクトの特性に応じた全社的リスク管理を可能とするようなレビューをすること，これが契約業務における付加価値です。

2 ビジネススキームの理解

契約業務において，具体的な案件のリスクを踏まえた全社的リスク管理を行うためには，「具体的なビジネスの内容」を熟知することが必須です。そして，依頼者との長期的関係に基づき「普通の法務パーソンよりも顧問弁護士の方が会社のことを知っている」という場合（いわゆる「老師」型の弁護士が典型的です→Q24）もあるものの，通常はビジネスにより近いのは法務パーソンです。

よって，顧問弁護士としては，例えばビジネススキームに関するパワーポイント等が法務パーソンから提供されるとしてもそれだけで十分と考えず，きちんとビジネススキームを把握できるよう，法務パーソンとコミュ

ニケーションをすべきであり，必要であれば，ビジネス・法務そして顧問弁護士の間の三者ウェブ会議等を開催して事情を聞き出すべきです。特に，依頼者のコンタクトパーソンである法務パーソンが「丸投げ」（→Q23）をしようとしている場合等には，法務パーソンのビジネスの理解すら疑うべき場合があることにも留意が必要です。

キーワード　【依頼者からの要求】【意見書】
【レピュテーション】【スコープ】

Q 9
意見書作成業務で依頼者の期待に応えるにはどうすればよいですか？

A
意見書作成の目的をよく考えた上で，スコープや前提事実を適切なものとしましょう。

解 説

1　意見書の目的

意見書は以下で列挙するような様々な目的で作成されます。

① ビジネススキームが適法であるか弁護士の意見をもらい，適法という見解に基づきビジネスを進める

② 上場等を目指す際に，投資家，証券会社，証券取引所等からの本当にその会社が適法に業務をやっているのかという確認に対し，意見書を提出して説明する

③ 和解等の一定の代表訴訟リスクがある経営判断において，弁護士の意見を聞くことで，正しい経営判断につなげ，また，経営判断原則による免責を受けやすくする

④ 訴訟・紛争において自社の見解が正しいことを弁護士に裏付けてもらう（弁護士登録しているかを問わず学者に裁判所に提出する意見書を書いてもらうことがよく見られますが，外国での訴訟であれば日本の弁護士に日本法についての見解を提出してもらうこともありますし，当事者双方が交渉の際に自らの顧問弁護士の意見書を交換するということもあります）

⑤ 国際Ｍ＆Ａやファイナンスにおいて，例えば日本法に基づき日本企業が適法に設立されていることを確認的に述べる（なお，この類型の意見書は典型的には外形的に認められる事実を機械的に表明するだけのものであり，本書では検討の対象としません）

これらの意見書の目的に応じ，例えば，第三者に開示されるか，開示されるとすれば，どの範囲か（例えばNDAを結んだ投資家限りか，裁判所に提出さ

れるか，HPに公開されるか等）が変わり，意見書の書き振りも変わるでしょう。また，依頼者から聞き取った目的は，あくまでも現時点での予定に過ぎないこと，換言すれば，後で，当初聞き取ったものとは異なる目的で意見書が使われる可能性があることにも留意が必要です（4も参照）。

2　意見書の前提事実

　意見書は，前提事実が「キモ」となります。例えば，前提事実の内容が特定の法律要件に該当するものであるかどうかで，意見書の結論も当然に変わってきます。

　多くの場合，依頼者は適法意見，又は条件付き適法意見を望んでおり，また，少なくとも条件付きで，つまり，特定の前提事実であれば適法と言えることも多いでしょう。

　とはいえ，「適法という結論にするために前提事実をねじ曲げる」というのは本末転倒であり，認められません。例えば，独占禁止法の意見書において，「本件においては公正競争阻害性がない」という点を前提事実に入れてしまえば，通常は適法以外の結論は出ないでしょう。もし，その事案における本当の問題が，その具体的事情における公正競争阻害性のあるなしであるならば，そこを正面から議論せず，「公正競争阻害性がない」という点を前提事実に入れ込んでしまう意見書は，やはり「適法という結論にするために前提をねじ曲げる」ものと評価せざるを得ないでしょう。これでは，依頼者をミスリードするばかりか，弁護士側にとっても，懲戒リスクや後で依頼者に「非難される」リスクがあります。

3　スコープ

　なお，案件全体を意見書のスコープとするのではなく弁護士として適法と言えるスコープに限定して意見書を出すということも考えられなくもありません。しかし，「弁護士から適法意見書をもらった」という事実そのものが一人歩きして，社内の意思決定が歪むリスクには注意が必要です。例えば，官公庁関係のビジネスを行う依頼者が当該官公庁の高官を接待したいという場合に「職務との関係がなければ贈収賄にならない」という刑法にスコープを限定した意見書を出すのはいかがなものかと思われます。公務員職務倫理の問題やレピュテーション等もスコープに入れないと，（弁護士のところに来る依頼者の担当者のためにはなるかもしれないものの）全社的リスク管理（→Q37）のために依頼者が必要なものにはならないでしょう。

　なお，意見書が「一人歩き」する場合，意見書に留保や条件を付けても，その点は忘れ去られる危険もあることにも留意が必要です。

4　留保事項

　詳細な留保事項は，読みようによっては，「依頼者を信用していない」とも理解されかねません。特に意見書の冒頭に長々とした留保事項があって，留保事項を見ないと結論にたどり着けないものは印象が悪いと言えます。テンプレート的に長い留保事項を設定するのではなく，どの留保事項を入れるか，及び，意見書のどこに留保事項を入れるか，を精査した方がよいように思われます。

　まず，前提事実をしっかり精査すれば，それを留保事項とする必要がないのではないか，という点は留意すべきでしょう（例えば「本意見書は，依頼者から提供された資料や情報の完全性，正確性，網羅性を前提とする」という典型的な留保事項は，「前提事実からすれば当該結論になる」ということでも代替できることが多いのではないでしょうか）。また，意見書の結論だけが一人歩きする場合，意見書の留保事項は依頼者から「刺されそうになった」場合の防御にしか使えません（「一人歩き」そのものを防ぐことはできません）。

　ただし，無留保で助言などできるわけがないというのも事実であり，例えば，特定の目的で利用されることが前提とされている場合において当該目的以外の利用を想定していない旨を記載したり，公開や開示を制限する（但し，公開制限を明記しただけで必ず意見書が事実上公開される事態を防ぐことができる訳ではないことにも併せて留意すべきです）といった点は，留保事項独自の意義と評することができるでしょう。

キーワード　【依頼者からの要求】【プロジェクト】

Q 10

　M&A等のプロジェクトで依頼者の期待に応えるにはどうすればよいですか？

A

　同じ案件でも，やり方やスコープ次第で予算は10倍にもなり得ますし，時間も数倍程度になり得ます。だからこそ，依頼者とどのような範囲でどのような予算と時間でやるのかを事前に詰めることが重要です。

解説

1　同じ案件が1000万円にも100万円にもなり得る！

　例えば，小規模M&Aの法務DD（Due Diligence）を想定すると，スコープを非常に狭い範囲に限定して，例えば株式保有関係と株式を適法に譲渡するためのプロセスを踏んでいるか及び依頼者が気にする少数のリスクのみに限定するならば，（どの事務所のどの弁護士かにもよりますが）100万円くら

いの予算でも対応してもらえることがあります。これに対し，同じ案件でも，いわゆる「フル」のDDを想定すると1000万円位になってもおかしくありません。

　また，スコープや，進め方（対象会社の協力等）次第では，数倍程度時間が変わることもあり得ます（例えば，筆者の一人がグループ会社を切り売りすることが常態化していたある会社を売主とする案件のDDに関与した際は，かなり詳細な開示資料パッケージが当初から開示され，補足的資料開示要求への対応もスムーズで「売り慣れてる」と感じたことがあります）。

　そのような意味で，DDの予算や時間には非常に多くのバラエティがあり，例えば，簡単に「リーガルフィーは総予算の●%」等と言えるものではありません。

　なお，DDのスコープを限定するということは，その反面として，スコープ外に存在するリスクを確認しない，ということになり，そこを見なくても大けがはしないという「見切り」が適切にできている必要があります。弁護士としても，依頼者の「見切り」が合理的かを確認をしておくことが後でトラブルに巻き込まれないようにする意味では重要です。

2　依頼者とのコミュニケーションが重要

　だからこそ，依頼者とスコープ，時間及び費用を事前に詰めることが重要です。基本的には，M＆Aが初めてではない依頼者であれば，ある程度の感覚を有していると思われます。例えば，「予算」から逆算して深度を提案し，その点について依頼者の同意を得る（依頼者としてもっと広い範囲のDDを期待するなら，内部で予算を確保してもらう）といった進め方が考えられます。他方で，依頼者にとって「初めてのM＆A」の場合には前述のスコープの限定の必要性やその方法について，十分に説明した上で，スコープ等を詰める必要があります。

　なお，時間については，対象会社の協力の迅速性によるところがあります。依頼者として理解していることもありますが，慣れていないと「なぜ約束した時間までDDレポートが提出されないのか」と社内的に問題になることもあります。慣れていなそうな依頼者には，対象会社のQ＆Aへの回答状況や資料開示状況に応じてスケジュールに変更がある旨を伝えましょう。依頼者を介して対象会社に質問等をする必要がある時には，依頼者側の対応もスケジュールに影響をすることから，その点を念押ししておくことも重要です。

キーワード　【依頼者からの要求】【訴訟】【サプライズ】
【獲得目標】

Q 11

　　訴訟で依頼者の期待に応えるにはどうすればよいですか？

A ••

　　サプライズを最小限に抑えた獲得目標の実現及び社内の意思決定のサ
ポートを重視しましょう。

解　説

**1　サプライズを最小限に抑えた獲得目標の実現及び社内の意思決定のサ
ポートの重要性**

　訴訟業務は，比較的白黒がはっきりつきます。契約であれば，多少「押
し込まれた」等ということはあっても，弁護士の契約レビューの巧拙がス
トレートに問題化することはそう多くありません。これに対し，訴訟は判
決なら白黒がはっきりしますし，和解の過程でも，「負けそうなので解決
金を払いましょう」などと，ある程度判決を予想しながら検討することに
なります。

　そこで，弁護士としては，その事案における事実関係，証拠関係，法的
評価（適用される法令やその解釈，契約条項等）等を踏まえて判決を予想し，そ
れに基づき訴訟戦略を立案する，ということになります。ただし，訴訟遂
行に関する制約条件がある場合も存在する（例えば，勝訴のためには第三者に
証人として協力してもらう必要があるが，その第三者を訴訟に巻き込むとビジネス上不
都合が生じる場合等）ため，事前に依頼者から聞き取っておきましょう。

　その上で，個人の依頼者等であれば，「勝つ」ことそのものが最重要と
いうこともありますが，企業においてはそうではないことが多いと言えま
す。つまり，（もちろん勝てるに越したことはないものの）弁護士のサポートに
より，正しい意思決定をすることができ，正しい戦略に基づき，依頼者と
してサプライズを最小限に抑えながら当該戦略に基づく獲得目標を実現す
ることをサポートしてもらえれば満足ということが多いと言えます。

　ここでいう獲得目標というのは，もちろん予想される判決と密接に関係
します。しかし，単に「予想よりも悪い内容の判決をもらわなければよ
い」という話ではありません。例えば，最初から負け筋の事案であっても，
いかにして同種のクレームが繰り返されるのを防ぐかや，報道等によるレ
ピュテーション低下をいかに最小化するか，そして（その期の決算の状況や
税務処理等を踏まえた）決着がつくタイミングが重要な場合もあるでしょう。

　そして，社内における意思決定を適切に行うことができるよう，弁護士

としてサポートすることが重要です。ここでいう意思決定には、訴訟戦略や獲得目標の立て方があり得ます。例えば「完全勝訴判決を取ることができる可能性が高いが数年はかかるところ、早期に解決するために一定の金額を支払うこともやむなし」といった意思決定もあり得ます。意思決定を適切に行うためには、依頼者の訴訟に対する理解度を踏まえ、予想される判決の内容だけではなく、それまでにかかる時間、必要な依頼者の協力の内容、例えば最高裁までいった場合に予想される弁護士費用の額等を説明することで、正しい意思決定ができるようにサポートすることが必要です。

　更に、サプライズを最小限に抑えることが重要です。例えば、相手方が「隠し球」の証拠を出してきた場合、そのような証拠の提出が想定され得るものであれば、そのような状況を想定せずに安易に勝訴を獲得目標とするように導いたことそのものが問題とされることがあり得ます。それに対し、本当に全く予想されないような証拠が出た場合、提出直後に、本当に判決に影響するか、どのような影響があるかを踏まえて適時に適切に依頼者とコミュニケーションをし、獲得目標の変更が必要（例えば、勝訴判決を第一に考えていたのを大幅に譲歩した和解でもやむなしとする）であれば、そのような意思決定をサポートすることが必要です。顧問弁護士から、「このままだと負ける」という適時の適切な説明がされることで、依頼者として一定のお金を払うという意思決定をし、合理的な和解で終われば、（完全に満足ではないにせよ）「弁護士は適切な対応をしてくれた」となるでしょう。これに対し、重要な証拠が出てきたのに「大勢に影響はない」として、勝ち筋のままだと依頼者に思わせたにもかかわらず、例えば終盤で和解の話になり、実質敗訴の心証が開示されれば、依頼者としては「話が違う」として社内的に問題になり（依頼者法務部長・訴訟担当の法務パーソンの責任問題になり）、また、そもそもそのような心の準備や（もし金銭を支払う必要があれば）そのような資金の手当てができていないということで和解に応じられず、結果的には非常に心外な敗訴判決をもらってしまう、といった事態もあり得るでしょう。

　以下、訴訟開始前と訴訟開始後に分けて具体的にご説明します。

2　訴訟開始前の意思決定サポート

　企業間紛争では裁判の前に交渉があることが多いと言えるでしょう。交渉段階でも、予想される判決内容に基づき「どのラインであれば訴訟外で和解をし、そこを超えたら裁判やむなしか」という点を説明し、合理的な意思決定により裁判を回避する、又は、示談するよりも有利として裁判をする意思決定をすることができるよう、サポートをする必要があります。

　こうしたサポートの前提としては，関係する情報を十分に収集し，未収集の意思決定に影響を与え得る情報があれば，その点を指摘する必要があります（例えば，XXという点の資料は見つからず，本人もそのような発言を否定するが，もし相手がそれに反する証拠（メール，議事録，録音，内部メモ等）を持っていれば，結論にYYという影響を与え得ると指摘する等）。特に，不利な（不利に見えるものも含め）情報もきちんと踏まえてサポートする必要があり，例えば，その情報の影響を低減するなどの手段を講じることが可能かもしれません。よって依頼者には不利な情報も隠すことなく示すよう説明する必要があります。

　この際，不利な情報については，その存在を認識していれば，その存在が明らかになる可能性を踏まえた対応により，存在が明らかになったことにより生じる損害を減少させる方向で対応することができるのに対し，その存在を知らなければそうした対応がしづらくなることから，不利な情報が明らかにされないと，結果的に自社にとって不利な結果を生じさせる可能性があることを指摘して，不利な情報もその存在及び内容を開示するよう求めることも重要となります。

　ここでは，顧問弁護士であっても，必ずしも訴訟案件を受任できるとは限らない（顧問料の範囲外であることが多いので，通常は別途見積りを取るところ，複数の顧問先があれば，複数事務所からの見積りを取ることもあります）ことから，「勝てそうなことを言って訴訟案件を受任する」というインセンティブが存在することは否定できません。しかし，本当は負け筋だったり5分5分だったりで，依頼者として訴訟外においてある程度譲歩して解決することが適切であるにもかかわらず，弁護士が訴訟案件欲しさから「裁判をすれば勝てます」と言ってしまうというのは極めて危険であり，その事件で本当に裁判で勝てるのであれば別論，もし，敗訴したり，敗訴的和解を強いられれば，依頼者としてその事務所との関係を再考するきっかけとなり得るでしょう。

3　訴訟開始後の（主に和解の）意思決定サポート

　裁判において，一度も和解の話にならずに終わることはほぼありません。判決になった事案でも，どこかで和解の話になり，どちらかが和解を「蹴った」結果として判決になることが多く見られます。

　そこで，「もし和解になるならどのラインの和解ならば判決より有利か」を，相手の訴訟態度・提出証拠や裁判官の期日における振る舞い等から考えて，早めに依頼者に伝える必要があります。

　その際は，依頼者によっては，裁判官が何を考えているかということを

重視する場合があるので，そういう依頼者であれば，裁判官から心証を引き出すことが重要になることもあります。例えば，ポーカーフェイスの裁判官であれば，期日において，積極的に「この点はどうか」等と裁判官に聞くことが求められる事案もあるでしょう。状況次第では，裁判官に，依頼者を説得するために裁判官・裁判所の心証開示が必要，と伝えて心証開示を求めることも1つの方法かもしれません。依頼者の意思決定のために「和解案の考え方」をメモにしたものが必要であることを裁判官に説明し，裁判官によってはこれに応じて作成してくれたり，メモを自ら作成までしてくれなくとも，口頭で考え方を説明してくれたりすることもあります。

　そして，上記のとおり，敗訴という結果そのものが直ちに問題とされるのではなく，そもそもの判決予測やそれに基づく依頼者の訴訟を行うか否かやその獲得目標に関する意思決定に対するサポートが適切であったかとか，もし，訴訟提起後，敗訴しそうな状況へと状況の変化が生じ，当初の想定が変わったのであれば，それを適時・適切に依頼者に伝えて依頼者が適切な意思決定ができるようなサポートをしたかどうかが問われる，ということが重要です。

キーワード 【一般民事】【報酬】

Q 12

　一般民事の依頼者との関係では，報酬を「旧日弁連報酬基準」によって算定する契約をすればよいでしょうか？

A

　事前説明が十分であることと依頼者の納得（インフォームドコンセント）が重要であり，その2つがなされていれば，旧日弁連基準でも，それ以外でも構いません。

解　説

1　旧日弁連報酬基準に従う義務がないこと

　弁護士職務基本規程の規律（24，30）に加え，日弁連「弁護士の報酬に関する規程」は，①報酬基準を各弁護士が作成して備え置くこと，②報酬見積書作成に努めること，③報酬説明義務等の弁護士が遵守すべき事項を定めています。その報酬契約の内容については特別の規定がないので（注：同規程は，経済的利益，事案の難易，時間及び労力その他の事情に照らして適正かつ妥当なもの，であることを要求しています），個々の弁護士の考えにより，個々のケースに応じて定めれば良く，内容そのものよりも，依頼者や事件に応じた，事前説明の十分さと依頼者の納得（インフォームドコンセント）が

重要です。

　ところで，平成16年改正により弁護士法33条2項8号（会則において報酬の標準を定める）が削除されるまでは，各弁護士及び日本弁護士連合会において，報酬会規が設けられていましたが，既にこれは廃止されています。よって，旧日弁連報酬基準に従う義務はありません。しかし，この基準を「旧報酬規程」ということもあり，同規程の基準をもって報酬契約を締結することも珍しくはありません。

2　旧日弁連報酬基準のポイント

　旧報酬規程によると訴訟事件の経済的利益の額が300万円以下の場合で着手金8％，成功報酬16％，300万円を超え3000万円以下の場合には着手金5％＋9万円，成功報酬10％＋18万円です。経済的利益1000万円だと，着手金68万円，成功報酬136万円ということになります。基準を具体的事案にどう適用するかは，ケースバイケースであり，基準自体が高いか低いかという議論には意味がありませんが，ポイントをコメントします。

　(i)　実際に回収できるかどうかを問わず，判決を得ただけで成功報酬が発生する内容の場合，その点の説明を十分にしておかなければ後にトラブルになります。また，説明をすれば，実際に回収した金額に基づいて計算してほしいという要望が出されることが通常であり，報酬契約中に「成功」の定義をおくとよいでしょう。実際に回収した額を基準とする，判決段階と回収の段階を分ける，また成功の度合いについては協議の結果定める，という内容の契約を締結することもあり得ます（なお，例えば，相手の主張をはねのけるような案件の場合，何をもって「成功」とするかについて，例えば「相手の請求が3か月以上止んだら成功とみなす」と言ったみなし成功規定を定めた方がよいかもしれません）。

　(ii)　示談交渉→調停→訴訟という経緯をとる事案も少なくないところ，訴訟事件に移行する場合，2分の1とはいえ加算になること，また，引き続き上訴事件を受任するときも加算が原則とされていることから，これら一連のプロセスをたどった場合，規程どおりだと依頼者の想定よりもかなり高額になってしまうと思われます。確かに，一審で尋問前に和解をする場合と比較してその労力は何倍にもなりますから，加算したいと言う弁護士側の気持ちも理解はできるものの，依頼者としては，最終的に「成功」する前に何度も小刻みに報酬を取られることに不安を感じることもあります。加算はするものの，ある程度減額して加算するというやり方や，（案件によっては）最終的な成功をもって成功報酬が発生するというような内容のアレンジもあり得ます。

1-2 依頼者のビジネスプロセスを理解する

キーワード 【プレッシャー】【依頼者からの要求】
【ビジネスプロセス】【全社的リスク管理】

Q 13

依頼者が欲しいサービスを提供したいのですが，依頼者が欲しいものは何ですか？

A ••

ビジネスプロセスにおいて「使える」成果物をもらえ，自分自身が「幸せ」になることです。

解 説

1 ビジネスプロセスという観点

会社のビジネスプロセスにおいて必要だからこそ，依頼者は費用を払って弁護士に依頼します。例えば，契約（→Q 8）のレビューは，当該契約にかかる取引があり，その「ビジネス」の実現の際における全社的リスク管理のために必要だから依頼しているわけです。そうすると，「ビジネスプロセスで使える」ことが重要です。

例えば，その案件において「依頼者の交渉力が圧倒的にない」という場合，リスク説明をして依頼者にリスクを取ってもらい，本当にどうしても必要なポイントに絞って修正を提案するというのが「使える」契約レビューです。反対に，微に入り細に入り修正されている上に，その修正内容が依頼者の交渉力からすればそもそも実現不能なものとなっていれば，「使えない」ため，依頼者の満足を得ることはできません。

意見書（→Q 9）についても，それが稟議過程や取締役会の検討の中で用いられるのであれば，まさにそのまま稟議や取締役会で使えるものであることが望ましく，例えば「エグゼクティブサマリー」をつける等，利用目的や主たる想定読者に合致した内容とすべきでしょう。エグゼクティブサマリーは法務部宛てのレポートとは目的が異なり，時間のないエグゼクティブがごく短時間で要点を飲み込めるように，本文はA4用紙1枚（せいぜい2枚）程度でまとめたものをイメージするとよいでしょう（→Q64）。

2 依頼者（担当法務パーソン）を幸せにするという観点

これに加えて欠かせないのは，依頼者（担当法務パーソン）を幸せにするという観点です。この点はQ22以下でも詳述しますが，担当法務パーソンは，全社的なリスク管理をするための仕事をするところ，その観点での「なすべきこと」が，ビジネスのやりたいことと矛盾する状況が出てくる可能性もあります。そのような場合において，担当法務パーソン（又は法

務部門長）はビジネスから強いプレッシャーを受けます。

　だからこそ，顧問弁護士としてその「風よけ」となって，担当法務パーソン（又は法務部門長）を幸せにする，例えば，法務パーソンとしては何とか通してあげたいが，顧問弁護士が頑固にNOというから通らないのだ，といった説明ができるようにサポートすることが非常に重要です。

キーワード　【依頼者からの要求】【ビジネスプロセス】

Q14
　依頼者のビジネスプロセスというのは具体的に何を知るということですか？

A ・・・・・・・・・・・・・・・・・・・・・・・・・・・・・・・・・・・・・・・
　取引の内容等のビジネススキームに加え，ビジネスを進めていく上でどのような稟議等の意思決定がされるかというところも重要です。

解説

　Q13のとおり，依頼者はビジネスプロセスにおいて「使える」成果物をもらいたいところ，ここでいうビジネスプロセスとしては，以下の事項の理解が重要なことが多いでしょう。

①　そのビジネスにおけるプロセスの全体像，現在はそのどこに位置付けられるのか，及び，弁護士の成果物がその過程全体においてどう使われるのか

②　全体及び個別プロセスのスケジュールと，その前提で弁護士の作業時間としてどの程度の時間が確保できるか（例えば，取締役会が月1回で，取締役会承認が必要なら，いつの取締役会で承認を得るか，その前提が経営会議の承認であれば，いつの経営会議で承認を得るのか等）

③　当該ビジネスでヒト，モノ，カネ，情報がどのように動くのか，当事者それぞれの役割，単発か繰り返しか，交渉力の格差やリスクとして会社側（ビジネス・法務）が気にしている事項は何か，ビジネスの対象となるモノはどういうものか（どういうリスクを内包しているか），流れる情報はどういう性質のものか（秘匿性の高い情報なのか，個人情報は含まれないのか，等）（この点はQ47を参照）

④　以上の観点から依頼者として弁護士に何をして欲しいのか（どういう成果物であれば「使える」として喜んでもらえるのか）

キーワード 【依頼者からの要求】【ビジネスプロセス】

Q 15

　　依頼者のビジネスプロセスは依頼者の担当法務パーソンが知っておくべきであり，顧問弁護士は知る必要がないのではないでしょうか？

A ••

　　もちろん法務パーソンとして知っておくべきですが，顧問弁護士としてもうまく法務パーソンとコミュニケーションし，必要な事項を引き出すべきです。

解　説

　　もちろん，顧問弁護士とのコンタクトパーソンである担当法務パーソンは，Q14で述べたビジネスプロセスを理解していないと，顧問弁護士にこれを伝えることができませんから，これを知っておくべきです。

　　しかし，担当法務パーソンが知っていればそれでよいということにはなりません。例えば，詳細な意見書は追って経営会議の前に提出してもらえればよいが，まずは経営会議にかけることを取締役事業本部長が承認するためには，弁護士として「適法」かどうかの結論を本部長に先に伝えなければならない，といった場合，そのような意図が顧問弁護士に伝わっていないと，予定どおりのスケジュールでビジネスを進められなくなります。

　　もちろん，法務パーソンが積極的に必要な情報を顧問弁護士に開示すべき，とは一応いうことができますが，それでも実務上は法務パーソン側の積極的な開示に委ねるのではなく，顧問弁護士側も情報を引き出しましょう。法務パーソン側が顧問弁護士側でこうした情報が必要と理解していないかもしれません。

キーワード 【依頼者からの要求】【ビジネスプロセス】
　　　　　　　【ネクストステップ】【リアルリスク】

Q 16

　　頑張って成果物を出したのに，なぜ「それでは使えない！」と怒られるのですか？

A ••

　　その内容面等において，ビジネスプロセス及びその意思決定の際に「使えない」からであると思われます。

解　説

　　前問（Q15）では，時間の関係での「使えなさ」について説明しましたが，それ以外に，ビジネスプロセスにおいて「使えない」とされるパター

ンを説明します。

　まずは，ネクストステップを明示することが重要です。例えば，「違法な可能性があります」という意見を出して終わりでは，依頼者としては次にどうすればよいか分からず，困ってしまうでしょう。だからこそ，例えば，「違法な可能性が否定できないが，白に近いグレーと思われ，取るリスクなので，取るかどうかビジネス判断してください，ただ，取る場合は，こうこうこういう疑義が呈された場合に，どう反論するか，例えば〜と反論するといった準備はしておくのが望ましいでしょう。」といったアドバイスをするとか，「違法な可能性があり，それも相当高いです。ただ，代替案としてこうすることで違法リスクを相当低減できるので，この代替案がビジネス上可能かを考えてください。」といったアドバイスをするとか，「違法な可能性があり，それも相当高い。よってこのビジネスは進めない方がよいです。ビジネス側から進めてはダメなのか，と言われるようであれば，私（顧問弁護士）から直接ビジネスに説明します。」とアドバイスする等，ネクストステップを明示することができれば，依頼者の信頼を得ることができます（以下，「ビジネス」を「営業部門，製造部門，開発部門，購買部門等のビジネス部門」の意味で標記することがあります）。

　また，特に外資系企業では，リアルリスクを詳細に分析して欲しいというニーズがあります。つまり，違反の可能性があるとしても，

　①　契約違反か，法的拘束力なきガイドライン違反か，違法か。
　②　違法の場合，制裁は民事制裁，行政制裁，刑罰か。
　③　具体的なエクスポージャー（支払うべき賠償金，罰金，課徴金等）はどの程度か。
　④　実際に執行までされる可能性がどの程度あるか。

　等を詳細に分析して欲しいといったことです。この点は，弁護士と依頼者との信頼関係次第であり，違法だが執行可能性が低いといった客観的に正しい説明をしても，依頼者がそれをもとに「強行突破」すると弁護士が法令違反の片棒を担いだ形になりかねませんので，レピュテーションリスクへの目配りを含め，十分に注意が必要ですが，ここまでの詳細な分析を求める依頼者もいる，ということは意識しておいてもよいと思われます。

　このように，依頼者ごとのニーズに応じて対応しないと「使えない」と言われる可能性があります。

キーワード 【依頼者からの要求】【ビジネスプロセス】
【全社的リスク管理】【ネクストステップ】

Q 17

依頼者のビジネス判断に委ねてよいですか？

A ・・

「どこがビジネス判断の領域，どこがそれでは対応できない領域か」
の切り分けをサポートすべきです。ただし，ビジネス判断の領域であっ
ても，判断のポイント，リスク低減策の提案等，具体的な落とし込みに
向けたアドバイスをすることが望ましいです。

解 説

実務上，「様々なリスクはあるが，後はビジネスの判断に委ねます。」と
言わざるを得ない場合は多いでしょう。例えば，契約書において不利な条
件がたくさん書かれているという場合でも，交渉力等の関係上それを平等
に戻せないという場合もあります。そのような場合において，直ちに契約
をしてはならない，ということではなく，リスクが高いことを依頼者に理
解してもらった上で，そのリスクがなお全社的リスク管理の観点から許容
範囲内であれば，ビジネス判断としてリスクを取るということも十分にあ
り得ます。そして，依頼者として弁護士にそのビジネス判断を代替しても
らいたいというニーズはあまりないところであり，むしろ，依頼者として
は弁護士に「どこがビジネス判断領域，どこがそれでは対応できない領域
か」の切り分けのサポートをお願いしたいことが多いでしょう。

とはいえ，全面的にビジネス判断にのみ委ねるのではなく，ビジネス判
断を行う際における判断のポイントやリスク低減策の提案等を説明し，次
のステップにつなげられるようなアドバイスをすることが望ましいでしょ
う。

キーワード 【依頼者からの要求】【プレッシャー】
【ビジネスプロセス】【タイムチャージ】

Q 18

どうして依頼者は至急・緊急で要求をするのでしょうか？

A ・・

ビジネスからスピーディーな対応を求められているためです。しかし，
ビジネスに説明できれば，合理的な時間の余裕は当然もらえるはずです。

解 説

もちろん，問題のある法務パーソンは存在します（→Q27）。ただ，そう

でない場合でも，至急の対応を要求することがあります。その理由の多くは，ビジネスがそれを要求するからです。ビジネスとしては，相手方の都合や決裁スケジュールの都合等でスピーディーな対応を要求するということになります。

　それを前提とすると，一般に求められている内容は，①対応してくれることの確約を至急で，②その際いつ頃対応できるかを伝える，③無駄な時間を発生させない，④その前提で可能な範囲で早く対応するという4点であると思われます。

①　対応することの確約―ここでは顧問関係を想定していますので，多くの場合は回答をしてもらえるでしょう。しかし，それでも，不在，多忙，（専門性やコンフリクト等で）対応不能等の理由で対応ができないという回答がされる可能性も否定できない以上，依頼者は「そもそも対応してもらえるのか」心配な気持ちを持っています。一般には1営業日以内の回答と言われますが，通常は（営業日の営業時間内の連絡であれば）当日中の回答が期待されます。

②　対応予定の明示―これも非常に重要で，例えば，相当の大変な作業だということで2週間かかるということであれば，法務としては，例えば「どうすれば1週間できるか，1週間でできるように範囲を絞ろう」と考えたり，内部のスケジュールを工夫して2週間待てるようにしようと考えたりします。そしてきちんとその段階で動けば大きな問題はないことが多いでしょう。しかし，1週間経過して「まだですか」と催促があった際に「後1週間かかります」となれば，手の打ちようがなくなることもあり，早期に（通常は対応することの確約の際）この点を明示することが重要です。

③　無駄な時間を発生させない―これはある意味当たり前ですが，タイムチャージで弁護士報酬が発生する場合，関係ない（または関係性が高くない）ことを延々と調べて多額の請求するといった場合，依頼者の信用を失いますので，必要最小限の時間で対応をする必要があります。

④　可能な範囲で早い対応―上記の前提で，可能な限り早い対応が期待されます。

> **キーワード**　【依頼者からの要求】【プレッシャー】
> 【ビジネスプロセス】【KPI】

Q 19

どうして金曜に翌週月曜までの依頼が来るのですか？

A ・・・

　　その理由の１つは，ホワイト企業では法務パーソンが残業を（あまり）できないからです。

解　説

　前問（Q18）の点とは異なる観点について，以下でご説明します。

　最近はいわゆる「働き方改革」で法務パーソンを含むホワイト企業の従業員が残業をしにくくなりました。管理職のKPIの１つとしていかに残業をさせないかが評価される企業も増えています。そして，サービス残業も厳しく規制され，例えば，パソコンからVPNにつないで社内ネットワークにログインした時間を記録して，それと残業を申請した時間とを比較されることもあり得ます。

　しかし，時に緊急の仕事が入って「誰か」が土日や夜にやらなければならないという状況は従前と変わるものではありません。

　そして，そうだからこそ，顧問弁護士の先生に，法務パーソンに代わって緊急の仕事をしてもらうというニーズは高まっています。それによって単価は上がる（例えば，法務パーソンの社会保障会社負担分込みの時給が5000円／時間，顧問先の若手弁護士のタイムチャージがディスカウント後２万円／時間だとすると，４倍です）としても，依頼者の管理職である法務部門長としては自己のKPIが達成できるので依頼したい，ということはあり得るわけです。

　企業内法務の立場からは，土日祝日や深夜に仕事をしていただくことは申し訳ないという気持ちはありますが，むしろそこに単価の「差」を正当化する付加価値があるという面についてもご理解いただきたいです。

キーワード　【依頼者からの要求】【プレッシャー】
　　　　　　　　【ビジネスプロセス】【納期】

Q 20
納期を延ばす方法はありますか？

A ・・・

　　ビジネスへの説明を考える，スコープの限定，五月雨式対応，依頼者からの複数の依頼間の優先順位付け等があります。

解　説

　まずは，ビジネスにどう説明するかを法務と一緒に考えることがあります。つまり，法務パーソンと一緒に，ビジネスに対する納期延長理由の説明内容を考えるのです。その説明でビジネスが納得すればOKです。

　次に，スコープの限定があります。依頼内容が複数存在する場合に，法

務パーソンが（弁護士の協力を得て）ビジネスと協議し，スコープを限定することはよく見られます。

　更に，五月雨式対応といって，優先順位の高いものから順番に対応することで，最初の優先度が高いものは当初の納期内に完了するが，それ以外のものは期限を少し遅らせるという方法があります。

　最後は，依頼者から頼まれている複数の案件間の優先順位付けで，例えば，前日に優先度が低い案件の依頼があり，それを3日でやると回答していたが，翌日にきた優先度が高いものを優先させる代わりに，優先度が低いものは，3日ではなく優先度が高いものが終わった後とするといった合意があり得ます。

キーワード 【依頼者からの要求】【タイムチャージ】【報酬】
【ビジネスプロセス】【CAP上限額】

Q 21

なぜディスカウントをさせられるのでしょうか？　法務予算・ビジネス予算の違いは何ですか？

A ・・・

　予算に限りがあるからです。法務予算は法務の判断で出せるものの「渋い」，ビジネス予算は，ビジネスの説得が必要だが多額の予算になり得るという相違点があります。

解　説

　例えば標準のタイムチャージが4万円／時間でも，CAP（上限額）等様々な形でディスカウントが実現することが少なくありません。それは依頼者側に予算の上限があるからです。ここで，法務予算と，ビジネス予算の相違が重要です。

　法務は，前年度の実績等から，今年度の法務予算を申請します。例えば，顧問弁護士への顧問料や顧問弁護士のタイムチャージ報酬として想定される額等を申請します。そして承認をされた法務予算の枠内での支払は，特にビジネスの了承は必要ありません。法務限りの判断で支払うことができるという意味では良いものの，その金額は多くありません。そこで，予定された顧問料は当然支払いますが，それを上回るタイムチャージについては「渋い」状況が頻繁に見られます。ビジネス予算が使えない案件において，「顧問料の範囲でお願いしたい」等と依頼することが多いのはそれが理由です。

　例えば，大きなプロジェクトや訴訟であれば，ビジネスはそのプロジェ

クトや訴訟の予算として弁護士費用を支払うという意思決定を行います。その意思決定に基づきビジネスが負担する金額（ビジネス予算）は法務予算の外のものですので，ある意味では大きな額を出せます。とはいえ，なぜその金額を払わなければならないかについて，ビジネスを納得させる必要があります。その事案の状況や，会社の予算支出上のルールによっては，相見積りを求められたり，ディスカウントを求められたりするでしょう。ビジネス予算はビジネスに説明できるのであれば法務としても頑張って勝ち取るつもりはあるので，弁護士として法務によるビジネスへの説明を支援し，一緒に合理的な予算を勝ち取りましょう。

1-3　依頼者との関係を構築し，深める
キーワード　【依頼者からの要求】【満足度】【コントロール】
　　　　　　【依頼者は誰か】

Q22
案件をコントロールしたい依頼者との対応の留意点は何ですか？

A ‥‥‥‥‥‥‥‥‥‥‥‥‥‥‥‥‥‥‥‥‥‥‥‥‥‥‥‥‥‥
　依頼者のコントロールが大きく間違ってない限り，依頼者の意向を尊重しましょう。

解　説

　依頼者として，例えば「この案件をコントロールして自分の手柄としたい」とか，「この案件は（例えば社長のキモ煎りの案件であるため）絶対にこの結論にしないといけない」等，何らかの意図で強くその案件にコミットし，コントロールしようとすることがあります。

　そのようなコントロールが良い方向のものであれば，これに「乗る」以外の選択肢はないでしょう。ただ，弁護士として納得できない方向でコントロールしようとする依頼者もいると思われ，その場合が問題となります。

　ここは，どの程度依頼者の意向が決然としているか（弁護士のアドバイスを聞き入れる余地がありそうか）や，弁護士としてどの程度納得がいかないかにもよりますが，本当に大きく間違っていればともかく，いわば許容範囲内である限り，弁護士として完全に納得しているわけではなくとも，依頼者の気の済むようにやってあげる，というのは一つの方法です。

　ただし，担当の法務パーソンがおかしな方針を採用し，それを「納得がいかないが尊重しよう」とした結果，おかしな方向にいけば，法務（部門全体）として弁護士の能力にクエスチョンマークをつけざるを得ないこともあります。その意味では，特定の方向へのコントロールが，個別の担当

法務パーソンの意向に過ぎないのではなく，法務全体の意向であることを確認した上で（必要に応じてそのリスクを説明した上で）コントロールに乗ることが望ましいでしょう。

キーワード 【依頼者からの要求】【満足度】【丸投げ】

Q 23
案件を「丸投げ」したい依頼者との対応のコツは何ですか？

A ┄┄┄┄┄┄┄┄┄┄┄┄┄┄┄┄┄┄┄┄┄┄┄┄┄┄┄┄┄┄┄┄┄┄┄

できるだけ依頼者が労力をかけないで済むようにサポートしましょう。ただ，費用が高額になり得ることと，ビジネス理解が不足することがないよう最低限のコミットを求めるべきことがポイントです。

解　説

法務パーソンがなすべき業務には様々なものがあります。例えば後輩の指導，（ビジネスの内容に入った）社内研修，社内の委員会活動（衛生委員会，環境委員会等），各種内部調査等，簡単に外部の弁護士に依頼できない業務もあります。

そのような業務で多忙な中，法律相談，契約，プロジェクト等の業務も同時に実施するため，例えば比較的リスクが少ないとか，その案件を頑張っても報われない等，自分がコミットする必要性が低いとみなした案件を顧問弁護士の先生に「丸投げ」したいというニーズは確かに存在します。

その場合は，法務パーソンとしてはその案件に自分が費やすべき時間を減らせれば減らせるほどありがたいのは間違いないでしょう。例えば営業への送付用ファイルや，相手への送付用ファイル等作ってもらえればありがたいです。

とはいえ，本来は法務パーソンが自分でやるべき内容を顧問弁護士が肩代わりし，かつ，それが顧問料の範囲ではなくタイムチャージが発生するとなれば，特にそれが多額となった場合に問題になる可能性があります。

また，顧問弁護士が法務パーソンからビジネスについてきちんと情報を引き出せず（→Q 8），一般的抽象的なレビューをするだけで，ビジネスに入り込んだレビューができなければ，期待される質を満たせません。

その意味では，費用面においては合理的なキャップを付した上で，情報については，どうしても必要な情報については法務パーソンに聞くor法務パーソンとビジネスを入れた会議で弁護士から直接ビジネスに聞くという方向性が考えられるところです。

キーワード 【依頼者からの要求】【弁護士のタイプ】
【ブランディング】【老師】

Q 24

企業の「弁護士に依頼したい」というニーズは，どのような場合に発生するのですか？

A ....

何でも屋，専門家，老師，いわゆる猫の手，権威等の様々な種類があり，依頼を続けるうちに類型が変化することもあります。

解説

1　はじめに

実際には，弁護士とどう接したらよいか，どういうタイミングで相談したら良いか，自社にとってどういう弁護士がよいのかを判断できるだけの蓄積が自社内にない企業も多いところです。その前提で，上場企業等のある程度経験豊富な法務の目線で以下の説明をします。なお，「社長の昔からの友達の弁護士に顧問を依頼する」等という状況もあり得ますが，以下では取り上げません。

2　何でも屋

とりあえず何でも相談できる法律事務所を確保したいという動機です。企業が最初に依頼する顧問弁護士であれば，こうした動機によることが多いのではないでしょうか。その場合，事務所としての守備範囲の広さとレスポンスの良さが重要です。企業内法務が充実してくれば，この役目は不要とされる，または大幅に削減されるかもしれません。

3　専門系

代表的なところでは，知財，労務，税務，独禁，M＆A・ファイナンス等が挙げられ，最近では情報等も出現しています。「何でも屋」のところで対応しきれないと判断された専門的な案件を依頼するというイメージです。頻出の分野については分野ごとに顧問契約をし，それ以外はスポットで依頼するということもあり得るでしょう。

4　老師系

それなりの大きさと歴史のある企業であり得るケースです。弁護士としての経験値とその会社との付き合いの長さの両方を兼ね添えていることが重要です。「老師系」事務所の大先生は下手な社員よりも企業カルチャーなどに詳しく，キーパーソンの信頼が厚いと言えます。大きな方針などについてご意見をお伺いするケースが多く，「この先生が言うんだったら」という格好で社内でも上層部の説得の材料としてご意見をいただくことも

あります。最初は「何でも屋」として依頼したつもりが，20年間顧問をお願いするうちに「老師」になる，といった場合もあり得るでしょう。

5　いわゆる猫の手系

語弊のある言い方かもしれませんが，要するに手が足りないので手を借りるというものです。大規模M＆Aや不祥事対応（第三者委員会）等が典型ですが，もっと日常的な契約等でも，手が足りないときに依頼する先です。一定のクオリティ／資格の人間が一定期間内に一定人数動員可能であることが重要です。

6　権威系

老師にも似ていますが，問題のある案件において意見書をもらって，会社側が外向けのディフェンスに使うようなケースです。外向けの用途である点が老師系と異なります。経歴と学識が重視され，同じ事務所の中でも学者の先生が選ばれることがよく見られます。

7　どれを目指すか

なお，これらのうちのいずれを目指すかはブランディング（→Q137）等を踏まえて，個別の弁護士が考えるべきであり，「何でも屋やいわゆる猫の手でもいい」という判断も1つの判断です。ただし，その判断をした場合「何でも屋やいわゆる猫の手を求める依頼者からの依頼しか来なくなる」というリスクにも留意が必要です。また，これらの複数を目指す（当面の食い扶持はいわゆる猫の手で稼ぎながら，老師や専門特化を目指す）こともあり得るでしょう。

キーワード　【依頼者からの要求】【出向】【法務受託】
【顧問契約】【スポット契約】

Q25

企業はスポット，顧問，出向・法務受託をどう使い分けますか？

A　専門分野や初めての関係であればスポット，信頼できるなら顧問，出向・法務受託は特別のニーズがある場合に使うというイメージです。ただし，「信頼できないのでいざいうときに頼めない顧問」よりは，スポットで契約した方が良いと考えている企業も多いかもしれません。

解説

企業が初めての弁護士に突然顧問を依頼することはあまり多くなく，まずはスポットで仕事ぶりを見たい，という考えがあります。また，弁護士が専門特化しており，その専門分野のニーズがあまりなければスポットで

す。

　顧問の場合，定額である程度の業務をお願いできる場合と，タイムチャージ併用の場合がありますが，いずれにせよ，タイムチャージのディスカウント等があり，「長期的関係とディスカウント」を内容とすることが多そうです（昔ながらの「何も依頼しないが保険料的に顧問料を払う」ことは最近は減ってきています）。このような顧問弁護士には，自社の理解度の高さや，長期的関係を期待していろいろと便宜を図ってくれる等のメリットがあり，信頼関係があれば，法務としては顧問弁護士は大変ありがたいと考えています。

　しかし，例えば「レスポンスが遅い」「簡単な仕事でも，顧問料に加えて追加でタイムチャージを支払うよう要求する」「ビジネス予算（→Q21）の場合の見積りが大き過ぎてビジネスを説得できない」「回答が使えない（→Q13）」等として顧問弁護士との信頼関係に亀裂が入ると，「なぜ使えない弁護士に定期的に多額の支払が必要なのか」となることがあります。この点は顧問料の多寡とも関係するかもしれません。

　法務部門長クラスで「絶対に顧問契約を結ばない」と豪語される方がおり，それは，信頼関係のない顧問よりは，「素晴らしいサービス（費用面も含む）が提供されれば，依頼者としてまた依頼するだろう」という考えに基づく，スポットの「一回一回の真剣勝負」の方に魅力を感じるということなのだろうと思われます。

　加えて，弁護士の先生にビジネスとのコミュニケーション等，本来法務パーソンが行うべき仕事もやってほしいというニーズが生じることがあります。例えば退職や産休育休が相次いでマンパワーがない場合や，スタートアップにおける法務部門の立ち上げ時期等です。このような場合，出向や法務受託が選択肢となります。とはいえ，出向や法務受託のスキームにおいて，例えばアワリー4万のタイムチャージをそのまま適用することはほぼなく，普通は大幅にディスカウントする代わりに，振るべき仕事がなくても毎月想定した時間分の報酬は支払う（安定収入になる）というスキームが多いようです。

キーワード 【依頼者は誰か】【全社的リスク管理】

Q 26

「依頼者」とは誰ですか？

A ••

　究極的には会社です。ただ，通常は法務パーソン，場合によっては法

解　説

　究極は法人と顧問契約を結ぶ以上，依頼者は会社（全体）です。

　しかし，法人には「顔」がないところ，日々コンタクトするのは法務パーソンです。そこで，このような法務パーソンを通常は依頼者と見るべきです。法務パーソンは全社的観点からのリスク管理をしますので，法務パーソンが「正しく」リスク管理をすることは，会社の利益に合致します。

　とはいえ，法務部門としての見解・立場，あるべき姿と，個別の担当法務パーソンの見解等が違うことは時々みられます。その場合には法務部門長こそが依頼者です。よって，このような疑いが生じた場合には，法務部門長の参加する会議を開催する等して，正しい「依頼者」とコミュニケーションしなければなりません。

キーワード　【依頼者は誰か】【難しい依頼者】

Q 27
　担当法務パーソンとコミュニケーションがしにくいのですがどうしたらよいでしょうか？

A　‥‥‥‥‥‥‥‥‥‥‥‥‥‥‥‥‥‥‥‥‥‥‥‥‥‥‥‥‥‥‥
　法務パーソンに問題がある場合には，法務部門長ともコミュニケーションしましょう。

解　説

　まず，コミュニケーションがしにくいことが，担当法務パーソンの問題か，それとも，弁護士の問題かについて検討が必要です。法務パーソンが「顧問弁護士がコミュニケーションがしにくい」という場合において，実際には，法務パーソン側に問題があることもあり，逆も然りでしょう。

　そのような前提で，もし法務パーソンに問題がある，例えば，法的に間違った見解に拘泥する，連絡が取れない等があれば，その法務パーソンに対して説明をして，協力を求めるというのが1つの方法ではあります。とはいえ，そのような対応では改善しないこともあるでしょう。

　そのような場合には，やはり法務部門長に協力を求めるということになるでしょう。もし，法務部門長としてもその法務パーソンが「困った人」だと思っていれば，話は早いでしょう。ただ，法務部門長の前では「普通の人」の場合，逆に顧問弁護士の方が「悪者」にされる可能性もあります。そこで，エビデンスに基づき説明すべきことになるでしょう（なお，このような場合，法務パーソン側も「顧問弁護士がコミュニケーションがしにくい」と考えて

いて，法務部門長にいろいろと苦情を述べているかもしれません。その意味では，早めに動いた方が得策とは一応いうことができるでしょう）。

なお，アソシエイトの場合には，このような申し入れは自分が直接するのではなく，パートナーからしてもらうのがよいでしょう。

ただし，忘れてはならないのが，問題ある当該法務パーソンが，次代の法務部門長候補という可能性です。パートナーとして，その依頼者と継続的な関係を持ちたいと考えている場合はもちろん，自分がアソシエイトの場合は，自分限りで当該依頼者との関係を切るという判断はできない以上，その事務所に居続けるのであれば（Q132参照），長期的には当該法務パーソンとの関係性を築いていくことも求められるところです。現法務部門長の助けを借りるとしても，その点から「逃げる」ことにはリスクが付きまとう（法務部門長の交代と共に「切られる」等）ことについても理解すべきでしょう。

キーワード 【依頼者は誰か】【難しい依頼者】

Q 28

法務部門長とコミュニケーションがしにくいのですがどうしたらよいでしょうか？

A ••

あなたがアソシエイトであればパートナーにフォローを求めるべきです。パートナーであれば難しいところですが，最後は耐えるか関係を解消するしかないでしょう。

解　説

1　アソシエイトの場合

当該依頼者担当のアソシエイトに対し，法務部門長が例えば，「こういう『使えない』若い人ではなくパートナーの先生やシニアアソシエイトが全面に出てきて欲しい」という思いを抱く場合はあり得ます。それは，（確かにアソシエイトの個別の行為に問題があることもあるのでしょうが）多くの場合，（そのような対応をアソシエイトがすることを見越しての）パートナーのフォローが足りないという，「パートナーの問題」です。そこで，パートナーから法務部門長に対し，フォローをしっかりするので使って欲しいと頼むか，場合によっては担当アソシエイトを変えるというのが正攻法でしょう。

なお，そのような状況でアソシエイトが法務部長に対して「コミュニケーションがしにくい」と思うことはあるでしょうが，パートナーのフォローを受けることで解決するしかないでしょう。

2　パートナーの場合

これは困った事態です。その法務部門長の更に上の上司に相談する方法もありますが，法務の専門知識がないと，法務部門長のやり方の問題に気付くことは難しく，有効ではないことも多いです。

そもそも法務部門長とコミュニケーションがしにくい状況で受任するというのはあまり考えられないので，いわゆる「元々は別の信頼関係のある法務部長だったのが転任・転勤・転職等した」という場面なのでしょう。その場合は，耐えるか関係を解消するしかないでしょう。とはいえ，場合によっては法務部門長の方が転職していなくなるかもしれません。

> **キーワード**　【依頼者は誰か】【顧客獲得】【弁護士の営業】
> 【人の縁】【一般民事】

Ⓠ 29

独立当初，一般民事の依頼者はどうやって獲得すればよいのですか？

Ⓐ ⋯⋯⋯⋯⋯⋯⋯⋯⋯⋯⋯⋯⋯⋯⋯⋯⋯⋯⋯⋯⋯⋯⋯⋯⋯⋯⋯⋯

少しでも自分の「特徴」を探し，その特徴に関連して人の機会を広げることですが，何も特徴がなくとも「タテとナナメ」の関係を創っていくとよいでしょう。

解　説

各人の持っているもの，おかれた状況によりケースバイケースとしか言いようがないですが，以下特別なリソース（例えば親が多くの顧問を持った弁護士で，親から顧問先を譲ってもらえる等）を持っていない場合を想定してご説明します。

1　自分の特徴の確認

まず自分の側から，少しでも自分の特徴を探してみることが有益と思います。例えば，大学受験予備校に３年通ったという経歴があったら予備校については詳しいわけですし，人の行かない外国に行ったことがあるとか，変わったアルバイトをしたことがあるならそれも特徴になります。

有名高校・大学の縁はあまり役に立たないルートですが，それでも有名な部活，逆に非常にマイナーな部活の経験があったらいずれも特徴です。小規模ロースクール出身者は少数であるという点で大きなメリットを有しており，大学の縁を得やすくなります。小学校のときにガキ大将で悪友が地元に一杯いる，なんていうことがもしあったら，受任ポリシー次第ですが，素晴らしい受任ルートかもしれません。

2 「タテ」の関係

独立に当たって，特徴を生かしたルートに注意を注ぎつつ，広く挨拶状（メール等含む）を出します。次に述べる「タテ」の関係でキーマンになり得る人に対しては，単に印刷した挨拶状を送るだけでなく，少なくとも，挨拶状に手書きで一言書き，メールでのメッセージも併用するなどした方がよいでしょう。

要は，「タテ」の先輩から「かわいい後輩」と感じてもらい，仕事が発生したときに「そうだ，○○は最近独立したとのことだったな。独立したのなら，仕事を回してみるか」と思ってもらうことが大事です。

3 「ナナメ」の関係

筆者の経験では，「ナナメ」の関係が有力なルートだったように感じます。ナナメ，すなわち，先輩の横関係にある人，又は横関係にある人の先輩です。

これは一見不思議なようですが，弁護士に限らず依頼者ルートでも，直接の「タテ」「ヨコ」からナナメにずれた方が依頼を試みやすい何かがあるように感じます。先輩にその友人を紹介してもらうとか，友達にその先輩を紹介され，それらの人が仕事を回してくれるといった状況は十分にあり得ます。

4 獲得ルート

① 弁護士のルート：委員会活動，派閥活動，趣味（例：法曹テニス，サッカー，俳句，将棋等も）

委員会活動や派閥活動等をすればすぐに案件が来るということではないものの，うまく「かわいい後輩」と思ってもらえれば，そのような先輩に「時間だけはたっぷりあります」と言っておくと，受任ルートになるかもしれません。

② 裁判所ルート：破産管財人，後見人，諸管理人等（裁判所をクライアントと考える）

近時ではやや厳しくなってはいますが，依然として有力なルートです。

③ 勤務弁護士時代のクライアント関係

前の経営者弁護士との関係で微妙なこともありますが，通常は一定の顧客獲得ルートになるでしょう。良い仕事をしていれば，紹介者になってくれることが多いものです。

④ 地元：事務所の地理的関係（近所），地域交流活動や趣味サークル

地元活動やネット広告等により「近所に弁護士事務所がある」とい

うプレゼンスを得ることは重要です。

⑤ 異業種交流，JC青年会議所，ロータリークラブ等の財界活動等

こちらも地域の特性や，本人の性格にもよりますが，有効活用する弁護士はいます。

キーワード 【一般民事】【弁護士の営業】【受任ポリシー】
【難しい依頼者】

Q 30

一般民事で受任についてどのように考えるべきでしょうか？

A ●●●

自分なりの「受任ポリシー」を持ち，「難しい依頼者」であるかどうかを周辺事情から推察した上で決定するのがよいでしょう。

解説

1 受任ポリシー

受任するかの決定がその時々の気持ちや売上状況に影響されることはお勧めできません。例えば，売上が少ない状況に焦って3件立て続けに受任したところ，その後売上目標を大幅に超えることになったというような場合，もし1件目が「普通だったら受任しないが，売上が少ないから」ということで受任した案件で，その依頼者が「難しい依頼者」である，ということもあるでしょう。そして，1件目の「難しい依頼者」の対応で疲労困憊するとか，3件同時受任による忙しさのため，1件目が「手薄」になり，その結果，依頼者の満足を得られずトラブルになる等のリスクがあります。

受任ポリシーには様々なものがあり得，それぞれの弁護士に考えがあるところでしょう。例えば，「親戚，友人及び親しい知人の個人的事件は受任しない」等もあります（Q2も参照）。事件について報酬基準を決めておき，提示したところから「値引き」を求められる場合は受任しない，というのも1つのポリシーです。「価値観の合わない人の依頼は受けない」ということも1つのポリシーになり，例えば，「原則として訴訟外交渉・調停で解決し，訴訟になったとしても和解で終了することをポリシーとしています」と最初に宣言して，依頼者と意見交換してみてから受任するかを決めるというやり方もあります。刑事事件は受任しないというポリシーもあり得ます。いずれにしても，経験しながら自分なりのポリシーを確立していくと良いので，最初は決め打ちしないでいろいろやってみることがよいと思います。

これらのほか，例えば「難しい依頼者」と感じた案件は受任しないとい

うことも1つのポリシーだと考えられます。

2　難しい依頼者

　様々な周辺事情がその依頼者が「難しい依頼者」であることを示唆することがあります。

・弁護士以外の人への態度

　例えば事務局員や秘書への態度が横柄である場合，それは結構人の本質を示すもので，それだけで受任を避ける弁護士も多いでしょう。もし受任してしまうと，大事な事務局員や秘書がストレスに耐えきれず，辞めてしまうかもしれません。

・弁護士への態度

　例えば，初対面なのに褒めちぎる等，期待の高さを示すとき，その裏返しで期待に応えられない場合に大きな失望と反発を受ける可能性があります。また，猜疑心が強い場合，受任後例えば弁護士が和解を打診した場合等に「相手に買収されたのではないか？」等とあらぬ疑いをかけられるかもしれません。また，否定的なことを言うと怒りを露わにする場合，今後も思い通りにいかないと怒鳴られる等のハラスメントを受ける可能性があります。思い通りに行っていない等の理由で弁護士や事務局員に謝罪を求める人も同様です。

・無料相談の要求／値引き要求／完全成功報酬の要求（完全成功報酬と謳っていない弁護士・事件類型に対する）

　受任時に弁護士報酬について考え方が合わない場合，受任後に弁護士の仕事やその成果の評価について考え方が合わない事態になることを示唆します。これが決定的ではないとはいえ，他の事情と総合して受任を避けることが考えられます。

・過度に迅速な対応の要求

　例えば，委任契約に規定していないのに，着手金振込み前に内容証明郵便を送るとか相手方に電話で交渉してほしい等の要求がある場合が考えられます。弁護士の自発的な判断に基づき，着手金受領前に着手することも珍しくはありませんが，強く要求されてサービスのつもりで対応すると，例えば弁護士の対応により相手方の督促が止めば，それで安心して着手金を振り込まないこともあるかもしれません。その場合，相手方との関係でも苦慮しつつ辞任する以外選択肢がなくなることもあります。

・一方的な要求

　事務局に「本日中に弁護士から折り返してください」と一方的に伝言

し，弁護士が翌日折り返すと「昨日のうちに折り返してくれと言ったんですがね」と不快の意を表示するタイプの人もいます。その後も，一方的な要求をして，それが実現されないときに過剰に反応する可能性があるといえます。

- 既に他の弁護士に断られていること

　もちろん断られた「理由」にもよるところで，専門性の高い案件で受任してもらえない（そして自分はその専門性を持っている）という場合には特に問題がないかもしれません。しかし，色々な可能性もあるので，断られた事情を聞いてみて，その内容だけでなく言い方にも注意しておくと良いでしょう。例えば，別の弁護士の悪口を言う場合などは，自分についても後にトラブルになったらそう対応されるかもしれない，と思った方がよいかもしれません。

- 当日相談の要求／電話相談の要求／土日深夜相談の要求

　通常は予約制の面談（ウェブ面談を含む）での相談を平日昼間に行うと思われます。そうではない対応を求めるということは，今後もそのような「特別対応」を求めることが多い可能性があります。

- ドタキャン／ノーショー

　これも上記と類似しますが，最初の約束さえ守れないということは，今後も守れない可能性が高いといえます。また，何か特段の事情があっても，事前にそれを説明するなどの社会常識がないことが推認されます。

- 予定より大幅に早く到着する

　例えば，依頼者が1時間前に到着したため，事務所の応接室が空いておらず，適当なスペースで待ってもらったことに怒ったり皮肉を言うような依頼者は，相手の事情を考えることができにくい人である可能性が高いといえます。

- 事前に大量の書面／録音を送付して法律相談前の確認を要求する

　面談時に整理されたメモ等に基づき説明してもらえると便利ですが，一般民事の依頼者でそこまでできることは多くないでしょう。これに対し，事前に大量の書面／録音を送付して法律相談前の確認を要求することは，一般的には相談料は比較的安価で事前の大量作業の報酬を含んでいないことから（例えば30分5000円というように），理不尽なものといえ，報酬についての考え方の乖離を来す可能性が高いといえます。

- 不利な事実や証拠

　不利な事実や証拠について尋ねたときに，曖昧な説明に終始して正面から答えないという傾向がみられる場合，弁護士が重要な不利な事実や

証拠を把握することができず，後で相手から「動かぬ証拠」が提出された際に確認しようとすると「はっきりと聞かれなかったから答えなかった」等と言われるような場合もあり得ます。

• 経験則上およそあり得ないことを主張

あり得ないと思われる事実の場合と，あり得ないと感じられる推論ないし評価の場合があります。「事実は小説よりも奇なり」なことがあるのですから，先入観は排除して聴かなければなりませんが，そのようなことを主張される状況や言い方の中に，同調できないSomething（過度のこだわりなど）を感じることがあるかもしれません。

3 難しい依頼者にあえて対応するという選択

もちろん「難しい依頼者であってもあえて対応する」ということも有意義な選択肢の1つです。難しい依頼者こそ弁護士の援助を必要としているという側面もあるからです（次に紹介する岡田編著の「はじめに」参照）。ただ，その場合は，弁護士自身がメンタル面でプレッシャーを抱えることになる可能性も高いので，例えば岡田裕子編著『難しい依頼者と出会った法律家へ―パーソナリティ障害の理解と支援―』（日本加除出版，2018）等の参考文献を踏まえた対応を意識するとよいでしょう。もしも，自分自身がメンタルを病んでしまったら元も子もありません。あなたの支援を待っている，まだ見ぬ依頼者がいることを想起するとよいでしょう。

キーワード 【一般民事】【辞任】【難しい依頼者】

Q 31

一般民事で辞任についてどう考えるべきでしょうか？

A ···

委任契約書に自らのポリシーに基づく規定をしておき同条項に基づき辞任できるようにしておくとよいでしょう。

解 説

1 辞任が原則として自由であること

民法の準委任が自由に解除できるように（民656，651参照），信頼関係が前提となる弁護士・依頼者関係においては，信頼関係が破壊された場合，辞任は原則自由です。また，日弁連の「弁護士の報酬に関する規程」5条によれば，委任契約書を作成し，そこに，原則として委任契約は委任事務の終了に至るまで解除できる旨を規定しなければならないと定めているので，委任契約の中に同条項を設けているはずです（ただし，顧問契約に基づく場合等の例外があります―同条3項参照）。

2　辞任をせず頑張ることの功罪

　確かに辞任せずに頑張るべきといった考えを持つ人も少なくなかったように思われます。しかし，信頼関係が失われた後も引き続き対応することは，依頼者としてベストの結果をもたらさないことが多いでしょうし，弁護士自身の精神的健康（→Q30）の面からも，無理をしないでむしろ早期に辞任する方がよいと考える人が増えているのではないでしょうか。

3　辞任ポリシー

　そのような考え方で対応する場合，まずは辞任ポリシーを自分の内で定めておくべきです。
・連絡が取れない場合や打ち合わせのために必要な連絡をタイムリーに行えないことが相当の努力を講じてもなお続く場合
・暴言や乱暴な振る舞いがあった場合（事務局員に対するものも含む）
・土日祝日夜間等の営業時間外に合理的な理由がないのに至急の連絡を求める場合
・事件処理の方針に関する重要な問題（例：和解を拒否して判決とするか等）について意見相違が生じた場合
　これらの場合等が考えられます。そして，そのような場合には辞任する旨を予め委任契約書に明記し，受任時に説明することにより，いざポリシーに基づき辞任する場合のトラブルを最小化できるでしょう。
　なお，このように辞任する場合において着手金を返すか，その場合において全額か一部か等はそれぞれの弁護士のポリシーや個別具体的状況にもよるところですが，具体的な状況の下で着手金返還の可能性が残る以上は，少なくとも「着手金を使い果たしたので，辞任したくても辞任できない」という心理に陥る状況は避けるべきでしょう。この点「着手金は預り金だと考えよ」という名言を伝える弁護士もいます。

4　周囲に相談すべきこと

　なお，本書の読者である若手弁護士が勤務弁護士（イソ弁）であることも多いと思われます。辞任を考えなければならないような難しい状況に至った場合，事務所事件であれば当然ですが，個人事件であってもボスや兄弁・姉弁（もしいれば。いなければ他の先輩や同期）に相談をすべきです。そのような周囲に相談をすることで，自分ではまだ頑張ろうと思っていても「即刻辞任すべき」という的確なアドバイスをもらえたり，また，辞任対応に協力してもらう等大きなメリットがあります。仮に，依頼者とのトラブルが生じた場合に，相談できるだけでなく，いざとなれば代理人になってもらえる可能性があると思うだけでも少し心が軽くなるはずです。

Q 32

どのような一般民事の依頼者が「リピーター」になり得るでしょうか？

A ・・

　今の依頼者や紹介者ではなく，その人たちが連れてきてくれた人の中からリピーターが生まれました。

解　説

1　はじめに

　弁護士としてどうやって収入を得ていくと考えるか，ということは，弁護士としての人生観に関わることであり，正解はありません。その中で，読者の方はどのような一般民事の依頼者を「リピーター」にすべきか，といった観点に興味があると思われますが，そこに関連する点として，筆者として，どのような一般民事の依頼者がこれまでリピーター「になったか」を述べたいと思います。

2　リピーターになった人

　不思議なことに，筆者個人の経験としては，今の依頼者や紹介者ではなく，その人たちが連れてきてくれた人の中からリピーターが生まれた感じがします（Q34も参照）。刑事事件の当事者がリピーターになることはあまりないでしょうが，例えば国選事件の証人になる人に付き添って来た人，のように，ナナメの関係の人から（Q29も参照），随分と後になって民事の相談を受けてその後にリピーターとなるようなことがあります。

　このような顧客獲得ルートは，いかにも不確定で頼りない感じがするでしょうが，「今の依頼者や紹介者」が一定の厚みをなすまでの間の辛抱だと思います。「今の依頼者や紹介者」をどうやって獲得するか，という点については，Q29を参照してください。

Q 33

依頼者の法務部門長が転職した際はどうしたらよいでしょうか？

A ・・

　むしろ転職先の企業をクライアントにするチャンスだと前向きに捉えましょう。

解　説

　アソシエイトにとっては，依頼者の法務部門長が変わっても，担当法務パーソンが変わるわけではないので，「いつもどおり」に対応すればよいはずです。

　これに対し，パートナーにとっては新しい法務部門長とコミュニケーションが取りにくい事態（Q28参照）が生じるリスクがあること自体は否定できません。

　しかし，このような事態は「前向き」に捉える方がよいでしょう。つまり，今顧問契約を結んでいる会社とは，頑張ってうまくコミュニケーションを継続して顧問を継続する，そして，元法務部門長の転職先も新たな顧問とするという方針で活動しましょう。

キーワード　【企業法務弁護士の営業】【依頼者は誰か】

Q 34

　「良いサービスを提供することが最大の営業」という言葉を聞きますが，これは正しいですか？

A　・・・

　アソシエイトについては正しいですが，企業法務弁護士事務所パートナーについては少し違う観点も考えるべきです。

解　説

　京野哲也『クロスレファレンス民事実務講義』第3版（ぎょうせい，2021）「転ばぬ先の杖」3には，「営業とは，今やっている仕事を，必死に，誠実に，丁寧に行うことである。そうすれば，今の依頼者や紹介者が営業マンとなって，将来の良質な依頼者を連れてきてくれる」と記載しました。良いサービス，つまり，ビジネスプロセスを理解した「使える」成果物を合理的予算，時間で提供し，コミュニケーションが円滑で法務パーソンを幸せにしてくれる（Q13参照）なら，少なくとも法務パーソンレベルでは「また頼みたい」と考えるでしょう。そして，法務部門が存在する規模の会社であれば通常は複数の顧問弁護士を使い分けています。例えば，小さめの仕事を法務予算（Q21。典型的には顧問料）でお願いした際に，そのような「良いサービス」をしてくれた場合，次にビジネス予算の案件があったら，その先生に依頼して，「恩返し」をしようと考えるのは自然です。そこで，少なくとも，案件を処理するアソシエイトに関する限りでは正しい考え方です。

　しかし，これはあくまでも「同じ会社において弁護士に割くべき予算を

他の顧問弁護士より多く獲得する」という限られた営業に過ぎません。そこで，パートナーとしては，別の新しい顧客開拓を検討する必要があります（→Q136，Q137）。

　若手弁護士の進路として，企業に所属するという選択をする人が増えています。JILAの資料によれば（https://jila.jp/wp/wp-content/themes/jila/pdf/transition.pdf），2022年6月時点で，2965人，全体の約6.7％の弁護士が企業内弁護士だとされています。東京三会の企業内弁護士率は10％を超えます。特に，若手弁護士の企業内弁護士率の高さが注目されます。60期代の企業内弁護士率も10％を超えています。

　このような状況の下では，既に企業にいる若手弁護士も多いと言えますし，若手弁護士として，将来的な転職先として企業を考慮することも多くなっているでしょう。

　しかし，6.7％という比率は，逆に言えば，90％以上の弁護士が企業に所属していないということを示すのであり，企業に入ってどのように業務を遂行していけばよいのか，また，今後企業に転職して大丈夫だろうか，という疑問は当然生じるところでしょう。

　このような観点から，以下，7章に分けて，Q＆A形式で，法務パーソンとして上手に業務を進める方法等を説明していきます。

　本編（及び3編3章）は弁護士ではない一般の法務パーソンにとっても有益なものと考えます。

2-1　ビジネスパーソンとして役割を果たすために
キーワード　【ビジネスパーソン】

Q 35
　法務パーソンは会社の中でどのような位置付けの存在であるべきですか？

A　・・・
　法務パーソンである前にまずはビジネスパーソンであるべきです。

解　説

　インハウスを含む法務パーソンの中には，自分自身が何か普通のビジネスパーソンと違う別の存在だと思い込んでいるように振る舞う人（→Q39）がいると聞きます。しかしそれは大きな間違いです。

　営業，製造，開発，経理，人事，総務等の様々な部門で，様々な職種のビジネスパーソンが様々な役割を果たしているところ，法務もその一類型に過ぎません。そこで，法務パーソンは，自分がビジネスパーソンである，ということを自覚すべきです。このような自覚は，総合職として入社した

社員，特に，新卒採用で総合職として入社し，その後法務への配属を命じられた人にとっては，当たり前のことです。「ビジネスパーソン」が「今は」法務を担当しているのです。

しかし，弁護士有資格者であったり，法務の転職を繰り返したり，法務経歴が長くなるとこの基本がおろそかになることもあるようです。なお，以下述べるとおり，法務への職務限定を合意していない総合職であれば，一時的に法務にいても，その後法務以外に配転される可能性がありますし（→Q184），弁護士有資格者であっても，監査部門等法務以外に配属されることはあります（→Q175）。

キーワード 【ビジネスパーソン】【パートナー機能】

Q 36

ビジネスパーソンだというのは何をする人だということですか？

A ••

（前進させるべき）ビジネスを前進させるのがビジネスパーソンです。

解 説

（インハウスを含む）法務パーソンがビジネスパーソンである，ということの含意の主なものは，法務パーソンとして（前進させるべき）ビジネスを前に進めることに貢献すべきだ，ということです。

ここで，ビジネスを前に進める，というのは，例えば新しい取引をしたいという相談がビジネスサイドから来た時に，その取引を，できるだけビジネスサイドの期待する本質的な部分を残しながら，適法に実現するための方法を考える，ということです。

このような機能は，「パートナー機能」と言われることがありますが，そのような呼称が付されるようになる前から，ビジネスの信頼を法務部門が得る上で，ビジネス（多くの場合には，営業部門，製造部門，開発部門，調達部門等ですが，法務以外の管理部門と協力することもあります（→Q59参照）。本書において部門・部署を指して「ビジネス」という場合には，特に管理部門を除外する趣旨の場合を除き，法務以外の管理部門も含みます。ただし，2-5で法務内のコミュニケーションを扱っており，法務はビジネスには入れません）に寄り添う，つまり同じ会社の一員として，ビジネスと同じ方向に向かって前に進めようと一緒に協力することは必須です。

事業部門が早期に法務に相談し，法務は知恵を絞って関係する法律問題を考え，一緒に手を携えてプロジェクトを進めていくのが理想的な姿です。

なお，「ガーディアン機能」についてはQ37をご参照ください。

キーワード 【ビジネスパーソン】【ガーディアン】
【全社的リスク管理】【証拠・記録化】
【リスク説明】

Q 37

前問（Q36）によれば，つまり，法務もビジネスと同じようにビジネスを進める，ということですか？

A ･･

いいえ，「闇雲」にビジネスを前進させるのではなく，ガーディアン機能を果たしましょう。

解説

もちろん，「ビジネスを前に進める」ことは，「ビジネスのいいなりになる」ことではありません。あくまでも「前進させるべき」ビジネスを前進させるに過ぎないのであって，この点は勘違いしないでいただきたいと思います。例えば，ビジネスサイドが特定の取引スキームがよいとか，特定の契約条項（例えば相手の提示した相手雛形）がよいと述べた場合に，法務パーソンが「ビジネスパーソン」としてビジネスを前に進める，ということとは（そのようなビジネスサイドの希望に共感を示したり寄り添ったりするとしても）必ずしもそれをそのまま受け入れることを意味しません。もし，法務がビジネスの希望をそのまま受け入れるだけということであれば，そこに何の付加価値（→Q177）も与えることができません。要するに，「闇雲」にビジネスを前進させるだけでは能がない，ということです。

いわゆる法務のガーディアン機能として「法的リスク管理の観点から，経営や他部門の意思決定に関与して，事業や業務執行の内容に変更を加え，場合によっては，意思決定を中止・延期させるなどによって，会社の権利や財産，評判などを守る機能」（「国際競争力強化に向けた　日本企業の法務機能のあり方研究会　報告書」5頁参照（https://www.meti.go.jp/press/2019/11/2019111900 02/20191119002-1.pdf)）が指摘されていますが，Q36で説明したパートナー機能に加え，ガーディアン機能も果たさなければなりません。

だからこそ，ビジネスと同じ方向に歩むとしても，ビジネスとは異なる視点から，リスクを受け入れ可能な範囲に抑えられるようにしなければなりません。これは，全体を見て収まるべき範囲に（経営陣の判断が経営判断の下で適法と判断される範囲内に）収まるように必要な対応及びその記録化を図るという表現をすることもできるでしょう。

例えば，ビジネスサイドが当初希望する取引スキームにコンプライアンス上のリスクがあるのであれば，それをどうやってリスクを取ることがで

きる程度まで最小化できるかを一緒に考え，取引の本質を残しながらも，安全にビジネスを前進させることが考えられます。

　また，契約書や契約条項についても，その契約類型に本当に適合したものか，取引を進める上での手順等（主にいわゆる「行為規範」として機能する部分）や，トラブルになった場合の解決基準・リスク分配（主にいわゆる「裁判規範」として機能する部分）の観点でリスクが過度に大きくないかを検討し，修正を提案します。また，仮に問題となるリスクが，会社として取ることができる範囲にとどまっていても，それをビジネスサイドに説明し，リスクを取ってもらう必要があります。法務が一方的にリスクが限定的だと考えても，ビジネスは法務の説明を踏まえ，取れないリスクだと判断するかもしれません。その意味で，リスク説明は非常に重要です。これらは「解決策」をビジネスと一緒に考えるとも言えます。

　加えて，このようにして対応を適正に行なったことを記録化すること（法律相談メモ，議事録，稟議書，契約書等）は，万が一事後的に当該ビジネス判断の適否が代表訴訟の対象となった時にも，経営判断原則によって保護されるようにするとか，上記の「進めてよい」という判断の前提となった相手方との合意内容について否認されたり争われないようにするといった観点からも重要であり，法務はそれをサポートします。

　このように，法務の役割を果たし，法務の付加価値を発揮しながら前進させるビジネスを前に進めることこそが期待されています。

　ビジネスもビジネスなりにリスクヘッジを考えて判断・対応します。ただ，「法務の依頼者は企業全体」と言われるように，ビジネスの利益だけではなく，会社全体の利益を基準にリスクを考えるべきです。そこで，法務としては会社全体の観点でのリスクヘッジがされているか，という観点でビジネスの対応の十分性を検証しなければなりません。具体的なリスクヘッジ対応についても，法務としてアドバイスするだけの場合，成果物（例えば契約書）を作成する場合，（例えば相手が法務を交渉の場に同席させることを踏まえて）交渉に参加する場合等の様々な役割分担があり得ます。

キーワード　【ビジネスパーソン】【ガーディアン】
【全社的リスク管理】【リアルリスク】
【オーナーシップ】

Q 38

どうやって「安全」にビジネスを前進させればよいでしょうか？

A ••

　リスクの検知，リスクの評価，対応策の提案，対応策の合意，及び，対応策の実現の5段階を，記録化をしながら進めましょう。

解　説

1　はじめに

　それでは，どのように安全にビジネスを前進させるべきでしょうか。全社的リスク管理として法務が行うべきことは，リアルリスクを特定した上で，「各案件のリスクを合理的に減少させられる対応（例えば契約の締結）ができるようにし，残ったリスクについてビジネスが適切にリスクテイクできるようにする」ということです。その際は，そのようなリスクを踏まえた履行時の留意点（やるべきこと&やってはならないこと，いわゆるDoes & Don'ts）などについてビジネス側に理解してもらい，それを実践してもらうという契約書であれば締結後のことも視野に入れることが重要になります。逆にいえば，リスクはゼロにはならないのであり，ゼロリスクを求めてはいけません。

　このような対応の具体的な進め方的としては，リスクの検知と，リスクの評価と，対応策の提案，対応策の合意，及び対応策の実現という5段階で進めることになります。Q37やQ115以下のとおり，それぞれの過程の記録化が必要です。

2　リスクの検知

　リスクの検知というのは，そのビジネスにおいて，どのようなリスクがあり得るのか，様々な可能性やシナリオをもとに発見することです（→Q42）。東証プライム上場企業でも，ビジネスが考えている内容が「リスクゼロ」，ということは実務上あり得ません。例えば，自社が債務を履行できない，相手とトラブルになる，（知財侵害等で）第三者とトラブルになる，業法上の許認可が必要である等々様々なリスクがあるでしょう。「もし良からぬことが起こったら」の視点でいろいろと考えてみるべきです。これが安全にビジネスを前進させるための必要な行為です。基本的には法務は法務リスクを主に担当することになりますが，ビジネスリスク，会計リスク，税務リスク等の法務の所管しないリスクについても，リスクの存在が想定される場合には「●●部門に相談してはどうか」とアドバイスをするのが親切でしょう（最終的な対応策及びその記録化にこのような他部門への相談結果が盛り込まれるべきですので，アドバイスの結果どう対応したかもフォローしていきましょう）。

　なお，このように，まずは事業から法務が相談を受けて，そこから想定

されるリスクに応じて経理部門等の関係各所との連携を確保することというのも，法務の提供できる付加価値であり，これにより「困ったら・迷ったら法務に相談する」，と思ってもらい，リスク管理の上で重要な情報が入りやすくなるという側面も指摘できます。

3　リスクの評価

「リスク検知」は法務の仕事のごく一部（ある意味では1％未満）に過ぎません。リスクを評価した上で，それがリアルリスクか，つまり，抽象的・理論的には起こり得るとしても，具体的・現実的に起こるリスクなのかを見極める必要があります。そして，その発生可能性の程度や，発生した場合の結果の重大性等から，重要か，それとも，十分に取ることができるリスクかを判断していくことになります。

例えば，自社が債務を履行できないリスクはあるが，他社にも同様の製品を供給していて，その経験を踏まえれば十分に取るリスクだとしてリスクを取るという場合はあり得ます。これに対し，このままのビジネスモデルであれば，許認可が必要であるところ，その許認可のハードルが高いとか取得後の行為規制が非常に重いとなれば，対応策を検討し，ビジネスに提案することが必要です。リスク評価の段階においては，検知された（潜在的・抽象的）リスク100個の中から，リアルリスクを抽出する取捨選択が必須です。

4　対応策の提案

例えばビジネスモデルを変える等対応策を提案します。許認可が必要とならないよう商流を少し変えるとか，許認可を持つ人に商流に入ってもらう等，ビジネスの本質を生かしながら，どうすればリスクを低減できるか検討し，ビジネスに提案します。また，契約条項でも，非常に重い責任を負うような条項であれば，その責任を緩和するような条項修正案をビジネスに提案することになります。なお，履行時の留意点（やるべきこと＆やってはならないこと，いわゆるDoes & Don'ts）も対応策に含まれます。

5　対応策の合意

対応策は，法務だけでは決められません。実現可能である内容であることをビジネスに確認してもらい，相手とも合意する必要があります。そのためには，法務とビジネスが「一緒に考える」必要があります。ビジネスにオーナーシップを持ってもらい，主体的関与を続けてもらいながら法務として支援をするということです（Q116参照）。

6　対応策の実現

そして最後に，そのような対応策を実現します。例えば，許認可が必要

な場合に，その許認可申請をする等です。もちろん，どう考えても安全にビジネスを実現できないことはゼロではありません。しかし，実際に「ビジネスが（何も）できない」という結果になることは，法務部門を有する大手企業なら数%以下ではないでしょうか（リスク対応策について相手と合意できないために進まない等の事態はあるでしょうが）。最後はノーを突きつけないといけない（→Q124）ものの，その「切り札」を切るべき場合はあまり多くありません。まずは，ビジネスの前進のために，上記のプロセスを回していきましょう。

7　ゼロリスクがあり得ないこと

　このような説明を踏まえると，法務の仕事がリスクゼロを実現することではない，ということをご理解いただけるのではないでしょうか。むしろ，リスクが「許容範囲内」に収まっている限り，ビジネスが，リスクの存在及び内容を十分に理解した上で，そのリスクを取るということも十分に合理的な経営判断であり得ます。ただし，その判断は現場限りの「目の前の利益／売上」を追い求めての判断であってはなりません。あくまでも，全社的観点からの「取ることができるリスク」である必要があります。

　だからこそ，法務としては，リスクゼロを求めるのではなく，全社的リスク管理の観点から，「リスクが許容範囲に収まっているか」「仮にそのような範囲内のリスクだとしても，ビジネスはきちんとそのリスクの存在や留意点を理解した上で，取ると判断しているのか」という観点でコミュニケーションをすべきです。例えば，リスク説明といって，どのようなリスクがあるかをビジネスが理解できるよう丁寧に説明することも，法務の重要な仕事です。

　ビジネスが「そこはこっちでリスクを取ります」と述べた場合，法務パーソンは本当にそれが全社的観点から許容範囲内かを検討する必要があります。何が全社的観点から許容範囲か，というと，基本的には，経営判断原則で保護される範囲内と思われます。法令違反やレピュテーションリスク（広義のコンプライアンス違反）の存否等の観点から判断されることも多いと言えます。なお，それが（取締役会の判断ではなく）部門（本部・部等）の裁量で取られるリスクであれば，（仮に取締役会で議論した上での判断であれば経営判断の原則で保護される範囲内であっても）その部門の裁量の範囲内かという観点もあり得ます。少なくともその担当者限りでは決められないのではないか等と指摘をすべき場合もあるでしょう。

　「リスクを取ること」と「無謀」の違いは，発生確率と影響度等の観点から，事前に重要なリスクシナリオを洗い出してそれに対する打ち手を予

め講じているかどうかと言えるでしょう。ビジネスが無謀な意思決定をせず，適切にリスクを取るようにサポートすることが法務の重要な役割です。

　そして，こうした検討の過程について，後日代表訴訟で，その適否が問題となったときに備える意味で，適切に記録化がなされていることを確認しておくことも重要な法務の役割です。稟議書やその他の議事録が内容及び形式面で適切なものとなっているかも確認することが求められます。

キーワード　【ビジネスパーソン】【リアルリスク】
【ネクストステップ】【評論家】

Q 39

「最悪」の法務パーソンの姿はどのようなものですか？

A ……………………………………………………………

　外野からゴチャゴチャ言うだけで，結局「どうすれば前に進められるか」を明らかにせず，ビジネスを前進することに貢献しない，いわゆる「評論家」です。

解説

　最悪の法務パーソンの姿が「評論家」です。ここでいう評論家とは，外野からいろいろと物知り顔でこのリスクは考えたのか，あのリスクは考えたのか等とゴチャゴチャ言うだけで，結局「どうすれば前に進められるか」を明らかにせず，前進させるべきビジネスを前進することに貢献せず，ビジネスを足止めするだけの法務パーソンをいいます。

　良い法務パーソンもリスク検知を実施します（→Q38）。しかし，上記のとおり，リスク検知はビジネスパーソンたる法務パーソンの仕事のごく一部に過ぎません。良い法務パーソンは，その後，どうすれば前に進めるかにまで踏み込みます。これに対し，「評論家」は，そのリスクを指摘するだけです。

　なぜそのような「評論家」が出現するのでしょうか。多分それが楽（安易）でかつ減点されないからでしょう。「前に進めると作業が増えて面倒」「どうすれば前に進めるか分からない」「前に進めて何か問題が起これば，自分の責任になる」「前に進めようとすると妨害される」「前に進めると作業が増えて面倒」等々，いろいろな事情があり得ます。いずれにせよ，リスク軽減策についてビジネスとコミュニケーションをして合意することは大変ですし，法務が一度OKを出したら，そのビジネスは「法務承認済み」となり，問題が発生すれば，「法務のせい」，法務部門の中では「自分のせい」となってしまいます。そうすると，NOと言っているだけなら，

大変なプロセスを経なくて済むので楽です。また，ダメと言い続ける限り，自分が承認したことにならないので，後でトラブルになっても責任を負いません。「減点主義」の会社であれば，「評論家」の方が合理的な生き様かもしれません。

　加えて，「法律」が「偉い」ことから，ビジネスが法律に敬意を表しているのを，法務パーソンとして，「自分が偉い」と勘違いするということもあるかもしれません。つまり，法務パーソンに対し，ビジネスの「偉い人」が頭を下げて「何とかビジネスを進めさせてください」とお願いをしに来ることがありますが，これをまるで「自分が偉くなった」と勘違いすると，「評論家」へと堕してしまいがちです（なお，このように「法律」の権威を前提にする以上，自分の言葉が法律に裏付けられるよう，リサーチをきちんと行い根拠を示せるようにすることが必要です）。

　しかし，「評論家」はビジネスから信頼されません。また，「評論家」をのさばらせる法務部門もまた信頼されません。法務に相談しても案件を止められるだけとなり，法務は何ら付加価値を与えていません。法務がビジネスの「仲間」であれば，「信頼」を得るための努力をすべきであり，評論家はその努力をしていないと言わざるを得ません。また，ビジネスから信頼されない法務部門にはビジネスからの情報が集まりにくくなり，リスク検知能力が衰える可能性があります。そういう意味でも，評論家をのさばらせることには問題があると言わざるを得ません。

キーワード 【オピニオンショッピング】

Q 40
法務が信頼されない場合にどのような状況が発生しますか？

A ･･･
　ビジネスが法務を通さないよう「工夫」する等の本末転倒の事態が発生します。

解　説

　例えば「評論家」（Q39）等が原因となって，ビジネスが法務を信頼しない場合，ビジネスは，どうやれば法務に相談しないで済むかを考えるでしょう。例えば，「契約書というタイトルだと社内規程上法務を通さないといけないので，タイトルだけ『覚書』にする」ような本末転倒の事態が発生し得ます（残念ながらそのような企業の話はよく聞くところです。なお，それが無意味であることは『Q＆A若手弁護士からの相談203問』Q134をご参照ください）。

　この状況が更に悪化すると，ビジネスが法務を通さず外部法律事務所に

勝手に相談する状況が生じます。もちろん，通常のビジネスプロセスでビジネスが直接外部法律事務所とやり取りすることを認めている場合は問題ありません。そうではなく，法務を信用しないものの，法的リスクはあると考えているビジネスが，直接外部法律事務所に相談してしまう，という状況を指しています。

　なお，法務部門としてどうしても進めるべきではない，と考えて最終判断を出した案件について，それを進めたいビジネスが，よく分からない弁護士を連れてきて「弁護士が適法意見を出しているから進めろ」という事態が生じることもあると聞いたことがありますが，それは既にビジネスと法務の関係が「危険水域」に至っていると言わざるを得ないでしょう（Q6も参照）。

キーワード 【ビジネスパーソン】【協力】

Q 41
　自社のビジネスで必要な法律知識を全部自分で持てないのですが，大丈夫ですか？

A ••
　知識や経験を全て自分で持っている必要はありません。内部及び外部の協力を得ましょう。

解説

　このように「評論家」（Q39）にならず，「安全」に（前進させるべき）ビジネスを前進させるビジネスパーソンたる法務パーソンになれ，と言われても新人法務パーソンは途方に暮れてしまうでしょう。ビジネスを前進させると言っても自分には知識や経験が足りず，法的にリスクが少なく，かつ，ビジネスが受け入れられる代替案なんて思いつかない，という法務パーソンは新人でなくても多いと言えます。むしろ，新人法務パーソンでそのような能力がある人の方が稀です。

　法務パーソンは，他の内外の関係者の協力を得ることができます。だから，自分自身でビジネスを前進するために必要な全ての知識や経験を有している必要はありません。ここが「組織」に属することの強みということもできるでしょう。ビジネスの担当者は，「あなたが即答できる能力を持っていること」自体はあまり重視していません。むしろ，いかに法務の総力を結集して，ビジネスの抱える問題に対する法的解決策を迅速に提供するかが「腕の見せ所」です。

　内部としては，まずは法務の先輩や上司が考えられます。過去の経験か

ら「こういうリスクがあるのでは」「こういう対応をすれば対応策になるのでは」等というサポートが考えられます。例えば，グローバルなサプライチェーンでは，供給先から人権に関する誓約書等を結ばされていることがあり，法律には違反しなくてもそれに違反しないか等という指摘を受けるかもしれません。

　次に，法務以外の社内のほかの部門の協力を得ます。法務の対応策に関する提案が実務上実現可能かをビジネスと協議することはほぼ全ての案件で発生します。ビジネス上の実現可能性等については，謙虚に教えてもらう姿勢を示すべきです。また，例えば，営業部門からの依頼である場合に，営業部門として約束できるか分からない対応策（例えば，仕様を明確にして，検収されないリスクを減らすべきだ，という法務の提案）について，製造部門に確認したら，製造部門が具体的な仕様を明示し，この仕様であれば満たせると説明することがあります。そうすれば，それを相手（買主）に提案することになるでしょう。

　更に，予算等の制約はありますが，顧問弁護士等の外部の協力者があります。特に，法的リスクの評価が難しい場合には，例えば顧問弁護士に適法だという意見書をもらうといった対応が考えられるでしょう（→Q9）。

　つまり，法務パーソンは，安全にビジネスを前進させるための活動全てを自前で実現するのではなく，内外からの協力を得ることができるのです。

キーワード 【ビジネスパーソン】【全社的リスク管理】【協力】
【キーパーソン】

Q 42
　自社のビジネスで必要な法律知識を全部自分で持つ必要はないとのことですが，それでは何が必要ですか？

A ･･
　必要なのは，リスク感覚と協力獲得です。

解 説

　法務パーソンにとって何が必要かというと，リスク感覚を持って必要な時に必要な協力を獲得することです。そもそも，「これは他の人に協力を求めないといけない」ということが分かっていないと，協力を依頼することさえできません。また，契約レビューをするとしても，重要なリスクとなる事態が具体的にどのような事態かを考え，その場合においてその契約のどの条項がどう発動するのか／しないのかという発想がないと適切なレビューにはなりません。

だからこそ，まずはリスク検知（→Q38）を適切に行うための「リスク感覚」を持つことが必要です。リスク感覚を形成するためには，いわゆるリスクシナリオの想定が重要です。例えば，

(1)　自社の責任で契約違反等が生じる場合

(2)　先方の責任で契約違反等が生じる場合

(3)　それ以外の理由で契約違反等が生じる場合

の3パターンごとに，具体的に（大きな）問題が生じるのはそれぞれどの場合かという方向から考える方向性や，

• 長期の契約なら，途中で当方又は先方が契約を解消したくなったらどうするか

• 第三者の関与が必要な契約なら，その第三者が予定どおり動かなかったらどうするか

• 渉外契約なら国際的なトラブルの準拠法や紛争解決

等の契約類型ごとに問題となりやすいことをチェックするといった方法があります。

そして，いざ協力を求めるべきだ，と思った時に，協力を得られる状況を作り，実際に必要な人の必要な協力を得られることも必要です（→Q58以下参照）。

キーワード　【ビジネスパーソン】【法律知識】

Q 43

法律知識はゼロでよいのですか。最低限の法律知識を取得するにはどうすればよいですか？

A ・・・

知識がゼロから法務を始めることはできますが，ゼロに安住するのではなく，同僚や顧問事務所の協力を得る前提の下で，徐々にステップアップしながら学んでいくべきです。

解　説

確かに，同僚や顧問事務所から法律知識を調達する前提でも，その話を理解するだけの法律知識がないといけません（顧問事務所に依頼する上で，「答え」を準備しておくべき，という点も含めれば，全ての法務パーソン個人に求められるわけではないとしても，法務全体として一定の考えを形成できるだけの能力が習得されているべきでしょう。Q67，68参照）。要するに，「法務の素養のあるビジネスパーソン」になる必要があります。

そして，普通の会社が採用するくらいの能力がある人であれば，誰しも，

正しい方向で勉強すれば，「法務の素養のあるビジネスパーソン」になることができます。例えば契約業務であれば，以下のように，徐々にステップアップしながら学ぶことが考えられます。

①複数の同一類型の契約書式を比較検討し，条項を整理する
②その条項が必要な理由を考える
③条項例間の文言の差がなぜ生まれるかを検討する
④その類型の契約の自社雛形の内容を理解する
⑤実際の事案に即して雛形を修正する

①　まず，同一類型の契約書式（自社の既締結実例や市販の雛形集の書式）を10個位見比べて，そこに出てくる条項を，「全部に入っている条項」「入っていたり入っていなかったりする条項」「特定の書式にだけ入っている条項」に分類しましょう。これならば法律が分からなくても，機械的にできるはずです。

②　次に，全部に入る重要条項について，なぜその条項を契約に入れることが必要になるのかを，例えば，当該契約類型に関する民法の規定がどうなっているか，等を踏まえて検討しましょう。背景となる法律知識を持っていなければ，当該契約類型に関する基本的な法的知識も合わせて勉強しましょう。

③　更に，重要条項について，複数の雛形の文言をグループ分けしながら，このような文言の差がなぜ生まれるかを検討します。当事者にとっての有利不利の場合もあれば，他の条項作成者が想定していないリスクに対応するものであったりします。

④　その後，自社雛形を検討します。自社雛形には，自社における過去のトラブルの教訓等がいろいろと盛り込まれているはずであり，他の書式とも比較をしながら，どのような条項がなぜ追加されているのかや，文言がどのような理由でそうなっているか等を検討しましょう。

⑤　更に，その自社雛形ベースで具体的な事案における修正文言を考えてもらい，その修正案に対するフィードバックを行いましょう。良さそうであれば他社雛形ベースもやりましょう。この一連の流れを1セットやると，その契約類型について相当の実力がつくと思われます。その後は，「できる」契約類型を増やしていきましょう。

このような方向で勉強すれば，契約法務に最低限必要な法律知識が得られるはずです。後は，ビジネス法務実務検定2級（長期的には1級）を目指して頑張ることで，法律相談対応も徐々にできるようになるはずです。

キーワード 【ビジネスパーソン】【全社的リスク管理】【協力】
【キーパーソン】

Q 44

法務の仕事ではキーパーソンの協力を獲得しながら他部門と共同して
行うということですが，具体的にどのようなパターンがありますか？

A ••

他部門との協働としては，取引，M＆A，紛争対応等があります。

解説

1 はじめに

法務がリードすべきプロジェクトはQ49の電子契約の例をご参照くださ
い。以下，ビジネスがリードする場合を前提に，認可業種において許認可
を行う官庁への対応が求められるケースと，知財マターについて知財の担
当者と協議するケースを除く，いくつかのパターンを列挙します。

2 取引に関するもの

契約審査では，当該取引に関するビジネスと協力しながら，ビジネスの
細部の変更の可否等を詰め，稟議（社内の意思決定）に向けて対応します。

取引やそのスキームそのものが途中でひっくり返るのは，経験的には税
務面での考慮が抜けているケースが多いように思われます。そこで，必要
に応じて税務（及び会計）の担当者との協議が必要です。会計処理との関
係でも，会計の担当者との調整が不十分だとこれまた問題になるケースが
あります（ライセンス契約や共同研究開発契約の費用処理とか，VMI契約における売
上の認識の時期とか返品の処理方法等）。

契約書にサインする権限者が代わるケースでは，その人のランクによっ
て，人事，取締役会の事務方（取締役クラスの場合），商業登記の担当者（権
限を証するための登記事項証明書等）等との調整も必要になることがあります。

3 M＆A

そもそも経営企画等が主担当のこともありますが，必要に応じて，機関
決定については取締役会の事務方と，適時開示が必要な場合は，IRの窓
口と，プレスリリースがいるケースでは広報（IRと同じことが多い）と，そ
れぞれ調整が必要です。

4 紛争対応

当該紛争が発生しているところのビジネスの部門による情報・証拠の提
供等の協力が必要です。マスコミネタになる可能性がある場合については，
広報・IRとの連携は言うまでもありません。適時開示の対象になる場合
はIRの窓口とも連携が必要です。役員への第一報の観点では秘書部，併

せて，監査役室や内部統制などの部門への連携も必要でしょう。弁護士費用の手当及び紛争における支払可能性のある金額への引当を積むという点でも会計部門との連携は必要です。また，金銭の支払命令に加えて仮差押えの可能性がある場合には，銀行口座への仮差押への対応が必要になるので，財務会計部門との連携も必要です。紛争の性質が労務系の場合などには人事との連携もいるでしょう。

キーワード 【ビジネスパーソン】【付加価値】【キャリア】【熟知】

Q 45
会社の中にいる法務パーソンはどこに付加価値・優位性がありますか？

A ･･
ビジネスの熟知こそが「中の人」の優位性です。

解 説

　必要な知識や経験を他の人の協力を得て，補いながら回していくというのは，「現実的」な法務パーソンの姿です。しかし，それだけでは，ビジネスが直接顧問弁護士とやり取りすればよいのであって，法務部門は不要ではないか，という話もなりかねないでしょう。とりわけ，「できる顧問弁護士」と「ビジネス」の間のメールを転送するだけで，何も付加価値を発揮しない「メール転送員」（Q178）のような法務パーソンであれば，存在自体がマイナスの付加価値を与えかねません。

　では，どこにおいて法務パーソンが付加価値を発揮できるのでしょうか。それは，ビジネスの熟知であると考えます（なお，企業にいるからこそ得られる専門性という答えもあるでしょうが，結果的にそのようなものを獲得している人がいるとして，一般に得ようとして得られるものかは，Q179で検討します。これに加えてコンフリクトがない，という部分もありますが，今後は副業解禁の潮流等との関係で変わっていくかもしれません）。

　つまり，ビジネスとして，気軽に，十分なビジネスの知識（社内事情や製品・サービス事情等）を持った人間から，それなりの法的なアドバイスを入手できるようになる（「外の人」相手では，説明しても理解してもらえない可能性すらある）という意味で，特に迅速にアドバイスが欲しい時や，機微を理解した上での対応が要求される場合には十分存在意義になり得ると思われます。

キーワード　【ビジネスパーソン】【付加価値】
【全社的リスク管理】【協力】【4M】

Q 46

ビジネスを熟知するメリットは何ですか？

A ••

ビジネス熟知が適切な対応に役に立ち，信頼を，そして協力を生みます。

解　説

　法務パーソンにとって，上記のリスク感覚と協力獲得をする上でも，ビジネスの熟知が非常に重要です。確かに，リスク感覚（→Q42）の磨き方に法律の熟知（例えば関係する業法の有無）の部分が存在することは否定できませんが，ビジネスの熟知によってよりリスクを炙り出しやすくなります。

　契約書審査を念頭におくと，契約書はビジネスが化体している以上，対象となるビジネスを理解していて，ビジネス慣行についてのものも含めた常識に基づき健全な懐疑力と想像力を駆使できれば，余程特殊なもの以外はリスクを把握して適切な契約書審査をすることができます。

　例えば，顧客，パートナー，自社（例えば担当工場，担当チーム，担当者等），提供対象となる商品・サービス等に「初めて（「不慣れ」，「従来と比較しての質的な変更」を含む）」があるかは，そのリスクの有無や程度を判断する上で重要です。例えば「これまでと同じ顧客に対し自社が経験のあるビジネスをする」ということは一般的にはリスクが低いでしょう。しかし，ビジネスを熟知していると，「本当に『同じ』なのか」という観点で質問した結果，原材料の高騰を踏まえ，材料やその調達先を変更した上で「従前と同じ価格で同じ仕様の部品を納入してもらう」ことになった，ということであれば，本当にその部品を自社製品に組み込んで問題がないかを確認し，いわゆる4M（人，機械，方法及び材料）変更の手続を取る等の話になるかもしれません。

　そして，協力を得るという意味でもビジネスの熟知が必要でしょう。すなわち，ビジネスを熟知することで，前提の説明が不要となり，また，ビジネスで使われている言葉（共通言語）をそのまま使ってコミュニケーションすることができれば，それはビジネスの立場として法務の付加価値，つまり法務を通すべき理由となります。逆にビジネスにとって常識的なことを知らないと「そういう人の意見を聞いて何になる？」となってしまいがちです。また，ビジネスが協力をする上での前提となる法務に対する仲間意識という意味でも重要です。

加えて，例えば，社外の顧問弁護士の意見書を取る（→Q66）という場合において，法務こそが，ビジネスの言葉を顧問弁護士のために翻訳し，顧問弁護士の言葉をビジネスのために翻訳する役割を果たすべきです。ここでいう翻訳は言語的なものだけではありません。例えば，顧問弁護士がXという点についての資料はあるかと尋ねた場合，ビジネスの誰がその資料の有無を知っているかを考え，ビジネスが探しやすいよう具体的な資料名や保管場所等を伝え，ビジネスが出してきた資料の適切性や網羅性等についても検討するのが法務の役割です。また，例えば，顧問弁護士が抽象的に「Yを防止するための対応を構築しなければならない」と述べた場合に，ビジネスと協議しながら自社の状況を踏まえどのような対応すればよいかを考え，制度の構築・運用を実行または支援するところまでが法務の仕事です。

> **キーワード**　【ビジネスパーソン】【全社的リスク管理】【転職】
> 【BtoB，BtoC】【QCD（品質，コスト，納期）】

Q 47

法務パーソンがビジネスを熟知すべきと言いますが，熟知すべき自社ビジネスの内容は具体的には何ですか？

A ・・・

　一般的な自社ビジネスと相談を受けたその具体的なビジネスの両方です。「ヒト（自社・相手方・第三者）／モノ（サービス）／カネ」フレームワークで分析するとよいでしょう。

解 説

　ここでいう自社ビジネスの理解としては，一般的な自社ビジネスと相談を受けたその具体的なビジネスの両方が必要ですが，以下のような内容のうちの当該案件にとっての重要部分を知っておくことが必要でしょう（もちろん，全てを高いレベルで理解できることが望ましいものの，常に全て知悉していることまでは必要ないでしょう）。

- 自社のプロダクト（商品・サービス）の内容，標準品（もしあれば）及び具体的な案件の仕様・リードタイム・価格等
- お客様（BtoBかBtoCか，交渉力の差等），サプライチェーン全体における自社の立ち位置（サプライチェーンの川下における例えば部品であれば，何に組み込まれるのかといった自社プロダクトの使われ方），代理店，相手がなぜそれを欲しいのか，代替品の有無と競争力，担保，取引履歴，及び，将来想定される取引等

- サプライチェーンの川上における自社プロダクトの作られ方，ライセンスを受けているか，パートナー，とりわけ下請・委託先，資本金（下請法と関係する），属人性の有無（後継者の有無），資金繰り状況等
- お金の流れ（支払の条件・タイミング等を含む），自社の収益構造，自社の付加価値（付加価値がない場合，例えば単に取引に介入して低率の手数料を得ているだけという場合はリスクが高い）
- 自社のビジネスプロセス（受注から納品・入金まで），キャパシティー，組織（子会社を含むグループとしての組織・キーパーソン・意思決定の仕組みを含む），技術的能力
- （これらに関連して）時間軸，過去何があったか，締結交渉のステータス，直近の次のアクション，この契約の締結及び履行完了前後に何かあるか
- 業界用語・略語，社内用語・略語
- 業界標準・業界慣行，競合各社及びそれと比較した自社の立ち位置，強み・弱み，もしあれば同業他社間での取り決めごと（知財のクロスライセンスやパテントプール等）
- 過去のトラブル事例・トラブル履歴（QCD等のフレームワークに基づき分析）
- 自社の歴史的経緯（一見「不合理」なこだわりの原因かもしれない。例えば「祖業は赤字でも廃止できない」等）
- ビジネス側の気になっているところ，懸念点等（ビジネスにいる「法的センス」のある人は，法務よりも的確にその事案の「核心」を突いてくる）

等が重要でしょう。なお，もはや「法律」であってビジネスではないとも言えますが，制約要因となる法規制（許認可，取締規制等）や（自社や業界の）雛形や約款の内容も重要です。

　そして，ビジネスの内容を理解する上では，基本的には「ヒト（自社・相手方・第三者）／モノ（サービス）／カネ」（現場・現物・本人とも）のフレームワークが有用です（なお，最近では「情報」を追加する人もいます）。誰がどういう商品・役務をどう動かして，どこで儲けるのか，という大きな枠組みを理解した上で，細かい話に入っていくと，要点を逃さずに理解することができます。具体的なビジネスを検討する際には，当事者の関係図等を作り，そこにお金の動きや提供されるプロダクト（商品やサービス等）等を記載していくと理解しやすくなります。

　その上で，リスクを検討しましょう。リスク感覚（→Q42）とも関係しますが，自社に起こり得る自社にとって不利益な出来事は何かを想起するのが良いでしょう。自社が売主であれば，納期に間に合わないとか，モノのできが悪いと言った場合が想定されます。逆に，自社以外の取引当事者

64

に生じて，自社にとって不利益な出来事は何か，そしてその出来事により契約上または実務上生じ得る帰結を想起すべきです。支払不能・倒産，受領拒否・検品の遅延などが考えられます。そして，そのような場合に，現下の取引では契約上または実務上どういう帰結が生じ得るかということを想定できれば，リスクの把握ができるようになります。このようなリスクの把握の際は，自社だけではなく，「なぜ相手は当社とそのビジネスをしようとしているのか」等の「他社」の視点も持ちましょう。例えば，自社の社長との個人的信頼関係なら，自社の社長が交代するとそこでビジネスが継続できなくなるリスクがあります。

　なお，自社のビジネスを知ることが重要です。しかし，法務が頻繁に転職をする（→Q185）ことを考えれば，一度業界知識，例えば「BtoBメーカーのビジネス」を理解しさえすれば，その後は転職に応じ自分が所属する個別の会社ごとに必要な「差分」の部分をビジネスから得られれば済むかもしれません。その意味で，将来のキャリアを考えると，「その業界のビジネス」を知ることの方がむしろ転職後も使える「ポータブル」な知識として重要かもしれません。

　加えて，現場・現物・本人が重要だと口先で言っているだけでは，実際の実務能力があるとは言えません。そのような抽象的なものが実際に目の前の案件で「何」に該当するのか，例えば，ここで「本人」は（バイネームで）誰なのか等をきちんと具体的に把握しましょう。

キーワード 【ビジネスパーソン】【全社的リスク管理】【転職】

Q 48
どうすればビジネスを熟知することができるのでしょうか？

A ・・
　公開されている自社の資料，研修資料等の非公開の自社の資料，同業他社の公開資料等，社内外の資料を利用して調べた上で，具体的な疑問を法務の同僚やビジネスの人に尋ねましょう。

解 説

　では，ビジネスを熟知するためにはどうすればよいでしょうか。ここで，ビジネス側として法務にビジネスを教えたい，と思うためには，ビジネス側が法務を信頼する必要があるところ，ある程度以上ビジネス知識がないと信頼を得にくい，という側面があります。このような状況の解消のため，法務パーソンとして，徹底的に社内外の資料を使ってビジネスについて勉強をすべきです。

　まず，普通に調べられる範囲の事項すら調べていないことが分かる質問をすると，マイナスの印象を与えかねません。まずは調べられる範囲で徹底的に調べましょう。新人研修の内容は，その「手がかり」になるでしょう。転職組でも，「新人研修の際に配布される資料」「他部門が新任者・インターン向けに作る研修資料」を読むことである程度はキャッチアップできます。なお，直近の株主総会の想定問答も役に立つことがあります。

　そして，大企業であれば広報用ウェブサイト，パンフレット，IR資料，社史等の公開されている資料に「宝の山」が眠っています。内容を理解する上では前提知識が必要だったりしますが，特に基礎的・入門的なものは法務にとって有用です。

　同じ「業界」の知識も有用です。いわゆる業界本，業界紙／誌，業界情報ウェブサイト等，いろいろな情報源があります。同業他社のウェブサイトやオウンドメディアに意外と良い情報が載っていたりします。後は，社内で入手可能な情報です。社内報，組合報等は宝の山です。アクセス権限の問題はありますが，今だとマニュアル類や（ビジネス部門の新人向けの）テキスト類が電子化されている会社も増えています。

　自分なりに調べたら，次は法務の同僚に聞く，というのが良いでしょう。その場合，「案件で必要だから聞く」のではなく，普段から雑談レベルで「気兼ねなく質問し，回答してもらえる」関係を形成しておくことが重要です。それでも分からない事項であれば，相談を受けた際にでも，ビジネスの人に直接聞いてしまう方がよいでしょう。前提知識の共有ができており，「この人は分かっている／話せる」と思ってくれれば，事業部の人も，結構丁寧に教えてくれることが多いと言えます。

2-2　気をつけるべきコミュニケーション
キーワード 【ビジネスパーソン】【プロジェクト】
【電子契約導入】【案件を回す】
【コミュニケーション能力】

Q 49
法律知識以外に，法務パーソンとして必須の能力はありますか？

A ・・・
　社会人としてのコミュニケーション能力が必須です。法律知識だけでは太刀打ちできません。比喩的にいうと「法務はコミュニケーション能力が9割」です。

解　説

1　法律知識だけでは何ともならない

　法務に関する法曹有資格者のしがちな大きな勘違いは，法律知識を持っていれば何とかなるだろうというものです。しかし，残念ながら法律知識だけでは法務の仕事は何ともなりません。すなわち，法務パーソンはビジネスパーソンであり（→Q35），法律知識が必要であれば，内外の協力を得ることでいわば「外部調達」が可能であり，自分自身が法律知識を知っている必要性はさほど高くありません（なお，司法試験に受かっていても，例えばその会社の業界にとって重要な業法等，司法試験の7科目（＋選択科目）の理解・知識だけでは不足する部分もあります）。むしろ，企業法務の奥深さを知った上で，内外のキーパーソン（→Q58）と上手に協力をしながら案件をスムーズに前に進めることができる（→Q73）ことが必要です。

2　求められるのはコミュニケーション能力

　法務パーソンは「案件を回す」，例えば取引であれば取引が前に進むように稟議等のプロセスに協力する，法務がイニシアチブを取るプロジェクトであれば音頭を取って完遂する，ということが求められます。そのためには，社内外の関係者とコミュニケーションをとる必要があります。

　それぞれの案件において法務が発揮すべき付加価値（→Q45）を発揮し，全社的リスク管理という観点からなすべき対応（→Q36以下）を行います。法律の側面もありますが，それ以外の側面，例えば，混沌とした案件において事実関係とやるべきことを整理してあげることで，ビジネスが意思決定しやすくなる，といった側面での貢献も重要です（→Q74も参照）。

3　電子契約導入プロジェクトの例

　法務が案件を回すということの具体的なイメージを持っていただくため，例えば，電子契約導入プロジェクトの仮想事例を考えてみましょう。在宅勤務等の背景の下，電子契約を導入するとします。その場合，もちろん，電子署名法等に関する一定の法律知識は必要でしょう。しかし，先輩や上司や，顧問弁護士の先生に教えてもらい補うことができます。

　むしろ，重要なことは，電子化した場合の具体的なビジネスプロセスを想定し，総務等の関係部門と話しながら稟議規程，契約管理規程，印章管理規程等に落とし込んだ上で，全社的リスク管理として，新たなビジネスプロセスにおいても，求められる内部統制の水準がきちんと維持されるように管理することです。そのような対応についてビジネスの理解を得て，ルールに基づいて電子契約を積極活用してもらう必要があります。

　ビジネスにとって，電子契約により，押印のための出社が不要になる等，

便利になる部分はあります。もっとも，同時に，例えば新しい業務（相手に電子契約の利用を依頼する，電子契約の場合の文言の挿入，電子契約プラットフォームへのログイン，アップロード，「電子署名」及び送付，相手が電子署名をしたかの確認，リマインド等）が発生するわけです。当然，ビジネスにおいてそのような新しい業務に対する不安があり，抵抗があるところです。そこで，ビジネスから法務に対し，例えば，「新しい電子契約は面倒なので，ビジネス同士の実質的内容決定後は，法務で『よろしく』やってほしい」といった要求があるかもしれません。また，法務側で電子契約プラットフォームＡを選定したところ，ビジネスから「重要な取引先が，別の電子契約プラットフォームＢと仲が良く，その代理店をやっているので，是非そちらにしてくれ」と言われるかもしれません。更には，法務が知らないところでビジネスが既に電子契約プラットフォームＣを使っていたことが発覚するかもしれません（なお，このようなビジネスが勝手に電子契約を使っている事例については，社内ルール違反等も問題となり得るので，別途それに対する対応が必要なこともあるでしょう）。

　これはあくまでも仮想事例に過ぎませんが，１つのプロジェクトを進める上でも，様々な課題が発生します。もちろん，その課題の一部には電子署名法等の法律が関係するものの，法律が直接的に関係する部分はむしろ少ない上，法律関係に限れば，顧問弁護士の協力を得ることが可能です。むしろ法務として「逃げられない」部分というのは，ビジネスの疑問，異論，反対等を踏まえて，それでもどう前に進めるか（→Q73。なお，前に進めないで立ち止まる選択等についてはQ124参照）という点であり，例えば，キーパーソン（→Q58）を見定めて，どうすれば，キーパーソンのメンツを保ちながら話を前に進めることができるかを考えることになります。例えば，「当社としてまずはＡプラットフォームを試験導入させて欲しい。ただ，重要な取引先からＢプラットフォームでの契約締結を求められれば，社内規程上それが可能なようにする。今後の本格導入すべきプラットフォームをＡとするかＢとすべきかについては，Ａプラットフォームの試験導入時のビジネスのフィードバックを踏まえてＡありきではなくＢもフラットに検討させていただく。」といった説明をしてビジネスのキーパーソンに対し頭を下げて理解を求める等です。

　そこで，法務パーソンにとって必要なのは，法律知識よりは圧倒的にコミュニケーション能力です（比喩的にいうと「法務はコミュニケーション力が9割」となります）。

Q 50

コミュニケーション能力が必要というのは具体的に何が必要ということですか？

A ・・・

適法な範囲でビジネスが進むようにすることで信頼を得ることです。

解 説

ここでいうコミュニケーション能力を一言で言えば適法な範囲でビジネスが進むようにすることで信頼を得ることです。

もちろん，ビジネスが常にニコニコするようなことしか言わないで済むのであれば，特に信頼と言った話を考える必要はないのかもしれません。確かに，ビジネスが何をやりたいといって，すぐに「はい大丈夫です」と即答するだけの法務であれば，特に「信頼を獲得しないとコミュニケーションは前に進まない」，といった事態にはならないでしょう。

しかし，実務では，ビジネスがムっとすることも言わなければいけません。最後はビジネスを止めざるを得ないという場面（→Q124）もあり，その場合には適時に対処する必要があります。ただ，その割合は必ずしも高くはありません（→Q38）。むしろ，ビジネスに対して，確かに当初の予定からは一定の変更は必要となるものの，ビジネスの本質は守れるのでそのような変更後のスキームで相手と交渉して欲しいと依頼したり，法務・コンプライアンスの観点から必要とされる制度・規程等の導入・遵守に向けて協力して欲しいと依頼したりといった，ビジネスを止めはしないものの，ビジネスに対応・協力を求める局面が多いと言えます。

このような局面において，もちろん「これが法律ですから」と説明することはできるでしょう。しかし，それだけの説明しかしない法務は信頼されませんし，それだけの説明ではビジネスは動かないかもしれません（→Q77）。信頼を得られないまま，単に「法律だから従ってください」というだけの法務の場合，さすがにビジネスが「法律なんか知るか」とまで言うことは少ないとしても，ビジネスは，「法務はいつも法律だ法律だといって自分たちを制約しようとしてくる」と，内心で更に不信感を募らせるだけでしょう。また，そのような不信感を持たれていれば，ビジネスは法務の前でだけは「分かりました，法律であれば従います」と言っても，実際には面従腹背やサボタージュをすることも多いでしょう（→Q40，Q52）。これでは，法務としてその役割を果たすことはできません。

だからこそ，法務はビジネスの信頼を得て，「法務のいうことならそれを実際に実現できるよう協力しよう」というビジネスが積極的に協力する形にもっていかなければなりません。

キーワード 【ビジネスパーソン】【仕事の進め方】

Q 51

法務の仕事は大前提（規範）→小前提（事実）→結論（あてはめ）の法的三段論法ですよね？

A ••

分析においてはそのような側面がありますが，その分析をどのようにビジネスに伝えるかについては別の考慮が必要です。

解 説

法律が問題となる以上，いわゆる法的三段論法は事案の分析の際に利用されるべきロジックです。そして，裁判では，裁判所が（証拠法に基づいて適法に認定された事実に基づき）固定的な大前提（規範）に当該小前提（事実）を当てはめます。ところが，法務の仕事はそもそも事実が動きますし，当てはめるべき規範（例えば，問題となる法令の条項）も流動的です。

だからこそ，法務パーソンは，まずは大きな話から適用可能性のある規範を想定し，その規範と対照しながら事実を聞き取ります。ただ，当該聞き取り結果や提供してもらった資料を踏まえ，また規範を適宜変更する必要がある場合も多いと言えます。そうすれば，また追加的な事実を聞き取る必要があります。そしてこのような過程を繰り返すことになります。

例えば，最初は取引先に対して自社にとって非常に有利な条件を要求することが公序良俗違反にならないのか，という観点から，民法90条と関係する事実関係について質問していたら，取引先が下請法適用業者だと判明し，下請法の要件との関係で事実関係を質問することになる，というのは1つの典型的な状況です。

また，そのような分析結果を伝える際，多くの場合ビジネスは法的三段論法を知らない以上，相手の立場などに応じて説明の細かさとか，通じやすさ等を踏まえて説明することになるはずで，あえて法的三段論法にしたがった説明をしないこともあり得るでしょう（→Q122）。

キーワード 【ビジネスパーソン】【困った人】【傾聴】

Q 52

法律を知らずコンプライアンス意識の低いビジネスの軽挙妄動にイラ

イラします。解決策はありますか？

A ・・

　　信頼を得るためには，上から目線ではなく同じ目線に立って傾聴し，
ビジネスの悩みを受け止めるべきです。

【解　説】────────────────────────────────

　　法務の実務では，「笛吹けど踊らず」で，法務がいくら言ってもビジネ
スが前に進まない，むしろ足を引っ張ることが見られます。ビジネスが法
務に約束したことをやらない，むしろやらないと約束したことをやる，法
務への事前相談もなく明らかな法律違反をしてから「何とかしてくださ
い」と言う等々。こういう状況にイライラして，「軽挙妄動を慎め！」と，
事業部を怒鳴りつけたくなることもあるでしょうが，頭を冷やしましょう。

　　そもそも「笛吹けど踊らず」になっているのはなぜでしょうか。上から
目線で単に「法律です」「違法です」といえば，ビジネスはその場では
「分かりました」と言うかもしれませんが，実際に納得していないのだか
ら，「踊る」訳がなく，面従腹背が生じるのです。

　　我々法務パーソンは，会社の一員，ビジネスパーソンです（→Q35）。ビ
ジネスを動かすためにはどうすればよいかを考えるべきです。その意味で
は，きちんとビジネスと「同じ目線」を持って傾聴し，実務におけるビジ
ネスの「悩み」を十分に受け止めた上で，ビジネスとして何を疑問・不安
に思っているのか，それを解消するにはどうすればよいか等の観点に立ち
返ってコミュニケーションをとっていくべきです（→Q77）。

キーワード　【オーナーシップ】【リアルリスク】【謙虚】
　　　　　　　　【質問力】【クローズな質問・オープンな質問】

Q 53══════════════════════════════════

　　法務の行うコミュニケーション上の留意点にはどのようなものがあり
ますか？

A ・・

　　イシューの明確化，相手を決める，情報収集，情報整理，思いを馳せ
る，謙虚・率直に意見を交換といった一連のプロセスごとにビジネスと
信頼関係を持ってやり取りをしましょう。なお，情報収集の際は，適切
にクローズな質問とオープンな質問を使い分けましょう。

【解　説】────────────────────────────────

1　はじめに

会社や具体的な状況に応じてコミュニケーションのありかたは変わり得

ます。そこで,「絶対的」なものではないことを前提に,いわゆる最大公約数的なコミュニケーションのプロセスとしては,時系列順に概ね,以下のようなものになるでしょう。

- コミュニケーションのきっかけ

　最初のきっかけが何かは事案によります。例えば契約レビューの依頼を受ける場合や,上記の電子契約導入プロジェクトの事例のように,法務がイニシアチブをとって進めることもあります。

- イシューの明確化

　全社的リスク管理の観点から,まずは何がイシューになるのか,法的なものはもちろん,それ以外も含めて明確にすべきでしょう。

- コミュニケーション相手の決定

　その上で,誰とコミュニケーションをすべきかを決めます。ここでは,キーパーソン（→Q58）レベルまで落とし込む必要があります。

- 情報収集

　必要な情報を収集する必要があります。

- 情報の整理

　どのように対応すべきか情報を整理することになります。

- 相手の立場に思いを馳せる

　想像力を働かせて相手の立場を考えるべきです。

- 謙虚な姿勢で率直に意見を交換する

　更に謙虚に,かつ率直に意見を交換していきます。なお,例えば,暫定的なイシューを考えてそれに基づきコミュニケーションをするものの,コミュニケーションの過程でイシューは変わるといったように,一定程度行きつ戻りつしながら進むもので,単線的に進むのではありません（→Q51）。以下,具体的に説明しましょう。

2　イシューの明確化

　どのような情報を収集すべきかはイシューに応じて変わるので,イシューを明確にすべきです。例えば,「このビジネスに即した契約条項は何か」というのは典型的なイシューです。

　とはいえ,このイシューは,法務として全社的リスク管理という観点で検討する必要があります。例えば,「日本初のビジネスをしたいのでそれに即した契約書を作ってくれ」という依頼があった場合,よくよく話を聞いてみると,業法があってライセンスが取れないから誰もやっていないというだけであった,といった場合もあり得ます。

　ビジネスは正しいイシューを持ち込めるとは限らないし,後述

（→Q116）のように，ビジネスが本当のイシューを隠すこともあること以上，（糾弾まではすべきではないものの）そのまま鵜呑みにすべきではありません。法務こそが全社的リスク管理の観点から，正しいイシューをスポットする責任を負っているのです。

3　コミュニケーション相手の決定

イシューが定まれば，誰と話せばよいかが決まります。基本的にはビジネス（当該案件を依頼する部門）と話すことが多いものの，それ以外の部門と話すべきこともあります。

ここで，多数の部門が関与する案件は多いところ（→Q44），例えば，その案件が営業の案件で，最終責任を営業が取るべきなのであれば，最終責任を取れない法務に丸投げされては困るのであって，営業にオーナーシップ（→Q73，Q75，Q117）を持ってもらう必要があります。

そして，キーパーソン（→Q58）が重要であり，例えば「営業」のA係長とその部下のBが相談にきた際に，「大変な調整が必要だが，営業に中心となってやってもらおう」という場合，AとBに「営業側でX，Y，Zをやってください」とお願いするだけでは足りない可能性があります。例えばこれまでの対応の中でキーパーソンがC課長だと分かれば，AとBに，C課長を交えた会議の開催をお願いし，また法務でも上司の課長を出して課長レベルの会議の中で営業が行うべき調整の相手と具体的な調整内容を決めてC課長に「やる」と言ってもらうといったプロセスが必要なことがあります（ただし，A係長とC課長の関係性等によっては，C課長に出てきてもらうとむしろ揉めるといった場合もあり，そうなると法務がファシリテーションをする必要が出てきたりします。その意味では，本書で説明しているのは，あくまでも，「基本のキ」であり，「応用編」はいくらでも存在し得ます）。

4　情報収集（事実確認）―質問力

誰とコミュニケーションをとる場合でも，コミュニケーションの基本は情報の収集（事実確認）です。Q35以下でも，ビジネス熟知の重要性を強調したところです。例えば，ビジネスに信頼される上で，ビジネスに対する無知を曝け出すのは避けたいところです。また，顧問弁護士からは，社内の状況を把握していることを前提とした質問があるでしょう。そのような一般的なビジネスに関する情報の収集は，Q47で述べたとおりです。

これに加えて，個別の案件で情報を収集するという意味では「質問力」が重要です。ビジネス側では，事実関係は分かっていても，「（法務的な）リスクは何か？」等の抽象的，ないしは評価を含む内容を，とりわけオープンな質問で聞かれても答えられないことが多いと言えます。むしろ，ビ

ジネスから生の事実を聞き出し，評価は法務側で行うという意識を持つべきです。そこで，「（秘密保持契約の場合）主に情報の開示側になりますか，受領側になりますか？」等の事実に関するクローズな質問に落とし込むべきです。その落とし込みの際には，何が「リアルリスク」かに基づく優先順位付け（→Q108）等も重要です。また，その判断のためには，それが法的リスク管理である以上は，一定の法的知識が必要でしょう。ある程度基礎的な部分は自分で持っておきたいものの，それを超える部分については，先輩・上司や，顧問弁護士等に相談して進めて行きましょう（→Q41）。

　質問力としては，正しい相手に質問する，正しいタイミングで質問する，なぜそのような質問をするのかの前提を説明する，一問一答で聞きたいことを明確にする，同じ質問を繰り返さない，調べれば分かることは自分で調べるといったことが重要になってくるでしょう。例えば，多数の質問が法務からくると，ビジネスとして「何か大きな問題でもあるのではないか」と疑心暗鬼になる可能性があります。そこは，重要な質問だけを先に聞くとか，重要な質問を冒頭にもってきて，それ以外の細かく単純な確認の質問の直前に「以下は重要性が低いので，優先度が下がりますが念のため分かる範囲で教えてください」とする等，工夫すべきです。

5　情報の整理（事実整理）

　このようにして収集した情報を整理していきます。このような整理の過程においては，頭の中だけで考えるのではなく，図解をするのが良いでしょう。例えば「ヒト・モノ・カネ」や情報（→Q47参照）の図式化，時系列表，フローチャート，ロジックツリー等，自分にも，説明する相手（上司，ビジネス等）にとっても分かりやすい形で整理していきます。

　ただ，すぐに有用な整理ができるものではありません。「イシューとの関係での重要性」に照らして重要な事項をピックアップする能力が必要となります。無関係な事実を排除し，逆に，関係のある事実を漏らさないためには訓練が必要です。一定程度は権利義務の発生，消滅，変更等がトリガーとなると思われますが，先輩や上司，顧問弁護士等の指導を受けながらOJTでレベルアップしていくべきです（→Q51参照）。

6　相手の立場に思いを馳せる

　法務がビジネスとコミュニケーションをとる際はまず感情から入る必要があります。つまり，ビジネスに思いを馳せ，共感，心情への寄り添いが必要です。スムーズにビジネスとのコミュニケーションを進めるには，この相手の立場に思いを馳せることが重要です。例えば，ダメと言うのを頭ごなしに言うのではなく，まずは「良いビジネスですね！」と言ってから

法律の話をする等です（→Q57参照）。

7　謙虚な姿勢でビジネスと率直な意見を交換する

　このような「前捌き」をもとに，リスク検知→評価→対応策提案→対応策合意→実現のプロセス（→Q38）を実施していくことになります。そのうちの「リスク検知→評価」の部分は，法務パーソン自身で完結するかもしれません。ただし，法律知識が正しいリスク評価のために必要な場合には，顧問弁護士とのコミュニケーションをとることもあります。そして，「対応策提案→対応策合意→実現」はまさにコミュニケーションそのものです。

　法務パーソンは（いくらビジネスを勉強しているといっても）本当の意味ではビジネスを理解していない以上，「餅は餅屋」と，ビジネスに謙虚にビジネスの実情を教えてもらう姿勢を示すべきです。そのような謙虚な姿勢があって初めてビジネスとの率直な意見交換が可能となります。

8　クローズな質問とオープンな質問

　なお，情報収集に関連して，クローズな質問とオープンな質問について補足します。

　クローズな質問は，例えば，「（持株会社の下に事業会社がある場合において）この取引の当事者となる法人は持株会社ですか，事業会社ですか」等といった形で，回答範囲を限定する質問です。YES／NOの質問が典型ですが，3択，4択等の選択肢の範囲で回答してもらうものもクローズな質問に含まれます。これに対し，オープンな質問は「この取引について懸念点や法務に留意して欲しいことはありますか？」といった，回答範囲が限定されないものです。

　例えば，契約レビューに当たり面談又はウェブで法律相談をする場合，ビジネスが優秀で，オープンな質問でも法務が聞きたいことを的確に回答してくれるのであれば，オープンな質問を使うことはあり得ます。ただ，比較的多くの場合，オープンな質問だと，ビジネスとして何が法務が聞きたいかが分からない，という状況が発生します。そこで，クローズな質問で，聞くべき項目を確認することが有益です。ただし，そのようなクローズな質問だけでは，重要なポイントを落とす可能性があります。法務が想定できずにそれゆえに質問の仕様もないような話が出てくるかもしれないからです。そこで，最後にオープンな，「何かほかに気になることはありますか？」というような質問をすることもまた重要です。

キーワード　【情報】【全社的リスク管理】【知ったかぶり】

Q 54

ビジネスから情報を引き出す際のポイントは何でしょうか？

A ●●

ビジネスの提供する情報は（主に善意で，時に悪意で）不足しているので，謙虚に情報を聞き出しましょう。知ったかぶりは禁物です。

解　説

段取り良く（→Q109），スピード感を持って（→Q105）案件を進めようとしても，ビジネスの提供する情報は（主に善意で，時に悪意で）不足しています。悪意による不足（場合によっては「隠蔽」）についてはQ116で論じるので，ここでは，善意で不足している場合を想定しましょう。

例えば，ビジネスは，法律上の要件を全く知りません。法律上A又はB又はCが違法という場合において，ビジネスが「Aではありませんが大丈夫でしょうか？」といった聞き方をしてくることは多いと言えます。その場合，「BはどうですかCはどうですか」と言った的確な質問を行うことで，ビジネスから情報を引き出すのも法務の重要な役割です。

何の情報を引き出すべきかは法律知識が必要です。その場合には簡単であれば自分で調べ，もう少し難しい場合には先輩や上司に聞き，それでも分からなければ顧問弁護士の先生に聞くことになるでしょう。ただ，それに加え，ビジネスの内容をよく理解することで，「更問い」としてどのような情報の提供を求めるべきかが変わるでしょう。例えば，最初はビジネスリスクが大きくなり過ぎないか，という話だったのが，ビジネススキームを聞いてみると，そもそも業法リスクがあったことが判明し，そこから当該業法の要件に基づき「更問い」としての新規情報の要請を行うといった場合もあります。だからこそ，重要なのは，知ったかぶりをせず，素朴な疑問をきちんとビジネスにぶつけるということです。

例えば，「Aという条項に合意したので，Aを内容とする覚書を作って欲しい」みたいなリクエストに対し，単にそのまま「ご所望のもの」を作るのではなく，「あれ，この覚書はAがうまくいく場合だけを想定してるけど，うまくいかなかったらどうなるのだろうか？BやCのような条項も定めることが必要ではないか？」等と考え，それをビジネスにぶつけるべきです。ビジネスから問題はABCですと言われた場合，法務パーソンは，今後D，E，Fは起こらないのだろうか，と考え，ビジネスに確認しましょう。まさに，そのようなコミュニケーションの中で，法務として本当にリスクがあるのは何かを理解し，そのリスクを全社的に管理する

（→Q42）ためにどういう情報が必要かが徐々に分かってくるのです。

　ここで，法務が知りたいことは，ビジネスにとってはビジネス熟知（→Q45）が足りないと思われるような事柄かもしれません。そういう場合でも，やはり法務としてはその案件の適切な全社的リスク管理のため，知ったかぶりをせず，あえて質問をすべきです。言いすぎると嫌味になりますが，嫌味にならない程度であれば「基本的なことですみませんが」「私が分かってないだけかもしれませんが」等のフレーズの利用も考えてみてください。

キーワード 【ビジネスパーソン】

Ⓠ 55

　ビジネスから法律ではない領域の相談を受けます。留意点はありますか？

Ⓐ ••

　これは嬉しい悩みです。相談者が「キーパーソン」であればむしろ「壁打ち」相手として信頼されているという可能性もありますが，どこまで付き合うか，どこまで有益なことを言えるか等には留意が必要です。

解　説

1　法律に基づくリスク管理こそが一丁目一番地であること

　法務はリスク管理を行うところ，ビジネスもビジネスの側面からリスクを管理しています。そうすると，法務の強みというのは，全社的観点から，ビジネスのともすれば個別最適になり得るリスク判断に対して再度問い直すことに加えて，法律の専門性に基づくリスク評価等を行う，というところでしょう（→Q37）。そこで，法律相談や契約書チェック等，法律領域の観点からリスク管理を行うことが主に想定されており，それこそが法務の一丁目一番地です。

2　「キーパーソン」に信頼され，情報がやってくることの意味

　「キーパーソン」に信頼されることの重要性はQ58のとおりですが，キーパーソンに限らずビジネス側の人間が法務担当者個人を信頼すると，信頼できる「壁打ち」相手として相談をしてくるということがあります。また，最初はただのビジネスの相談のように見えても，いろいろ話聞いてみた結果として法務問題にたどり着くこともあり得ます。そこで，少なくとも話を聴いてみることで，相手との信頼関係を構築して，法務にとって重要な，危険に関する情報が入りやすくする，または，相手に対してお願いをしやすくなるというメリットは認められます。そこで，特にキーパー

ソンからの依頼であれば「法律の話ではない」として無碍に断らず，可能な範囲で対応するということも考えられるところです。

ただし，このような法律以外の相談に乗ることで，時間もメンタルも消耗するところ，どこまで有益なことを言えるか等も問題であり，どこまで付き合うかは個別具体的な事情に基づきオーナーシップ（→ Q73, Q75, Q117）の問題も含めて判断すべきでしょう。

なお，これに関連し，ビジネスから純然たるビジネス文書のてにをはチェックを求められる場合，それが単なる「便利屋」としての依頼か，それとも，それを通じて信頼関係を高め，いろいろな情報が早期に入ってくるようにすることで，法務としての全社リスク管理につなげられるかを，依頼者がキーパーソンであるかを踏まえて見極めて判断する，といったこともあり得るでしょう。

キーワード 【コミュニケーション】【ウィズコロナ】

Q 56

ウィズコロナ時代のコミュニケーションについてどう考えるべきですか？

A ・・

対面か非対面かの分類，及び同期か非同期の分類に留意し，適切なコミュニケーション手段を選択しましょう。

解 説

一般論としては以下のようになるでしょう（上司とのコミュニケーションにつき Q88を参照）。

1 対面と非対面

新型コロナウイルス対応で在宅勤務が広がり，従来のメール，電話に加え，ウェブ会議やビジネスチャットといったやり取りが一般化しています。

ここで，物理的な距離が心理的な距離につなげる面もあり，直接顔を合わせることで，現場にいる人にとって，法務への相談の心理的なハードルが下がるという効果もあります。電話からウェブ会議にすることで，相手の表情が少し分かりやすくなる等一定の改善はできますが，それでも必ずしも同一にはならないでしょう。

もちろん，決して，全ての会議を対面に戻すべき，という趣旨ではなく，その会社における「一般的なコミュニケーションスタイル」を基準に，例えば「週3在宅，週2出社で，原則ウェブ会議で会議を開催する」という場合，そのような「原則」にもかかわらず，「例外」的に対面にすべき場

合というものがあるのではないか，という趣旨です。

2 同期と非同期

同期コミュニケーションとは，二人（または複数人が）が同時に参加するもので，会議，電話会議，ウェブ会議，電話等があります。これに対し非同期は異なる時間（それぞれが便宜な時間）に行うもので，基本的には，メールやチャットは非同期です（ただし，時間を決めてチャットでリアルタイムでやり取りをする場合，それは同期コミュニケーションです）。

非同期の方が，相手にストレスを与えない，相手が便宜な時間に返せるというメリットはあります。ただ，その相手の反応を元に複数の分岐が存在する場合，非同期コミュニケーションよりは，同期コミュニケーションで情報を得て，その情報に基づいて対応を考える方がスムーズな場合もあります。また，相手が嘘をついたり何かを隠す可能性がある場合に非同期コミュニケーションだと，他人と相談する等で隠しやすくはなります（ただ，同期コミュニケーションでも，ウェブ会議にカメラの見えないところで第三者を参加させる等は依然としてあり得ます）。

キーワード 【寄り添う】【YES BUT】【YES AND】
【コミュニケーション能力】

Q 57

「法務はNoばかり言う」と批判されます。うまいコミュニケーションの方法はありますか？

A ・・・

最低限Noから入らずYes，butにしましょう。可能ならYes，andを目指しましょう。

解 説

ビジネスの信頼を得るためのコミュニケーションのコツは，仮に「No」が正解であっても，Noから入らないということです。法務が「嫌なやつ」と思われないよう，できる限り「寄り添い感」を出すべきです。

実際には，法務としては全社的リスク管理のため完全に寄り添えないことはあるでしょう。しかし，だからといって，頭ごなしに「無理ですね」と言い切るようなコミュニケーションでは，法務をビジネスとして同じ会社の仲間とは考えないでしょう。だからこそ，「Yes but」，まずビジネスを肯定し，法務としても自分らが同じビジネスの仲間として前に進めたいことを表明すべきです。「そのビジネス面白そうですね！」「そのアイディア良いですね」等と個人的な意見を言うと，結構喜んでもらえます。その

上で，バットとして，そのビジネスにおける法的リスクを示し，それを解消するために，情報をもらったり，修正案を検討してもらったりします。これが，ビジネスから信頼を得るための，法務の基本的な姿勢です。

　加えて，可能であれば，「Yes, and」の提案をできる機会を探しましょう。具体的には依頼部門のビジネスを，法令を遵守しながらもっと発展させるアイディアを出してみてはいかがでしょうか。もちろん，ビジネスについては，法務は素人です。そこで，法務による「Yes, and」の提案の質が高くはないことを自覚すべきです。ただ，それを前提に，気心が知れてきたビジネスとの間で，「そういえば，このビジネス面白いですよね，〜とかもやったらもっと面白いのでは？」等と言うと，「今まさにそれを検討しているんですよ！」みたいな反応が来るかもしれません。このようにして，同じ会社のビジネスの仲間だ，という意識が醸成され，その程度まで信頼が得られれば，法務による全社的リスク管理もより順調に実現するでしょう。

2-3　重要なキーパーソン対応
キーワード 【キーパーソン】

Q 58
キーパーソンとは何でしょうか？

A ....
　周囲の信頼が厚く，その人が何か言えば，周囲が概ね「収まる」人です。

解 説

　Q55等で既にキーパーソンについて触れましたが，キーパーソンの意義についてここで紹介します。キーパーソンは会社の内外いずれにも存在します。キーパーソンとは周囲の信頼が厚く，その人が何か言えば，周囲が概ね「収まる」（「収めた」内容にしたがって，ビジネスが進む）人です。社内でいえば，当該部門のほかの担当者から信頼が厚い人，その人が特定の方向に進めようと考えれば，その部門がその方向で動く人（逆に，その人が反対すれば動かなくなる人）となります。

　一般にはある程度以上当該部門に長く所在し，その中で，尊敬と信頼を集める必要があるので，さすがに新入社員ではないでしょう。ただ，必ずしも部門長等の地位の高さとは一致しません。すなわち，権限（部門の部下に対する命令権限）の話を考えているのではなく，実際の実務対応において，誰に話を通しておくと話が進むか（逆に誰への根回しを怠ると進まない

か）を考えているのです。確かに地位の高い人がキーパーソンであることも多いとはいえます。しかし,「社長に媚を売って昇進しているものの,部門内で嫌われている人」はキーパーソンではありません。反対に,「大学を卒業していないので,昇進は遅いものの,超一流の技術者として周囲の尊敬を集める人」はキーパーソンたりえます。

なお,その部署内が「収まる」ための道筋についてアドバイスをくれる人も,ここでいうキーパーソンに準じた扱いができるかもしれません。

社内のキーパーソンだけではありません。社外にも例えば顧問事務所の先生のうち,例えばパートナーの先生（複数のパートナーの先生が担当される場合には,その中でも最も影響力が大きい人）といったキーパーソンが存在することもあります。

キーワード 【キーパーソン】【コミュニケーション】

Ｑ 59

なぜキーパーソンが重要なのですか？

Ａ ・・

キーパーソンを重視することで,コミュニケーションがスムーズにいくからです。

解 説

法務パーソンがコミュニケーションをとる上で,キーパーソンを重視しなければなりません。それは,キーパーソンを重視することでコミュニケーションがスムーズにいくからです。

ビジネスでも,法務でも,同じ企業の同じところを目指す仲間であり,「お互い様」である以上,誰が担当でも,長期的関係を考えて相互に協力していくべき,これが「建前」です。しかし,「現実」はそれと異なります。つまり,建前はともかく,そこには人間が存在します。例えば,法務のキーパーソンが直接ビジネスのキーパーソンにお願いすると物事が動くが,そうでないと動かないといったことはよく見られます。

そして,もちろん,必要があれば法務のキーパーソンにお出ましいただくべき（→Q78）ですが,ビジネスとのやり取りは日常的に発生し,ビジネスのキーパーソンに動いてもらう事態は（どの部門のどのキーパーソンかという点を措けば）頻繁に発生します。常に法務のキーパーソンに動いてもらうのは現実的ではありません。そこで,各法務パーソンとしてはできるだけビジネスの各キーパーソンと良い関係を形成していく必要があります。

例えば,Q49の電子契約導入プロジェクトにおいて,ビジネス各部門の

キーパーソンを特定し，その人に直接（面談で又はウェブ会議で）電子契約の利用のため協力をお願いした場合と，そうではなく，単にビジネス各部門に「今後は電子契約を利用して欲しい」とメールで通達しただけの場合で，その結果は大きく異なるでしょう。

　キーパーソンがやる気を出せば，その部門が電子契約を利用するよう周知してくれます。しかも，その部門で一目置かれている人が「今回は法務（・総務）が我々のハンコを押すための出社をなくすため頑張ってくれた。新しいシステムに慣れない等いろいろと大変だと思うが，何とか協力してくれ」と頭を下げれば，その部門における反対意見が少なくとも表立って主張されなくなり，実際に電子契約をより多く利用してもらえたりするでしょう。

　また，個別案件のリスク管理においても，キーパーソンに「救われる」ことがあります。例えば，ビジネスを熟知しているキーパーソンが，法務に対し，「このシチュエーションに対する考慮は？」「このリスクはカバーされているか？」等と指摘して，法務がビジネス知識・経験の不足で十分に汲むことができていなかったリスクへの対応や，取引スキームとの乖離等を指摘してもらう等が考えられます。また，例えば，後述のとおり顧問弁護士の先生等もキーパーソンであるところ，（そもそもそのようなものがない方がよいことはいうまでもないですが）法務が法的リスクの検討漏れ等をした場合に，専門的知識に基づき，法務部門が知らなかった法的リスクや，過小評価した法的リスク指摘をしてもらい，間違ったリスクテイクをせずに済むということもあるでしょう。

　このようなキーパーソンはビジネス等の「中」にいるだけではなく，例えば顧問事務所のような「外」にもいます。そこで，社内外のキーパーソンを見抜いて，良好な関係を築き，「法務のために一肌脱いであげよう」と思ってもらうことが，法務パーソンにとって非常に重要です。

キーワード 【キーパーソン】

Q 60
　誰がキーパーソンか，見抜く方法はありますか？

A ・・・
　法務における過去のキーパーソン情報の蓄積をベースに，実際の案件の中で発掘しましょう。

解説
　Q58のとおりキーパーソンというのは，その人が何か言えば，周囲が概

ね「収まる」(「収めた」内容にしたがって,ビジネスが進む)人ですので,「収まる人」か(周囲を「収められるか」)というのが誰がキーパーソンかの判断基準になります。

　ただ,実務において,本当に意味があるのは,このような基準自体よりむしろ具体的事案における「バイネーム」での(Know Who→Q80)キーパーソンの特定です。この点について,基本的には法務の上司・先輩がこれまでの関係を通じてキーパーソンを見抜いているはずです。例えば,ビジネスのキーパーソンであれば,これまでの法務とのやり取りとの中で,営業・開発・製造等の各部門ごとに目星がついているのではないでしょうか(ここでいう部門の切り方は事案によって様々です。例えば,「営業部のうち営業1課は1課のキーパーソンAさんに頼まないと動かない,2課は2課のキーパーソンBさんに頼まないと動かないということであれば,1課と2課で分かれることになります)。

　ただし,これまであまり法務への依頼がなかった部門等については,キーパーソンが不明な場合があります。この場合には,例えば同期ネットワークで,その部門にいる同期から聞いてみる(法務の同僚に対して同期に尋ねるよう頼んでみる)とか,当該部門とのやり取りの中で「●さんに聞いてみないと判断ができない」というような形で言及がされている人といったキーパーソン候補情報をまず取得しましょう。そして,このような情報を元に,例えば「(場合によっては法務の上席者を出席させるので→Q83)貴部門の本件を決めていただける方にも入っていただいて別途会議を行いませんか」等という依頼をしてみましょう。その場合に「権限としては部長になりますか…」等と濁してきた場合(→権限の問題ではないことにつきQ58),「部長に加え,実務に落とし込んで推進する上でリードしてくれそうな方がいらっしゃればその方も是非」というようなことを頼んだり,場合によっては情報収集の過程で出てきたキーパーソン候補者の名前を例として挙げると言った方法もあるでしょう。

　このような「現時点のキーパーソン」に加え,当該部門で「出世頭」と目されているような「次世代のエース」等も将来のキーパーソン候補として若手法務パーソンが早めに信頼関係を構築しておくと,その方がキーパーソンになった場合に役に立つでしょう。

　基本的には法務の上司・先輩がこれまでの関係を通じてキーパーソンを見抜いているはずです。そのような法務の過去のキーパーソン情報の蓄積をベースに,実際の案件の中で,「次世代のキーパーソン(次世代のエース)」となり得るような人が出てきたらその人と仲良くなる,というのが基本的な方法でしょう。

キーワード 【キーパーソン】【繰り返しゲーム】【リピーター】
【法務担当者ショッピング】

Q 61
　どうすることでそのようなキーパーソンとの良好な関係を形成することができるのでしょうか?

A ••
　お互いに協力し合うことを繰り返す，いわば「繰り返しゲーム」の関係にすればよいのです。

解　説
　では，具体的にどうすることでそのようなキーパーソンとの良好な関係を形成することができるのでしょうか。

　その基本戦略は「繰り返しゲーム」の関係にすることです。ゲーム理論においては，1回だけの対戦であれば，相手を裏切ってでも短期的利益を得ることに傾きがちだが，複数回対戦が繰り返されることが分かっていれば，協力が引き出されやすい，という話があり，これが「繰り返しゲーム」です。

　キーパーソンにとって，法務のためにビジネスの協力を引き出そうとしてビジネスをまとめるのは大変なことです。そのような大変なことをしてもらう以上，それをしたいと思わせなければなりません。その方法の王道は，法務（及び個別の法務パーソン）との従前の，そして将来の継続的関係を考え，協力をしたいと思ってもらうというというものです。

　例えば，ビジネスが法務に助力を求めたい場合もあるでしょう。急な契約を何とか今期中にまとめたいので，3月末に急いでレビューをして欲しいとお願いするといった場合が1つの例です。会社の中ではビジネスが法務に助力を求めたい場合もあれば，逆に法務がビジネスに協力を求めたい場合（例えばQ49の電子契約導入プロジェクト）の双方があります。そのような相互のいわば「貸し借り」のような関係が繰り返される中で，キーパーソンとしてはビジネスの要請にこれからも，今後も法務が最大限協力してくれるからと，ビジネスを説得してくれます。

　「繰り返しゲーム」とするための基本的な方法としては，「ご指名」をくれるリピーターになってもらうことです。つまり，部門同士で繰り返しゲームにするだけではなく，個人同士でも繰り返しゲームにするということです。法務パーソンにとって，「リピーター」ができると，そのリピーターとの信頼関係の中で物事を進めることができ，また，早い段階で「ちょっと」と声を掛けてもらい情報が来ることや，一定程度厳しいアド

バイスでも，比較的受け入れてもらいやすい等メリットが大きいです。

　このようなリピーターの作り方については，基本的には，ビジネスをできるだけ熟知した上で，適切なコミュニケーションを行なって信頼を獲得する，ということです。特に，「適時に役割を果たす」こと（→Q104），「興味を持ってビジネスについても調べる」こと，「心情に配慮する」ことが有益と感じています。すなわち，法務に対するビジネスの不満でかなり多いのは内容そのものよりも「遅い」という点であり，また，「ビジネスパーソン」としての仲間意識が感じられない（持てない）という点も挙げられます。頑張ってビジネスを勉強し，必要に応じて先輩・上司や顧問弁護士の助言も仰ぎながら，適時にアドバイスの提供やレビュー等を行うことでこれらの不満を回避することは，キーパーソンの信頼を得るポイントになります。ただし，それと同時に，法務としての役割を果たすことも重要で，単に何も考えずに「大丈夫」と言って迎合することでは全社的リスク管理の役割を果たしたことになりません。

　そして，その内容に応じ，相手の心情にも十分配慮して（「迎合」はしないが）「共感」を示すことも重要です（→Q57参照）。結果的にビジネスの意向どおりにならない場合に，「法律だから」「違法だから」と上から目線で頭ごなしに伝えるのではなく，傾聴をし，目線を合わせながら十分に相手の気持ちを思いやった説明をしましょう。例えば，「本当にそういう法律はおかしいですよね。経済団体や業界団体と組んで，一緒に法律変えましょうか？」といった言い方をすることで，常に手を取り合って進む「味方」だとアピールしましょう。

　ここで，キーパーソンがリピーターとなることが最も望ましいものの，決してキーパーソンでなければリピーターにする意味がないということではありません。例えば若手のエース級であれば「次世代のキーパーソン」となる可能性もあります。また，そうでなくとも，キーパーソンに対し，そういう「リピーター」から「法務の頼りになる人」として紹介してもらえれば，キーパーソンの評価も得られやすくなります。

　なお，リピーターを作ることにはリスクもあることは事実です。一部の法務パーソンに人脈が集中する，「囲い込み」をしているのではないか，という批判はあり得ます。また，法務内で法務パーソンごとにリスクテイクの程度（リスク許容度）が違うとビジネスに思われる（端的に言うと法務パーソンAに頼むと小さいリスクでも無理といわれるが，法務パーソンBだとその程度なら後はビジネス判断ですと言ってもらえる）場合，いわゆる「担当者ショッピング」として，この例なら法務パーソンBに依頼が集中するといった状況

もあり得ます。このようなデメリットを踏まえ，法務依頼窓口に全ての依頼を集約し，管理職が割り振りを決める会社もあります。個人的関係なくしても必要な情報が必要な時に法務に入るような仕組みとすべきというのは正論です。ただ，少なくとも本書執筆時点の法務の現実という意味では，リピーター作り等を励行すべき状況にあると考えます。

キーワード　【キーパーソン】【メンツ】【繰り返しゲーム】【狼少年】

Q 62

繰り返しやり取りをする，ということの含意は何ですか？

A　‥‥‥‥‥‥‥‥‥‥‥‥‥‥‥‥‥‥‥‥‥‥‥‥‥‥‥‥‥‥‥‥

その場しのぎの対応，いわゆる「狼少年」は厳禁だということです。

解説

法務が前問（Q61）のように長期の繰り返しゲームとしてビジネスとの関係（特にキーパーソンとの関係）を構築する場合，その含意として，「狼少年」は厳禁だ，と言うものが導き出されます。

ここでいう「狼少年」というのは，嘘や，（完全な嘘ではなくとも）誇張的なことを言ってその場しのぎをするということです。

例えばそう急ぎでもない事項や，自分のせいで期限がタイトになった事項について，【至急】等をメールのタイトルに使って注意を引くということをしてしまうと，今後本当に至急に対応を依頼すべき時に，「またか」と思われ，後回しにされてしまうでしょう。

「狼少年」になると，骨を折ってくれたキーパーソンのメンツを潰しかねず，キーパーソンからその法務パーソンが嫌われるだけではなく，法務全体の信頼を失ってしまいかねません。

「どのようにその場をうまくしのぐか」ではなく，ビジネスやキーパーソンとどのように将来にわたる良好な関係を構築するか，という観点で考えるべきです。

キーワード　【キーパーソン】【メンツ】【繰り返しゲーム】【リピーター】【信頼関係】

Q 63

キーパーソンが法務のため動きやすくなるよう，法務パーソンとして心掛けるべきことは何ですか？

･･

　　キーパーソンのメンツを立てましょう。

解　説

　このようなキーパーソンとの良好な関係を作る上では，とにかくキーパーソンのメンツを立てる，ということが重要です。

　キーパーソンには，基本的には法務部門の味方になって，例えば，ビジネスのほかの人に「頭を下げる」ことを法務からお願いする可能性があります。

　逆に言えば，法務部門として，キーパーソンに頭を下げられた場合は多少無理してでも，そのキーパーソンのメンツを立ててあげるべきです（多少ではなく多々無理しないと通らない場合にはNoと言わざるを得ないことがあるところ，その対応につきQ124以下を参照してください）。

　例えば，そのキーパーソンを通じて法務部門に頼めば，どうしても必要でかつ合理的な内容であれば，法務所管の規程の変更に向けて法務が尽力する，どうしても必要であることを前提に，標準的契約レビュー期間を大幅に下回る急な案件でも対応してくれる，ということであれば，ビジネスとしてもキーパーソンから「法務に協力してくれ」といわれれば，それに従おうと思うでしょう。

　また，あくaté でも形式的な話で，実質的なリスクを増やさないのであれば，ビジネスの趣味と思われるような無益的記載事項を入れてあげるといったことも，キーパーソンのメンツを立てるために検討できる場合もあります。

　このように，キーパーソンのメンツを保つことは重要ですが，実務上難しいのは，いろいろな部門が関与する場合にそれぞれの部門のキーパーソンがいろいろなことを言い出す場合です。例えば，屋上屋を架すような加筆を求められた際，「既に原案にこの場合も含まれてます」と説明するより，（上記のとおりも形式的な話で，実質的なリスクを増やさない限り）加筆を受け入れた方が，加筆を要求するキーパーソンのメンツを保つ上で良いこともあります。とはいえ，原則受け入れ主義を取ると，いつの間にか「増改築を重ねた日本旅館」のような分かりにくいものになったり，加筆が相互に矛盾することがあり得ます。そこで，時間と手間がかけてでも「こういう変更案をいただいた。内容は確かに一理ある，しかしこういう理由で変えないこととした」と説明して納得を得るべき場合もあるでしょう。

キーワード 【キーパーソン】【エグゼクティブ】
【リアルリスク】

Q 64
キーパーソンがエグゼクティブである場合の留意点は何ですか？

A ･･･
　忙しいエグゼクティブのため，簡潔かつ要領を得た本質情報を提供しましょう。

解 説

　例外もありますが，一般論としてはキーパーソンが一定以上の地位にある人であることが多いと言えます（→Q60）。以下では，それが例えば執行役員や取締役等のエグゼクティブである場合について説明しましょう。

　「政治家はA4版1枚の紙に書かれたものしか読まない」，といった話を聞いたことがあるのではないでしょうか。民間企業のエグゼクティブでも同様で，非常に忙しい中，正しい意思決定をしなければなりません。例えば顧問弁護士が書いた100頁の意見書をエグゼクティブに渡して「この意見書を熟読して意思決定してください」と依頼しても，単に突き返されるだけでしょうし，そもそもそういう依頼をしてはいけません。

　だからこそ，簡潔かつ要領を得ている情報を提供するべきです。エグゼクティブには時間がない以上，簡潔な説明にしなければなりません。ただ，不適切な要約であったりすれば，正しい意思決定はできません。換言すれば，本質以外は短くし，本質はきちんと説明する，ということです。法的リスクを中心とした全社的リスク管理が法務部門の役割である以上，法務パーソンは法的知識に基づいて本質を見抜く必要があります。その場合には先輩・上司に確認したり必要に応じて外部弁護士の協力を得る必要があるかもしれません。

　ここで，図解，フローチャート，ディシジョンツリー等による分かりやすい説明が重要であること自体は否定しません。ただ，図解には「分かりやすさのため細かいところを犠牲にする」部分があります。そうすると，削ぎ落とされた部分が「非本質部分」であれば問題がないものの，本質について過度な簡略化をするものであれば，不適切な要約と同様の問題も出てくるでしょう。

　本質を適切に説明する上では，「非常に起こりにくい可能性を過度に強調しない」「現実的に起こり得るシナリオを矮小化しない」等を心掛けましょう。ここでも，まさに，何が現実的に起こり得るリスクなのか，リアルリスク（→Q38, Q108）の理解が最も重要です。また，法律の適用の結

果を説明する場合，単に「法律ですから」というだけでは，理解を得にくいでしょう。「結論＋規制の趣旨を一言」を心掛けましょう。例えば，下請法の受領拒否禁止なら，「下請に作らせた後で『やっぱり要らない』とは言っちゃダメなんですよ。弱い下請を保護するための法律で禁止されてますし，そもそも約束違反は不公正ですよね。」等と分かりやすく説明しましょう。趣旨を一言説明するだけではその怖さ（無視した場合の帰結の重大性）が理解できなそうであれば，場合によっては，想定される制裁等も説明する必要があるかもしれません（なお，Q16も参照のこと）。

このようなエグゼクティブへの説明のコツは，要するに本質をきちんと磨き上げるということであり，それはエグゼクティブ対応だけではなくビジネスやキーパーソンに対する対応一般にも通じるでしょう。

なお，以上に加え，その正しい本質部分をどのように分かりやすく説明するか，という部分が重要ではないという趣旨ではありません。例えば，メールの添付ファイルを見ないエグゼクティブのため，メール本文に記載する等，（正しく理解してもらう前提で）イエスをもらえいやすい方法を考えるのも重要です。

キーワード 【キーパーソン】【答えを準備する】

Q 65
外部のキーパーソンとのコミュニケーションの留意点は何ですか？

A ・・
「どこでどのように入っていただくか」や「最終的にその成果物をどう有効活用するか」等について法務パーソン自身が決める必要がある以上，できるだけ「丸投げ」をせず，責任感をもって対応することが必要です。

解 説

例えば，特殊な法令の問題，法改正対応等，法務内で解決できない事項があります。また，長文の英文契約等，リソースを集中させれば法務で対応できるとしても，恒久的な仕事ではないようなものについては，法務で内製化するのではなく，顧問弁護士の先生に依頼することも合理的です。更に，例えば経営判断における意見書等，第三者である弁護士が作成したということが重要なものもあります。このような意味で，外部のキーパーソン，特に顧問事務所の先生との良好な関係の構築は法務パーソンにとって重要です。

ここで重要なのは，どこまでを自社内で対応するか，どこからを顧問の

先生にお願いするかの「見極め」は基本的には法務パーソンにおいて行うべきですし，また，顧問事務所が複数存在するところでは（規模が大きい法務部門ではむしろその方が普通です），顧問事務所のうちのどこに頼むかも，法務パーソンが（上司・先輩と協議しながら）決めていく事項だということです（場合によっては顧問事務所ではできなそうな専門性の高い案件について，例えば他の事務所にスポットで頼むか等も考える必要があるかもしれません）。

　法務受託や出向等の中間的な形態が存在していることも事実ですが（→Q25），基本的には，「どこでどのように入っていただくか」や「最終的にその成果物をどう有効活用するか」等については，原則として法務パーソンが上司と相談しながら決めていきます。複雑な問題の論点を抽出・分節し，費用対効果も踏まえてどこを誰に依頼して全社的リスク管理を実現するかを考えるというのも法務パーソンに期待されている重要な付加価値です。

　例えば，リスクがあるという意見書を元に，リスクがあるからやめるのか，リスクを軽減して進めるのか等の判断は，まさに法務の仕事です。そしてその意見書が使いやすくなるように適切に目線及び意識を合わせる（→Q68）等，どのように入ってもらうかも含めて法務パーソンがコントロールしてやっていくべきです。さすがに意見書全部の下書きまですることはあまりないでしょうが，検討メモ等を持って行く等は十分に検討に値します。

　また，顧問弁護士の先生と相談する際には，必ずしも強固な方針を決めず，オープンマインドであるべきですが，だからといって何も考えずに「丸投げ」をすべきではないでしょう。ある程度の「答え」の見通しを検討した上で，それに対する顧問弁護士の先生のフィードバックを受けて対応を検討する，という姿勢が望ましいと思われます。そうすることで，想定外のフィードバックが来て慌てる危険も極小化できます。

　なお，上記ではあえて「法務（部門）」ではなく，法務パーソンとしています。法律問題について，誰がコントロールをして案件を進めていくかというのは，会社やその組織形態によって異なり得るものです。例えば，契約案件について責任を負うべきビジネスに契約担当者をおき，契約担当者が直接又は必要に応じて顧問の先生に依頼して案件を進めるという進め方をする場合には，その「契約担当者」がここでいう法務パーソンです。ただ，全社的なリスク管理の観点から，ビジネスの，事業を進めたいという気持ちから生じるバイアスから遠いところにいるはずの，法務が担うべきとするというのは十分合理的進め方であり，筆者の経験でもこの進め方が

多いと言えます。

（キーワード）【キーパーソン】【通訳】【顧問弁護士】

Q 66

顧問弁護士の先生との関係で，法務はどのような役割を果たせばよいですか？

A ・・

良い「通訳」，つまり，ビジネスと顧問弁護士の先生の間の良き橋渡し役になりましょう。

解 説

ビジネスが持ちかけた相談内容が，顧問弁護士の先生に相談すべきものと判断されるとき，法務パーソンはその橋渡し役を勤めます。つまり，ビジネスの説明内容を，弁護士に理解できるようまとめ，必要な資料や説明を補足するということです。逆に，弁護士から出てきた回答について，それがビジネスにとって理解できるよう，補足の情報を引き出すことも必要です。

この場合，いわば内外の良き「通訳」の役割を果たすべきです。ここでいう「通訳」とは言葉の意味だけを橋渡しするのではなく，理解の水準が揃えうよう情報の橋渡しをして，円滑にストレスなく，ビジネスをすすむようサポートする良い「通訳」となるべきです。

これに加えて，顧問弁護士の先生は質問されたことにしか答えようがないはずですので，全社的リスク管理の観点からなすべき質問が何かを考えるのも重要な仕事です。

（キーワード）【キーパーソン】【ちゃぶ台返し】
【コミュニケーション】【顧問弁護士】【伝書鳩】

Q 67

顧問の先生は忙しいです。忙しい顧問弁護士の先生に迅速に適切な対応をしてもらうためにはどうすればよいでしょうか？

A ・・

ビジネスを熟知する，成果物と期限と費用を事前に確認する，「ご指名」等で適切な人に依頼をする，何を依頼するかを踏まえて工夫する，法務部門において前捌き等お膳立てする，といったことが考えられます。

解　説

1　はじめに

　顧問弁護士の先生は，顧問であることから社内事情を一定程度ご存知でしょうが，忙しく，かつ，社内事情に関する知識には限界があります。顧問弁護士の先生と良好な関係を形成し，適切な対応をしてもらうためには，以下のとおり，ビジネスを熟知する，成果物と期限と費用を事前に確認する，「ご指名」等で適切な人に依頼をする，何を依頼するかを踏まえて工夫する，法務部門において前捌き等お膳立てする，といったことが考えられます（「正しい依頼」についてはQ68も参照）。

2　「中」のビジネスを知ってこそ適切に「外」とコミュニケーションできる

　顧問弁護士の先生との関係で一番ダメなのは，ただの「伝書鳩」になってしまうことです。例えば，顧問弁護士との相談で，「Aはどうですか，Bはどうですか，Cはどうですか。この事情次第で結論が変わります」と尋ねられた場合に，法務パーソンがその場で回答できず，会社に戻ってビジネスにA，B及びCがどうなのか尋ねるといった状況は，全くあり得ないわけではないですが，事前準備（ビジネスからの確認）の不足と言われてもしょうがない場合もあります。また，ひどい時には，ビジネスから聞いたA，B及びCに関する内容を顧問弁護士にそのまま持って行ったら，顧問弁護士からそれでは足りないと言われ，再度ビジネスに確認しにいくといった状況さえあり得ます。

　また，法務の知識不足や確認不足の結果，例えば，法務限りでビジネスサイドには前向きな説明をした上で，顧問弁護士の適法意見書をもらえおうと考えていたところ，顧問弁護士から「これは違法ですね」と言われ，それまでの努力が水泡に来す場合も想定できます。法務にある程度の規模があれば，若手法務パーソンが特定の方向性を考えた場合でも，その方向性でよいのかを上司・先輩とコミュニケーションをとり，上司・先輩がその法律知識に基づいてリスク検知・リスク評価等を行うことも想定されることから，さすがにここまでの事態が頻繁に発生するとは思われませんが，もしもそういう状況となれば，「ちゃぶ台返し」を受けたビジネスやキーパーソンの信頼を失ってしまうでしょう。

　この問題は，段取りの問題とも言えます（→Q74，Q75。法律相談の段取りについては，Q69。弁護士側の視点ですが，Q7も参考になります）。しかし，やはりこれは法務パーソンがビジネスを熟知（Q45）しているかも関係するところです。つまり，本当にビジネスに聞かないと確認できないこともある

が自社のビジネスモデルがどういうものか，自社の通常の業務プロセスや規程類の内容がどうなっているか等は，（それを聞かれてすぐ，空で言えるかはともかく）法務パーソンとして一定以上把握することが，きちんとその役割を果たす上では重要でしょう。

3　成果物と期限と費用を事前に確認する

　基本的ではあるものの重要なのは，何を依頼し，それをいつまでにもらいたいのか，その費用はいくらになるかを事前に確認することで，「正しい依頼」をすることです（→Q68も参照）。ビジネスから来たメールを，「こちらご確認お願いします」とだけのメッセージとともにそのまま転送する法務パーソンがいると聞きますが（メール転送員→Q178），メールを受け取った顧問の先生も困惑してしまうでしょう。

　なお，時間や費用は，ある程度「やってみないと分からない」ところがあり，顧問の先生として即答できないところはあるでしょう。むしろ，案件に応じてこの程度の時間や予算（場合によっては「顧問料の範囲」）でお願いしたいというのが，自社側（ビジネスまたは法務）の希望だ，ということであれば，それを伝えて，その範囲でできるかを聞いた方が良い場合もあるでしょう。その際はなぜその期限なのか（役員会があり，その事前説明の日程に合わせるため等）を説明すると，理解を得やすいと思われます。もちろん，顧問の先生として受け入れられないのであれば，ビジネスに予算の増額をお願いする等もまさに法務パーソンの役割です。また，いくら優秀な先生でも本来1週間必要なものを翌日までに対応する場合，（そもそも受け入れてもらえるかという問題があり，仮に受け入れてもらっても）本来の質は期待できないでしょう。その意味では，ビジネスと交渉して期限を延ばしてもらうのも法務パーソンの役割です。

4　「ご指名」等で適切な人に依頼する

　顧問弁護士の中には自ら手を動かされる若いパートナーの先生もいますが，多くはアソシエイトが手を動かします。そして，そのアソシエイトの質により，成果物の質や対応速度が大きく変わります。例えば，A，B，C3人のアソシエイトが自社の案件をやっていて，Aが素晴らしい，Bが普通，Cがイマイチという場合に，Aに「ご指名」で依頼したり，パートナーに案件にAを可能な限り入れてもらうようお願いするといった対応は，対応の質を挙げる上で極めて重要です。もっとも，法務パーソンが依頼すべきか，それとも，法務部門長等のしかるべき立場の人から依頼すべきかという問題はあり，法務パーソンが勝手に進めるよりは，可能であれば上司・先輩に確認した上で行うべきでしょう。ただし，企業の規模に応じて，

一人事務所やボス一人，イソ弁一人の事務所に依頼することもあり，「指名」しようがないケースがあることもは留意が必要です。

5　顧問の先生に何を依頼するかを踏まえた工夫

　顧問の先生に依頼する案件の内容を分類すると，①社内でできる事柄を外出しする，②内容は社内でもできるが，「外部弁護士のお墨付き」が欲しい，③社内にできる人材がいない等があるでしょう。そこで，それぞれに応じて工夫をすべきです。

① 社内でできる事柄を，それが大型案件であるとか，業務繁忙のため外出しするという場合には，上記の「ご指名」の話が効きやすいでしょう。できるアソシエイトを「ご指名」で依頼することになります。ただし，そのアソシエイトが忙しい時期等もあるので，担当パートナーと調整しましょう。

② 外部弁護士のお墨付きが欲しい場合があります。インハウスがいても，内部プロセスの適切性・適法性であれば顧問の先生の意見が重要です。ここで，ゼロからリサーチをしてもらうとものすごく時間がかかることがあります。自社できちんとしたメモを作り，顧問弁護士との会議でそのメモの内容に問題がないことを確認していただき，必要に応じてメモベースで意見書を作ってもらうと効率的なこともあります。ただ，自社のメモの質が低いと，むしろ手間を増やすだけかもしれません。

③ 社内でできない業務（専門性が高いもの，訴訟等）の場合，「ご指名」が効かないことがあります。専門性が高いため，顧問事務所でその業務ができる人が一人しかおらず，その人が出張中だ，と言われてしまえば，ある程度納期が遅れてもやむを得ないかもしれません（そのような顧問事務所を選ぶことが適切か，といった議論はあるでしょう）。また，対応速度，費用及び成果物の質も自社で評価できず，「言われるがまま」になってしまいがちです。長期的に同種案件が繰り返されるなら，丸覚悟を決めて社内で「分かる」人材を育てるため，顧問の先生にお金を払って，案件の中で教育してもらうことも考えられます。

6　目線を合わせて前捌き・後捌き等のお膳立てをする

　法務パーソンであれば，顧問弁護士の先生が期待と異なる対応をした経験をお持ちでしょう。一部は顧問弁護士の先生側にも責任がありますが，法務パーソン側にも責任があります。つまり，法務パーソンは正しい依頼を，正しいタイミングで，正しい方法で行うべきであって，その際には，ビジネスの理解を踏まえて，お互いに目線を合わせて前捌き・後捌き等の

お膳立てを行う必要があります。

　ビジネスプロセスで利用できる成果物を顧問弁護士の先生に作ってもらう（→Q13）ため，どうすれば使える成果物を引き出せるか，引き出した成果物がビジネスにおいて実行可能なものとなっているかという視点で検討すべきです（→Q66も参照）。

キーワード　【キーパーソン】【コミュニケーション】【ボール】
　　　　　　　【刈り込み】

Q 68

　顧問の先生に正しい依頼をするというのはどういうことですか？

A

　　正しい内容の依頼を，正しいタイミングで，正しい方法でするということです。

解説

1　正しい内容の依頼をする

　正しい依頼，というのは，本当に会社として聞くべき事項を質問するということです。もし，ビジネスが「●●にリスクがあるか」と質問し，これを法務がそのまま転送した（→Q178）なら，顧問弁護士の先生が「●●にはリスクがあります」という回答をするのはむしろ当然でしょう。

　もし，ビジネスが●●ビジネスをやりたい，法務もサポートしたい，しかし，法務としてざっと調べたところ，●●ビジネスを，ビジネスが今考えているYYというビジネスモデルで行う場合には，XX法第○条や第△条に抵触する可能性があることが発覚したという状況であれば，「正しい依頼」は「YYなら，XX法第○条や第△条に抵触する可能性があるところ，ZZへと修正することで，XX法第○条や第△条の文言に当たらなくなり，XX法違反となる可能性は極めて低いと考えますが，いかがでしょうか（ほかに見落としているリスクはないでしょうか）。」でしょう。なお，「ビジネスを進めるためにお知恵をお借りしたく」と付言したり，電話や会議（ウェブ会議を含む）の場でその趣旨を伝える等によって，前に進めたい思いを理解してもらうという方法もあります（その思いが強くても，弁護士としてできない場合はあるわけですが，強い思いに留意してもらうことは重要です）。

2　正しいタイミングで依頼をする

　例えば，「既に始めてしまっている」場合と「これからやりたいものの詳細なビジネスモデルはいくらでも変更可能」という場合とでは「できること」に差があります。また，契約レビュー等であれば，既に契約締結期

限が決まっているのに，その直前に顧問の先生に依頼することになって顧問の先生を困らせるといった事例も考えられるでしょう。

　タイミングの問題は，法務パーソンが「ボール」を持ち続けることで発生することがあります（→Q112）。例えば，法務パーソンが案件を抱え込み，自分で解決しようとして，なかなか取りかかれず，ビジネスが法務部門長に相談して，法務部門長から「とっとと顧問弁護士に聞きなさい！」と言われた場合等には，遅過ぎる依頼になり得ます。

　これに対し，法務パーソンがビジネスから相談を受けた時には時すでに遅し，という事態も当然に生じ得ます。それは，ビジネスと法務の間のコミュニケーションがうまくいっていないということで，究極的には早く法務に情報が来るような仕組みづくりが重要ですが，その個別案件の対応としては，法務の上司に迅速に連絡をし（→Q83），その案件におけるビジネスとの交渉に（その上司にまたはより上の法務部門長レベルに）お出ましいただいたり，場合によっては仕組み作りの是正をしていただく上での「頭出し」をすべきです。

3　正しい方法で依頼をする

　最後に「正しい方法」で依頼をすべきです。詳細かつ正確な事実関係を把握した上で，資料を揃えると言った「事前準備」が肝心です。法的判断に必要な資料が足りず，それを探す時間がかかれば，成果物（レビュー済み契約書，意見書，メモ等）提出までの時間が延びてしまいます。顧問の先生が回答をするのに必要な情報をきちんと把握し，適切な情報を渡して「意識合わせ」をしないといけません。

　例えば，情報が少な過ぎると，場合分けが必要となります。そこで，いわば「枝刈り」の材料を提供する，例えば，「やりたいことは●●ビジネスで，今のところ営業はYYというビジネスモデルをやりたいと言っているが，結果的に●●さえできればYYにこだわっていません」等と，判断に必要な情報をきちんと提供し，「過少情報」を避けるべきです。

　逆に「過剰情報」もあります。つまり，関係あるのかないのか分からない資料をドバーっと送付して，「関係資料を全部送りました」という情報提供のやり方です。その結果「情報の海に溺れてしまう」可能性があり，それらの大量の資料をきちんと熟読した後で初めて結果的に（大部分が）不要であったことが判明することも多いと言え，非効率的です。タイムチャージで弁護士報酬を支払う場合は膨大な請求がくるかもしれません。

　だからこそ，「必要十分」な情報をきちんと提供することが大事です。例えば，直接の打ち合わせで（又はウェブ会議で資料を画面共有しながら）資料

の趣旨を説明するとか，資料を元に法務パーソンが整理したメモを作り，添付資料とメモの対応関係を分かりやすく示す等の方法があるでしょう（必ずしも一般的ではないものの，実情の理解を求めるため，タイムチャージをお支払いしてでも，現場に来ていただくべき場合もあるかもしれません）。とはいえ，法務パーソンが「これで必要十分」と考えていても，回答をする先生としても同じように受け取るかは分かりません（例えば，社内で当然視されていることが外部弁護士にとって当然ではないかもしれません）。そこで，先生と「目線を合わせる」ことが重要であり，ある程度複雑な内容であれば，事前に必要と思われる資料を送った上で，一度会議をし，その中で，「枝刈り」等を含むディスカッションを行うという方法があるでしょう。とはいえ，タイミングや緊急度次第では，まさに法務が今持っている情報で相談するしかなく，この辺りまで対応できない可能性はあるかもしれません。

4 「念のため」の依頼

　正しい方法での依頼という観点から，「念のため」の依頼について補足します。顧問の先生に「念のため確認してください」，「ざっとチェックしてください」とお願いすることがあります。ただ，その依頼の趣旨が曖昧なため，顧問の先生が困ってしまうことがあります。そこで，法務パーソンは依頼の趣旨を明確にして依頼すべきです。

　例えば，「ビジネスタームについては既に検討済みであり，支払時期やディスカウント率等は相当程度不利ですが，そのリスクはビジネスとして取るという決断をして，その前提でご依頼をしています，そこで法律上の問題の有無だけをご確認ください」と依頼すれば，より依頼内容が明確になるでしょう。

　なお，ビジネススキームについて問題ないか「念のため」の確認を依頼する場合も同様でしょう。「問題意識はこれとこれです。逆にこれとこれは既に検討済みですので，考慮されなくて大丈夫です」と頼めば，検討の分量は大分減ると思われます（その場合には，考慮不要とした部分については，法務部門に責任が残るということになりますので，本当にその「刈り込み」が合理的かは別途問題となり得るところです）。

　なお，このような場合に，具体的に時間を想定して，このくらいの時間で検討していただけないかと尋ねることはあり得ます。ただし，本来10時間かかるものを3時間でと依頼した場合に，見るべきところを減らしても8時間くらいは必要と言われるかもしれません。

キーワード 【キーパーソン】【法律相談】

Q 69

法律相談前に資料を送るべきでしょうか？

A ••

信頼関係が築けていれば事前に資料を送るべきです。

解 説

　法律相談の一般的な方法としては，(1)事前に資料及び質問事項をお送りして，十分に事前検討できる時間を取り，法律相談の場で回答をもらうか，(2)その場で資料を渡し，相談の場を「説明の場」とするかのいずれかになるでしょう。

　なお，(1)のバリエーションとして，法律相談での回答の後，フォローアップとしてメール等の形で補足してもらうとか，回答内容を意見書にしてもらうといったものもあり得ます。そして，ある程度の信頼関係があれば，(1)の対応がベースとなるでしょう。事前に適切な範囲で調査をしてもらうことで，相談の場で回答をもらうことができる可能性が高まります。

　ところが，(1)の対応をすることが，実務上難しい場合もあります。事前に資料を送ると，アソシエイトをたくさん入れて長い時間をかけて大量の調査をされてしまう可能性がある場合等です。そのような懸念がある場合であれば，事前にはアポ取りだけを行い，法律相談の場で，その場で重要な事実関係と会社の問題意識，何をどこまでしていただきたいかを説明し，まずは見積りを依頼し，その上で資料をお渡しして回答を頂戴するという保守的方法をとらざるを得ないことがあります。

　しかし，ある程度語弊があることを承知で言えば，それは「信頼関係が築けていない」，ということにほかなりません。本来は，事前に資料を送付し，先生には当日まで「必要最小限」の時間を使って資料の検討及び調査をしてもらい，当日法律相談の場で有益な回答をしてもらえるような関係を構築すべきでしょう。資料送付時に若手法務パーソンとアソシエイト間で想定される時間等について，フランクに意見交換をして進めることは1つの方法です。ただ，法務の上席者とその事務所のキーパーソンとなるパートナーの先生の間での協議によって事前の資料確認や調査を「必要最小限」とする旨の合意をした上でなければ，そのような実務レベルでの協議でうまくいかない場合もあるかもしれません。

　なお，顧問弁護士の観点からみたQ7も参考になります。

キーワード 【キーパーソン】【信頼関係】【顧問弁護士】

Q 70

顧問弁護士の先生により大きな役割を果たしてもらうにはどうすべきですか？

A ....

まずは，信頼関係を構築することで，踏み込んだアドバイスをもらいやすくしましょう。

解説

踏み込んだアドバイスを求めたい場合，メールよりも，直接面談（最近ではウェブ会議）の相談の方が適切な場合が多いでしょう。

ただ，踏み込んだアドバイス上を得る上で，より重要なのは，相談方法よりは，その法務パーソンが信頼されているかでしょう。そこで，顧問弁護士事務所の先生，とりわけ，それぞれの案件の処理のキーパーソンとなる弁護士の先生との信頼関係を深めることが重要です。「人を見て法を説く」（→Q121）といわれますが，例えば，「この法務パーソンであれば，意見を曲解して変な方向にもっていくことはないだろう」という信頼が得られれば，「踏み込んだ」アドバイスをもらうことができる可能性が上がります。

場合によっては，法務パーソン自身で依頼するよりは，上司と一緒に相談し，必要であれば，上司からパートナーに直接「何とかならないでしょうか」と聞いていただくべき場合もあるかもしれません。

キーワード 【キーパーソン】【通訳】

Q 71

ビジネスに顧問弁護士の先生の意見を伝えても，反発されます。打開策はありますか？

A ....

自分で顧問の先生の意見について納得をした上で，自信を持って自分の言葉で社内に展開しましょう。

解説

顧問弁護士の先生の意見の内容を全く理解しないまま，その結論だけを一知半解でビジネスに伝えると，ビジネスは反発するだけでしょう。ビジネスが「この点は考慮されているか」等と言って抵抗した場合，顧問弁護士の先生の意見を十分に理解していない法務パーソンは，再度顧問弁護士の先生と相談するしかなくなります。それでは，良き「通訳」として内外

の架け橋となる，法務パーソン本来の役割を果たすことができません（→Q66）。

　そこで，適切に社内で展開できるよう，顧問の説明をきちんと理解し，納得をしましょう。例えば，（顧問弁護士の先生としては当たり前と思って説明を省略している等で）論理に飛躍があればそれを指摘するとか，「このような事情があれば違う結論になり得るのですよね」と確認する等が重要です。

　顧問弁護士の先生の説明を自分の言葉で言い換えてみましょう。そのような言い換えに自信がなければ，顧問弁護士の先生に確認しましょう。そして，自信を持って自分の言葉で社内に展開しましょう。

キーワード 【キーパーソン】【通訳】【前捌き・後捌き】【下請法対応】

Q 72
内外の橋渡しとは，具体的に何をすればよいですか？

A
　例えば，下請法対応を例にとって，弁護士への質問内容の具体化，弁護士の回答内容の社内の実情への落とし込みにつき，ご説明します。

解説

1　はじめに
　例えば，「下請に発注予定情報を流したところ，それを信じた下請が製品の製造等をして納品の準備をしたが，結局発注せずトラブルになった」という場合を想定しましょう。『Q&A若手弁護士からの相談203問』Q146で法的な話は解説していますが，本当に純粋な「予定」であれば，それを通知することが直ちに下請法の問題とならないものの，実態として「発注予定情報」の伝達が事実上の「発注」だと評価されれば，その後正式な発注をしない（準備された製品を引き取らない）行為は下請法上問題があるということです。

2　抽象的な質問をすれば，回答は抽象的になる！　―前捌き
　このような場合に，例えば，ビジネスが「発注予定情報を流すことは下請法に違反するか」といった質問をし，法務では解決できないとして弁護士に相談するとしましょう。この場合にビジネスの質問をそのまま流せば，顧問弁護士の回答は「発注予定情報を流すことは直ちに下請法には反しない」となるのではないでしょうか。結局，①本当に「予定」としての取扱いを徹底するとか，②「発注予定情報」が「発注」であることを前提に下請法を遵守する等，発注予定情報を流しながら下請法を遵守することは可

能です。しかし，このような抽象的な回答では，ビジネスにとっての「ネクストステップ」（→Q16）が分からず，使えません。むしろ，ビジネスは「そうか，適法か」等という誤解をするかもしれません。

　ただ，そのような「使えない」回答の原因が弁護士だけにあるかというとそれは違います。むしろ法務がそのような抽象的な質問について「前捌き」（→Q67）をして，適切な質問に落とし込みましょう。例えば，具体的な下請とのトラブルが発生しているのであれば，そのトラブルの経緯をきちんと整理して説明し「この具体的状況の下で，発注予定情報を流した段階（又はそれ以降のどこかの段階）で既に『発注』とみなされる可能性はどの程度高そうか」とか「トラブルの再発防止のため，発注予定情報を流す際に気をつけるべき点は何か」等とより具体的な質問をすべきです。

3　落とし込みをするのは法務の役割─後捌き

　このような適切な前捌きにより，ある程度具体的な回答が期待されます。しかし，それでも例えば，「発注とみなされる可能性は5分5分」と言われた場合に，保守的に発注が既にあったとみなして対応するのか否かについては，法務が全社的リスク管理としてビジネスと協議をして決めていく必要があります。また，発注予定情報を流す際に気をつけるべき点として書面合意，適正な代金設定等の抽象的なポイント（具体的には『Q&A若手弁護士からの相談203問』317頁参照）は指摘されるのでしょうが，そこから予定データが確定的であるかのように運用されて後から「発注」があったとみなされるリスクを具体的にどのように回避するかという運用への落とし込みもまた，法務が全社的リスク管理としてビジネスと協議をして決めていく必要があります。このような後捌きは，ビジネス熟知（→Q45）が活きるところであり，自社の具体的な状況においてリアルリスクは何で，それをどう回避するか等を考え，それをビジネスと一緒に落とし込んでいくプロセスは，まさに社内にいるからこそ実施できる，付加価値の高い業務です。

2-4　目的を実現するための案件の回し方
キーワード　【案件を回す】

Q 73

　会社の目的を実現するため，どうやって案件を前に進めていけばよいのですか？

A

　ビジネスと法務の役割分担が重要であり，どちらがコントロールすべきかに応じて前に進める方法が変わります。

解　説

　案件によっては，プロジェクト推進そのものの責任をビジネスが負い，ビジネスがコントロールすべき場合と，法務がコントロールすべき場合の双方があるでしょう。後者は，法務の領域のプロジェクトであり，電子契約導入プロジェクト（→Q49）や外国公務員贈賄コンプライアンスに関するルール作り等が挙げられます。そして，そのいずれの場合かによって，進め方も異なってきます（→Q74，Q75）。

　そのいずれになるかは，一般的には最終責任を負うのがどちらかによって決まるでしょう。すなわち，最終的にビジネスが責任を負うべき案件であれば，ビジネスがその推進責任を負う（案件をコントロールする）べきだし，最終的に法務が責任を負うべき案件であれば，法務がその推進責任を負う（案件をコントロールする）というのが原則です。もちろんこれは単なる原則ですので，例外もあります。

キーワード　【案件を回す】【キーパーソン】
【全社的リスク管理】

Q 74

　法務がコントロールする場合，案件はどのように前に進めていけばよいのですか？

A　……………………………………………………………………
　①全社的リスク管理という観点を入れながら案件の最終的な姿を想定する，②現在の姿とその最終的な姿を比較しながら関与する部門（ステークホルダー）を特定する，③ステークホルダーを動かすため，キーパーソンを特定する，④キーパーソンの了解を得るためのアプローチをする，⑤ペーパーワークをするという5段階で進めましょう。

解　説

1　はじめに

　法務領域の案件，つまり法務が案件に最終責任を負う場合（→Q49），法務としては，例えば「電子契約を導入してください」と通達して終わりとか，外国公務員贈賄コンプライアンスに関するルールを通達して終わりといった無責任な対応ではいけません。その案件ごとに，目的があることから，目的が達成できるよう，きちんと案件のグリップを握り，法務の責任でコントロールをしていきましょう。要するに，全社的リスクが（経営判断原則等の観点から）許容可能な範囲に収まる形でプロジェクトが実現されており，その判断の過程について，監査や訴訟等の検証にも耐え得る形で

記録化され，記録がしかるべき期間保管されているといった形を実現することになります。そのためには，ビジネスとの綿密なコミュニケーションが必要であり，正しい方向に進めるには，背景となる業務知識や，リスクについての知識も必要であるし，どこで押してどこで引くか等の判断力，そしてビジネスとの信頼関係やそれを前提とした説得力が必要です。会社としてどう進めるべきかを考えながら，ビジネスとコミュニケーションしながら案件をコントロールする，というのは，法務パーソンにとって一番重要な仕事であること自体は否定できません。

　法務がコントロールをする場合の案件の進め方の基本は，①全社的リスク管理という観点を入れながら案件の最終的な姿を想定する，②現在の姿とその最終的な姿を比較しながら関与する部門（ステークホルダー）を特定する，③ステークホルダーを動かすため，キーパーソンを特定する，④キーパーソンの了解を得るためのアプローチをする，⑤ペーパーワークをするという5段階となるでしょう。例えば，Q49で例示した，電子契約導入プロジェクトであれば，以下のようになると思われます。

2　①全社的リスク管理という観点を入れながら案件の最終的な姿を想定する

　まず，最終的な姿を想定します。多分多くの契約が電子化される，その際に全社的リスク管理が実現する（例えば，必要な社内手続が完了していないのに，勝手に電子署名がなされるような内部統制のできていない状況を回避する）必要があります。

3　②現在の姿とその最終的な姿を比較しながら関与する部門（ステークホルダー）を特定する

　上記①で述べた最終的な姿と現在の姿を比較しながらステークホルダーを特定します。例えば，稟議規程や印章管理規程を変更しないといけないとなれば，そこで総務部門等のこれらの規程の所轄部門がステークホルダーになることが分かります。また，電子契約を実際に使ってもらうということであれば，その利用部門，例えば営業部門や調達部門も関係します。しかも，これは相手があってのことであり，利用部門がその特定の電子契約システムを利用することについて相手の同意を得られなければ，電子契約は使われません。

4　③ステークホルダーを動かすため，キーパーソンを特定する

　このようなステークホルダーの特定がなされれば，キーパーソン（→Q58）を特定しましょう。キーパーソンは外部の人を含みます。例えば電子契約に関する電子署名法等の知識を有する顧問弁護士の先生が挙げら

れます。また，例えば，10社で自社の販売に関する契約締結件数の7割を占める反面，その10社に対しては必ずしも「電子契約締結をお願いします」といえば応じてくれるわけではないとなれば，これら10社のキーパーソンへの働きかけも必要となるかもしれません。

5 ④キーパーソンの了解を得るためのアプローチをする

④以上を踏まえたキーパーソンへの働きかけが行われます。キーパーソンが部門を説得しやすいよう，法務はキーパーソンの疑問や懸念に応えたり，分かりやすい説明ができるようアシストすべきです。なお，法務中心でも全てのキーパーソンへ法務が直接アプローチするのが適切とは限らず，例えば，相手方のキーパーソンに対しては営業からアプローチしてもらうのが現実的でしょう。

6 ⑤ペーパーワークをする

⑤ここまでの意思決定の部分が重要ではあるものの，（それと並行して）ペーパーワークも必要です。例えば必要な規程類の改訂であるとか，稟議が必要であれば稟議書であるとか，取締役会マターであれば，取締役会資料等の作成を行います。このペーパーワークが法務の仕事では，と勘違いしている人もいるようですが，ビジネスパーソンとしての法務パーソンの仕事の中では，より重要なものがたくさんある，と言わざるを得ません。もちろん，内部統制という意味でも，事後の検証に耐えるという意味でも，ペーパーワークの重要性そのものは否定できず，適切なペーパーワークのために法律知識の必要性を否定はしません。しかし，例えば，電子契約導入に伴う内部規程改訂のうちの法的部分は顧問弁護士に依頼すれば対応可能である場合，むしろ，その規程に基づくプロセスで会社の契約業務が回るか，というビジネス部分についてビジネスパーソンとしての法務パーソンの本領を発揮することが期待されています。逆にいうとそのような業務を回せることについてビジネス部門とすりあわせて検証し，合意ができていれば（このすりあわせは，①の際に必要性が識別され，④の過程で実施されることになるでしょう），それを紙に落とし込むことの重要性は相対的に下がると言わざるを得ません。

キーワード 【案件を回す】【全社的リスク管理】

Q 75

ビジネスがコントロールすべき場合，案件を前に進める上で法務はどうすればよいのでしょうか？

A ‥‥‥‥‥‥‥‥‥‥‥‥‥‥‥‥‥‥‥‥‥‥‥‥‥‥‥‥‥‥‥‥‥‥‥‥‥

　ビジネスが前に進めるのを法務として支援するのが原則ですが，それを超える「お膳立て」までしないといけない場合はあります，更にそれを超えた「肩代わり」までするかは別問題です。

解　説

　ビジネスがコントロールすべき場合，全社的リスクを軽減しながら，前に進めることを支援することが法務の重要な役割です。リスク検知→評価→対応策提案→対応策合意→実現というプロセス（→Q38）は，主にビジネスがコントロールすべき場合に典型的に当てはまります。

　ここで，実務上，本来ビジネスがコントロールをすべきであるにもかかわらず，ビジネスが積極的に動かないことがあります。例えば，全社的リスクの軽減のため，若干ビジネスを変更する必要があるという場合，まずはその旨を説明することになります。しかし，それに対してビジネスの担当者が抵抗を示し，原案でどうしてもいきたい，と原案に固執することがあります。そうすると，稟議には法務承認が必要なところ，法務は原案では承認しないので，稟議が通らないということで，プロジェクトが止まってしまう場合があります。

　このような場合に，法務が前に出て，代替案の推進を「肩代わり」ないしは「支援」すべきか，という点についていえば，Q117のとおり，「肩代わり」まではすべきではありません。ただ，ビジネスが嫌がっている案件で，法務が何もしないともっとこじれる可能性があるので，支援やお膳立てはせざるを得ない場合が多いと言えます。例えば，ビジネスの若い人が抵抗しているだけなら，ビジネスのキーパーソンにコンタクトしてビジネスとして代替案でいくと意思決定がなされるように交渉する等の「お膳立て」が必要な場合も十分にあるでしょう。

キーワード　【案件を回す】【信頼関係】【通訳】【寄り添う】
　　　　　　　【前捌き・後捌き】

Q 76
　ビジネスから「法務はいつも他人事ですね」と言われてしまいました。どのように応対すればよいですか？

A ‥‥‥‥‥‥‥‥‥‥‥‥‥‥‥‥‥‥‥‥‥‥‥‥‥‥‥‥‥‥‥‥‥‥‥‥‥

　（内容面の実質的な検討は冷静に一歩引いて行うとしても）少なくとも姿勢としては，「他人事」だと思われない姿勢を取りましょう。

解　説

　法務はビジネスの真剣な悩みを、「他人事」だと思っている、とビジネスから批判されることがあります。ビジネスが悩んでいる時に、法務が一緒に悩もうという姿勢を見せず、安易にプロジェクト中止等（→Q124）を主張したり、安易に自分の仕事は終わりだという態度を示すというのは、ビジネスからの不満として聞かれます。

　例えば、顧問弁護士の先生の助力が必要な場合に、法務パーソンが、まるで「お見合い」のように、双方を紹介するだけで、後はビジネスと弁護士先生の間で直接やり取りさせてその間自分は何もしないとなると、ビジネスからは、「他人事」だと思っていると批判されるでしょう。本来は、双方のコミュニケーションの間に入って、内外の橋渡しをして「通訳」としての役割を果たすべきです（→Q66）。

　ただし、ビジネスに寄り添う「姿勢」（→Q57）を示すことと、完全にビジネスに肩入れすることは異なります。法務として行うべき全社的リスク管理という役割を放棄すれば、法務の意味がありません。すなわち、「実質的な検討内容」においては、やはり冷静に、一歩引いて考えるべきです。反面、ビジネスの信頼を得るという意味で、「姿勢」としては自分もビジネスパーソンとして同じ会社の一員だとして自分事として考え、寄り添う姿勢を見せるべきです。

　なお、「自分事」の姿勢で臨む法務としては、そもそも相談するのが顧問弁護士でよいのか（スポットで別の弁護士の先生に入ってもらうべきではないか）という検討や、どのような方法で顧問弁護士に相談するかに関するサポートや前捌き（もし法務として前に進められるという判断なら、過剰に保守的なアドバイスが来ないように手を打つ）や後捌き（アドバイスを実務に落とし込む際のサポート）も重要です（→Q67）。

キーワード　【動かないビジネス】【協力】

Q 77

　正しい方向にビジネスを進めたいのですが、その通りに進みません。「違法です」と伝えても、ビジネスをやめようとしません。解決策はありますか？

A　•••

　「正しい」というだけで通るものではありません。「違法」と言えば法務の役割は終わりではないのです。いかに相手の行動につなげるかを考えましょう。

解 説

　頻繁に見られる勘違いに，正しいのに通らない（ビジネスが協力してくれない），というものがあります。この言明は「正しいなら通るはずだ」という大いなる勘違いを前提としています。そして，法務においてこの問題は，典型的には「違法」とか「契約違反」といったのに，ビジネスが動かない，という悩みに表出されます。どうして違法なのにビジネスは法務のいうことを聞かないのか，という悩みを持つ法務パーソンも少なくないのではないでしょうか。

　それに対する直截な回答は，「違法」や「契約違反」と，ビジネスが動くということは2つの全く違う話だ，となります。だから，法務の方でビジネスが動く方法を考えて対応しなければなりません。Q78を参考に，相手の行動にまでつなげるには更にどうすべきか，仮説を立てて更に実践し，その仮説を修正することを繰り返すべきです。

　　　キーワード　【動かないビジネス】【協力】

Q 78

ビジネスが動かない場合に何をすればよいですか？

A ･･
　　　動かない背景事情を探り，その「原因」を取り除きましょう。

解 説

　ビジネスが動かない場合，まずはビジネスが動かない背景を探ってみるべきです。探る方法としては，話してくれそうなキーパーソン（→Q58）に探りを入れる，場合によっては法務のしかるべき立場の人からキーパーソンに聞いていただく等があるでしょう。

　なぜビジネスは，コンプライアンス違反と指摘しても直さないのでしょうか。例えば，当該部門に大きな影響力を与える人が「こうするように」と指導したため，その人に配慮しているである場合があるでしょう。そうであれば，その人を翻意させるにはどうすればよいか，アプローチを考えればよいでしょう。部門のキーパーソン（→Q58）にアプローチする方法もあれば，取締役会で社外取締役や監査役に指摘してもらう，顧問弁護士から違法と言ってもらう等，原因が分かればその原因に応じて様々な対応が考えられます。

　また，外資等において，例え契約違反でも，それによる制裁が違反することによる利益より小さいならば進めよう，という発想は存在し得ます。もちろん，目の前の（違約金等の）制裁・利益だけを比較するのではなく，

その相手と今後契約等を結んでもらえなくなるとかレピュテーションリスク等も考える必要があり，そのような点をきちんと説明することで納得してもらうこともあり得るでしょう（→Q16）。

　これは自社のビジネスだけではなく，相手方についても当てはまります。例えば，契約書の文言が矛盾していて，矛盾をなくそうと提案しているのに，「この契約雛形以外では当社は契約できません」という相手方がいる場合，その背景として，雛形を修正するなら法務に相談する必要がある会社で，法務に相談したくないから営業限りで修正を拒否しているという場合があります。このような場合に，「お互いに法務を入れて電話会議でもしませんか？」と言ってみると，「法務に確認しました。修正を受け入れます」と態度が変わる可能性もあります。また，その会社が「契約書」という標題だと，その修正を法務に相談する必要があるという会社の場合「修正覚書にしませんか」と言うとそれだけで要求が通ることもあります（もちろん，そのような相手方のやり方がおかしいのはQ40のとおりです）。

キーワード 【動かないビジネス】【困った人】【協力】

Q 79
　法務としてやるべきことを実践しているのにそれでもビジネスが非協力的です。どうしたらよいですか？

A ‥‥‥‥‥‥‥‥‥‥‥‥‥‥‥‥‥‥‥‥‥‥‥‥‥‥‥‥‥‥‥‥‥‥‥
　実務では「ナイスではない人」も存在することを前提に，周囲と相談しながら対応しましょう。

解　説

1　変な人も存在する

　Q78のとおり，法務パーソンとしてきちんと対応すればうまく進むことも多いと言えます。ただ，残念ながら実務では「変な人」も存在します。例えば，法務を「敵」だと思っている人もいます。法務が前に進めたがっていることを妨害する，法務に相談すべきなのに相談しない，もし相談しても，重要な事実を意図的に隠す（→Q116）等の状況が生じ得ます（このような人への現実的な対応としては，キーパーソン（→Q58）に頼んで大人しくしてもらうことくらいしかできないでしょう）。

　ここまで強く法務に敵愾心を持ってはいないとしても，「規則だから」「稟議に必要だから」等と消極的な理由で仕方なく法務に相談している人は多いと言えます。このようなモチベーションが低い人が多いからこそ，法務パーソンとしてコミュニケーションをうまくとらないと，前に進まな

いことが多いと言えます。しかも，相談者自身が，法務の付加価値を信じていないと，「法務がビジネスを潰そうとしている」と騒ぎ出す等「後ろ」から撃たれることもあります。このような「変な人」への対応は，Q115以下で詳述します。

2　自分一人で解決しようとしない

このように，案件を前に進める上では様々な障害が立ち塞がります。しかし，法務パーソンはこのような障害を必ずしも自分自身で解決する必要はありません。むしろ，自分一人で全てを解決しようとしないことこそが重要であり，先輩，上司等と相談し，必要に応じて顧問弁護士の先生等にも協力を仰ぎながら，前に進む方法を考えるべきです。

そして，他の部門を巻き込むことも重要です。問題が解決されることが重要であって，必ずしもその方法は法的な解決である必要はありません。ビジネス側に良いアイディアがあるかもしれないのだから，謙虚な姿勢で臨めば（→Q54），キーパーソンが助けてくれるかもしれません（→Q58）。

> **キーワード**　【案件を回す】【協力】【タイミング】
> 【コミュニケーション】【５Ｗ１Ｈ】

Q 80

どうすべきか，という「答え」を自分一人で出すことができないことが多いのですが，法務として案件を前に進めていくことはできますか？

A ●●●

答えは何か／どうしてか／どうすればよいか（know/what/why/how）は確かに一定の重要性がありますが，実務上は，むしろ，誰に聞けば（お願いすれば）よいかを知る（Know Who），どこを見ればよいかを知る（Know Where），及びいつコミュニケーション／実行すればよいかを知る（Know When）等に留意することで，案件を前に進めることができます。

解　説

1　はじめに

いわゆる５Ｗ１Ｈのうち，もちろん「答えは何か／どうしてか／どうすればよいか（know/what/why/how）」の知識があれば，案件を進めやすいことは否定できません。ただし，「博覧強記の生きる法務百科事典」みたいな法務パーソンを目指すのは現実的ではありません。実務上は，それ以上に，「誰に聞けば（お願いすれば）よいか（know who）」「どこを見ればよいか（know where）」「いつコミュニケーション／実行すればよいか（know when）」を知ることが重要です。

2 誰に聞けば（お願いすれば）よいか（know who）

まず，「誰に聞けば（お願いすれば）よいか（know who）」というのは，主にキーパーソン（→Q58）のことです。ビジネスの協力を得たり，ビジネスを前に進めるための方法を教えてくれたりする社内のキーパーソンや，足りない法的知識を知っている社外のキーパーソン等を知っていることが必要です。ここでいう「知る」は単に情報として知っているという意味ではなく，キーパーソンに聞いたら教えてもらえる，お願いしたら応じてもらえる関係性を意味します。キーパーソン以外でも，例えば，隣の席の先輩がすぐアドバイスしてくれるなら，隣の先輩にタイミングを見計らって聞けばよいわけです。

3 どこを見ればよいか（know where）

次に，「どこを見ればよいか（know where）」というのは，内容そのものを知らなくても答えに「アクセス」できれば良いため，「何を見れば分かるのか」が分かっているか否かが大きな違いを生じさせる，ということです。例えば，社内規程違反の有無を確認する際に，どこに関連する社内規程があるかを把握していることです（実務上は所轄部門が異なる等の理由で社内規程が様々な箇所に分散して保管されていることもあります）。法務の共有フォルダの過去の相談事例で似たようなものがあったという場合や，「あの実務書のこの辺りに書いている」ということもこれに該当します。

4 いつコミュニケーション／実行すればよいか（know when）

更に，「いつコミュニケーション／実行すればよいか（know when）」というのも重要です。タイミングを間違えると組織はピクリとも動きません。例えばいつも協力的なキーパーソン（→Q58）も，最後の最後に法務が「ちゃぶ台返し」をしたならば，このタイミングでは協力できないと言うこともあり得ます。特に，準備が既に相当進行していて，法務のアクションが既に手遅れであれば，ビジネスから時機に遅れた対応として強く忌避されるでしょう。確かに，法務が情報をもらった時には既に手遅れということであって，かつ，嫌われようと何しようとダメを出さないといけない場合であれば（大きな話として法務が情報を適時にもらえるような情報入手システムの再設計等は重要でしょうが），法務に対して同情の余地はあるところです。ただ，実際に法務でボールを持ち過ぎて手遅れになったということであれば法務がビジネスの信頼を失ってもしょうがありません。事を起こすときに，案件全体が，全体のスケジュールの中でどういうステータスにあるか，ということを読むことは非常に重要です。また，確かに改善すべきだが，改善策の実行について，元々予定していた内部ルール改訂時期に合わせる

ならその際に実施したいといった場合もあるでしょう（Q81参照。もちろん，重大な内容であれば，それまで待てないということはあり得ます）。

（Q81参照。

> **キーワード** 【案件を回す】【ボール】【法則性】
> 【サイレントリマインド】

Q 81

案件を前に進めていく上で役に立つノウハウはありますか？

A ・・・

ついで思考，一応のプロセス，ダメ元，柔軟な方法，合理的是正期間，次の改訂時期に是正，改善計画，ミスを前提に動く，ボールを手放す，サイレントリマインド，上司同僚に学ぶ，実践の中で修正する，立ち止まって考える等があります。

解 説

1 「ついで思考」

コンプライアンス上必要な事項を実施しようとしない現場に対して前向きに対応させる上で，「（必ずやらないといけない）XのついでにYもやりましょう」と言うと，「ついでなら」とやってくれることがあります。各雛形に対し法改正対応を行う際，様々な「これまでどこかで雛形に挿入したかったが，なかなか挿入できなかった条項」を雛形に押し込むという方法があります。

2 「一応のプロセス」論

例えば，相手方がいる案件で，ビジネスが「相手方が絶対にのまないからダメ」という場合，「一応プロセスだけでも経させてください，実際に相手がノーと言ったら後はビジネス判断ということで」とお願いすると，ビジネスが相手に対応を求めてくれやすくなることがあります。

この，「一応のプロセス」論でお願いした場合，最終的にやはり相手がのまないので，ビジネス判断でリスクを取るという案件もありますが，法務として合理的なポイントを突いている場合，結構相手も柔軟に対応してくれたりするので，有益なことがあります。ただし，「一応のプロセス」論は，「プロセスを経てダメだったらビジネスの判断でこれ以上対応をしないことを法務として是認します」ということと同義である以上，法務として「何が何でもノー」の案件では使ってはなりません。

3 「ダメ元」論

似たやり方として「ダメ元」論があり，「相手が強く反対したら，最後は諦めざるを得ないかもしれませんが，まずはダメ元で提案してみましょ

う」として，法務的に望ましい（が，ビジネスとしては厳し過ぎるのではないかという印象を持つ）提案を会社の提案とすることを了承してもらうという手があります。

4　「柔軟な方法」論

「（法務的に）望ましい姿」を実現するには様々な方法があり，「●●という趣旨が実現される限りにおいて，実情に合わせた柔軟な実現方法の相談に応じさせていただく」旨を徹底することで「できない／無理」と言われることを回避する方法もあります。

5　「是正の合理的時間」論

「今すぐ直せ！」と言われれば反発が大きいものの，「これから一緒に書式改訂について検討し，来月から一緒に新書式でやりましょう」等，合理的な時間的配慮をすることで，ビジネスの理解を得やすくする方法もあります。もちろん，どのくらいの期間が「合理的」かの問題はあります。本当に重大な違法なら，即刻是正しなければならず，過去分も含めて是正しなければならない場合だってあります。その意味で，「将来の対応で問題がない」と言える程度のリスクに限定されることには留意が必要です。

6　「次の改訂時期に是正」論

これと類似したものに「次の改訂時期に是正」論もあります。例えば，一定期間で定期的に改訂されるものについて，その定期的な改訂予定を崩してまで今すぐに変えるということには反発があり得るところですが，次の改訂時期まで待つことでビジネスが将来の是正をしやすくするというものです。

7　「改善計画」論

「今回はビジネスでリスクを取るということで了とするものの，将来的な改善が必要なので，改善計画を立ててくださいね」とお願いするものです。今回だけはビジネスの意向を尊重することと「引き換え」にすることで，ビジネスとして将来の是正をしやすくします。

8　ミスを前提に動く

「人はミスする」ことを前提に動くことが重要です。例えば「ビジネスが内部コメント付きのファイルを相手に転送する」ことは典型的なミスですが，むしろ，ビジネスがこのようなミスをすることを前提に「どうやってミスを防ぎ，発生した場合に被害を最小限にするか」を考えるべきです。具体的には，メール本文にリスク説明を書くことで添付ファイルは転送されてもいいようにする，説明については会議を設定して行う等があります。

似た話としては，部数や捨て印の有無等の間違いがあってはならない事

案で，必要書類リストを事前送付して確認するだけではなく，押印済みの
イメージを事前送付して，そのとおりに押してもらう等の丁寧な対応があ
ります。基本的には，書面を作るというのはビジネスにとっては非常にス
トレスフルで慣れない作業であり，ただでさえミスがしやすいといえます。
だからこそ，法務側がこのような丁寧な対応でミスを防ぐわけです。

　そして，そのような「人」には自分も含まれるのであって，明日の自分
も他人と思ってミス防止の対象に含めるべきです。もちろん，そのような
対応をしても，ミスを完全には防げません，それでも，１つでもミスを少
なくする努力をするべきです。

9　同時に複数の案件を進めるために——ボールを手放す

　ここで，常に１つの案件のみに注力できるのであれば，一定程度慣れて
いれば案件を前に進めることはそこまで難しくありません。しかし，実務
では，複数の案件を同時にこなす必要があります。

　そこで，各仕事を細かくチャンクに分け，チャンクが終わったらまずは
「ボール」をビジネスや先輩等に投げ返し，迅速に「ボールが誰か別の人
のところにある」というステータスを実現する，ということです。自分自
身が「ボール」を持っていない状態にしていれば，少なくとも「仕事が遅
い」と文句を言われることはなくなります。もちろん，先輩のレビューが
遅い場合等には，リマインドをしないといけないので，期日管理は最低限
必要ではありますが。

　問題は「どのようなチャンクに分けるか」であり，この「仕事の分割」
作業を依頼受領後に迅速かつ正確にできることが重要です。基本的には，
「当該案件の進め方のプロセスの全体像」の知識と経験に基づき行います。
例えばA→B→Cと進める案件については，まずはAだけをやってビジネ
スに送付することが多いでしょう。しかし，具体的な案件によっては，
(手を動かすのはCが一番最後でも）Aを進める前にまずはCも見ておいて，そ
の内容をAに反映しなければならないかもしれません。また，甲→乙→丙
と進める案件で，ビジネスが乙を行うべき場合に，(本来丙まで終わってなけ
ればならない）最終期限直前に甲に手をつけ，「乙が終わってないため丙を
期限内に終わらせられない」という状況も回避すべきです。そこで，必要
に応じて法務部門の上司・先輩や，ビジネスとも確認しながら適切なチャ
ンク分けを行い，早め早めに「ボール」を手放すことが重要です。

　加えて，突然重要な案件が最優先で浮上して大変なことになる状況を避
けるための工夫も重要です。一般には「緊急」「重要」フレームワークが
参考になります。もちろん緊急で重要なものを一番最初にやるべきですが，

その次の優先順位で何をやるかについては，日常的な契約レビューのような期限を切られた緊急対応を優先してしまいがちです。しかし，そうすると重要だが緊急とまでは言えないものが堆積します。だからこそ，重要なものをどこでやるかを考え，計画的に進めていく必要があります。

10　サイレントリマインド

　ビジネスの確認，上司の承認等は頻繁に遅れたり忘れられるので，きちんとリマインドをしなければなりません。ただし，明示的なリマインドについては，そのタイミング（→Q80）の問題もあり，失敗すると悪い印象を与えてしまいます。例えば，相手にさりげなく挨拶をして思い出させる等の「サイレントリマインド」を利用し，負担感・圧迫感を低下させることを心掛けましょう。直接会うことが難しいのであれば，別件について「そういえば，最近こういうニュースがありましたね。ご興味あろうかと思ってご参考まで送付しました。」等という連絡をしてみると，そこで「ありがとうございます。XXの件も進めますね。」といった返信が来ることもあり得ます。

11　上司，同僚の進め方から学ぶ

　重要なことは，新人法務パーソンが上手に案件を回すことは難しいということです。最初は，上司や先輩と一緒に同じ案件に入ることが多いと言えます。いくつかの案件を回しながら，少しずつ業務知識を身に付け，事業部門との信頼関係を築き上げていくしかありません。ただ，将来的に「案件を回せる姿」を常に目指し続ける，という姿勢は，重要でしょう。

12　実践の中で修正する

　そして，経験の中から，一定の法則性を見出し，それを具体的な案件に適用する実践の中で修正しましょう。ある案件で成功したら，勝因を分析して次につなげる，失敗したら，敗因を分析して同じ轍を踏まないようにするべきです。そこで見出した法則性を次の案件で実践してみると，過去に成功したやり方に例外があったり，昔のやり方がもはや通用しないこともあります。例えば，人事異動等の結果，過去に通用していた方法が通用しなくなることもあるでしょう。

　実践の中で常に修正を繰り返していく，これは仕事の難しさでもありますし，面白さでもあります。

13　立ち止まってもう一度考えることも選択肢である

　ここまで，どうやってビジネスを前に進めるか，という観点の説明をしてきました。しかし，前に進めることは，必ずしも絶対的な「善」ではありません。そもそもそのプロジェクトに問題があって進まないのかもしれ

ません。そこで，その進まない理由を分析し，そこから，そのプロジェクトを本当に進めるべきかを再度考え直し，進めるべきであれば，対応を柔軟に変えることも重要な選択肢です。例えば，自社がマイナーな電子契約システムの導入を進めたいが，重要取引先は既にそれ以外のシステムを導入済みで，かつ，自社に交渉力がなければ，進めたくても進まないでしょう（→Q49）。そのような柔軟な発想及びありのままの現実（いわば「身の丈」）を弁えることも，法務としての仕事の進め方にとって必要です。

2-5　上司や後輩との関係
キーワード　【悩み共有】【報連相】

Q 82
上司とはどのような存在ですか？

A ●●●
例外はありますが，「上司」は自分を助けてくれる存在です。

解説

「期首に無理な目標を押し付けられて，期末に達成できないと上司に怒られる」「契約審査について無理な（または不合理な一律の）期限が設定され，その期限を過ぎたとして上司に怒られる」「上司が進めろというからプロジェクトを進めたのに，上司の更に上司が反対した瞬間，上司がすぐに中止を決める」等々，実務では困った上司，ナイスではない上司もいます。

　本書では，このような「ナイスではない上司」対応をQ97で別途検討し，それ以外においては，「普通の上司」を想定します。それを前提とすれば，上司というのは自分を助けてくれる存在なのです。上司も，自分の下にいる人間を使って，成果を出すことが求められているはずで，助けないと成果が出ないようであれば，部下を助けることを，その職分として求められているはずです。そこで，「ナイスではない上司」以外は，その職分に従って（適切に求められれば）部下を助けるはずです。むしろ，どうすれば上司が自分を助けやすくなるか，どう上司をお膳立てしていくか，という点についてQ83以下で説明していきましょう。

　なお，重要なこととして上司に報告・連絡・相談（報連相）をすることで，自分個人の悩みやイシューを，上司の，そして法務全体の悩みやイシューにできる，という点は強調しておきたいです。自分一人で抱え込んで上司に相談等をせずに自分の悩みやイシューとしたままであれば，適時に対応すれば解決できたもの（→Q96）も解決しないかもしれません。ただし，上司への上手な相談の仕方のコツもあるので，特にQ85以降をご参

照ください。

キーワード 【困った人】

Q 83

「ナイスではない人」対応で困っています。解決策はありますか？

A ••

上司に助力をお願いしましょう。

解 説

　上司が自分を「助けて」くれる典型的なシチュエーションは「ナイスではない人の撃退」です。ビジネスにはナイスではない人や困った人がいます（→Q79）。ビジネスの「ナイスではない人」とのトラブルが起こった場合，もちろん，自分から直接キーパーソン（→Q58）にお願いし，ナイスではない人を大人しくさせてもらうことも選択肢です。ただ，実際には自分でビジネスのキーパーソンを動かすことは若手法務パーソンにとっては容易ではありません。

　そして，その場合にはまさに「上司」を使ってビジネスのキーパーソンを動かしてもらうことが重要です。ここでいう「上司」は直属の上司のこともあれば，上司よりも更に上位の方のこともあるでしょうが，上司に相談することで，上司自らビジネスのキーパーソンと話をつけてくれたり，もっと上の法務のキーパーソンを引っ張り出してその人にビジネスのキーパーソンと話をつけてもらう等，「ナイスではない人の撃退」にとって非常に役に立ちます。

　また，キーパーソンを動かさなくても，例えば，ビジネスが動こうとしないが，先手を打って対応する必要がある，といった場合，法務の上司にお願いして会議に入ることに同意していただき，ビジネス側担当者もその上司を入れた会議を開催してほしいとして打診すれば，ビジネス担当者限りでは動かなかったものが動くようになるかもしれません（「法務も上司を入れるのでそちらも」という方がビジネス担当者側の上司を入れるよう頼みやすいでしょう）。

キーワード 【教育指導】【魚を釣る方法】

Q 84

上司に指導してもらいたいです。良い方法はありますか？

A ••

自分の考えを持っていること，自分の考えに固執し過ぎず素直なこと，

コミュニケーションの取り方が丁寧なことを心掛け，上司として指導したい部下になりましょう。

解　説

1　はじめに

そもそも上司が「ナイスではない上司」（→Q97）である場合，上司ではなく先輩等の指導を仰ぐべきかもしれません。そのような前提で，「指導をする気がある上司・先輩」が指導したくなる部下になるコツを説明しましょう。

2　自分の考えを持っていること

そもそも，自分で何も考えず，「分かりません，教えてください」という場合，「この人は，いわば『魚を下さい』というだけで『魚の捕り方』を真剣に学ぶつもりはないのではないか」と思われ，指導に消極的になる可能性があります。また，（本当に新人であればあり得ますが）少なくとも2～3年目で「何が分からないかが分からない」という状況であれば（状況にもよりますが）「これまで何をやってきたのか？」と呆れられるかもしれません。まずは，自分なりに調べ，考えて「自分として調べて考えた結果，こうだと思うが，ここが分からない」として指導を求めましょう。

3　自分の考えに固執し過ぎず，素直なこと

最初は「変」な答えにたどり着くことも少なくありません。例えば，理論的にはAと言えるかもしれないが，実務上は誰もAをやろうとは思わないという場合，「絶対Aです！」と最初の考えに固執してしまうと，チームで物事を進める上で支障が出ますし，そのような態度の人を指導したいとは思いづらいでしょう。やはり，自分の考えに固執し過ぎず素直なことが大事です。

4　コミュニケーションの取り方が丁寧なこと

そして，例えば，最近だと指導がオンライン上で行われることも増えていますが，質問メールに上司が回答した後に「何の連絡もよこさない」等では「本当に回答を見ているのか」等と不安になりますし，逆に回答を見ていたら見ていたで，「その程度に思われているのか」等とネガティブに思われかねません。過度に神経質になる必要はありませんが，コミュニケーションの取り方が丁寧なことが重要でしょう。

キーワード　【他人を動かす】

 85

上司が動いてくれません。良い方法はありますか？

A ••

　上司を動かす上では，「上司」の介入が必要な状況の発生，上司の介入が必要な理由，上司に具体的に何をして欲しいかを説明することが重要です。

解　説

　上司に助けてもらう際には，どういう状況かを説明し，なぜ上司に介入してもらうことが必要か，その際に具体的に上司に何をしてもらいたいかを説明すべきです。

　例えば，法務が「この内容ではリスクが大き過ぎる」との公式見解を出した契約書について，ビジネスが契約書レビュー依頼を取り下げ，内容はそのままで法務の審査なしで締結できるようタイトルを「覚書」にして締結しようとしていることが発覚した（→Q40参照）といった場合，そのような状況であること，既に部長レベルの意思決定が済んでおり，ヒラの自分が言ったところで翻意はされなそうであること，よって，翻意を試みるため，上司からビジネスのキーパーソンと直接話をして欲しいこと等を説明するといったことが考えられます。

　ここで，なぜ上司の介入が必要かの説明がきちんとできないと，「それは既にあなたに任せている」等という反応になりかねません。その状況が，客観的には，自分が中心となって対応する前提で，上司の助言を求めるべきであって，上司の介入を求めるべきではなかったということであれば，自分の判断の誤りですし，そうではなく客観的に上司の介入を求めるべき状況であれば説明の誤りです。自分の誤りについては素直に認めることが重要です。

キーワード 【他人を動かす】

Q 86

　上司に対応を依頼しても怒られるだけで，動いてくれません。良い方法はありますか？

A ••

　相手の気持ちを想像し，上司を驚かせないことに気を配りましょう。

解　説

　相手の気持ちを想像することが重要です。上司の立場から，「ある案件を簡単だと思って若手法務パーソンに任せたところ，思いがけない展開をたどって，急にリスクが高まり，大至急上司自らによる対応が必要になった」という状況を想定してみましょう。

そのような状況の下,「普通の上司」が喜んで腕まくりして手を貸したいと思うのは,若手法務パーソンからきちんと状況の報告を受けている場合でしょう。例えば,予想外の展開の兆候が出てきた時点で「今後こういう展開の可能性があります」という連絡が来て,そこで心の準備をしていたところで,「やはり大変なことになりました！」という連絡が来れば,上司としてもスムーズに対応できるでしょう。

　これに対し,若手法務パーソンから特に報告がないので順調だと思っていたら,突然「緊急事態です！」と言われたとなれば,「いったいこの若手法務パーソンは何をやってるんだ？」と不快に思うのは上司も人間である以上自然な心理でしょう（もちろん,そんなリスクがある事案を若手法務パーソンに丸投げしてよいのか,若手法務パーソンに対して報告のタイミングをきちんと指示したか等,上司側の落ち度も指摘しようと思えばいくらでも指摘できるものの,「普通の上司」に完璧な案件割り当てや指示を期待してはいけません。上司だって人間ですから完璧を期待するのには無理があります）。

　だからこそ,法務パーソンにとっては,上司を驚かせないことが重要です。「しっかりとした報告ができる段階になってから報告しよう」と考える真面目な法務パーソンほど,報告のタイミングを逸して怒られてしまいます。そういうところで変な「真面目さ」を発揮してはいけないのです。ここでは,自分が上司の立場だったら,今自分がしているようなことをされたらどう思うか,という想像力を働かせることが重要です。

キーワード 【報連相】【タイミング】【上司は忘れる】

Q 87
上司に報告すべきタイミングはいつがよいですか？

A ••
上司が忘れないうちに頭出しをし,「先に先に」報告しましょう。

解 説

1 タイミングが重要な法務の仕事

　法務の辛いところは,タイミングが重要なことです（Know when→Q80）。すなわち,場合によっては,大至急で対策を講じなければならない場合もあり得ます。例えば重大なコンプライアンス違反を認知した場合や,危ないプロジェクトが法務に確認を取らないまま進んでおり決裁寸前であるといった場合,一刻も早く動く必要があります。もちろん,良い上司であれば,客観的に一刻も早く動く必要がある以上はすぐ動いてくれるでしょう。ただ,一般にそのような上司を想定するべきではなく「普通の上司」を想

定して，普通の上司に必要な時にすぐに動いてもらえるようにするにはどうすべきかを考えるべきでしょう。

2　先に先に報告する

　そのような観点からすれば上司には「先に先に」報告するのがよいでしょう。多少多目でも，報告しないよりはした方がよい，というスタンスで報告しましょう。

　特に早期報告をすべきは以下のもの，特に「マイナスの方向に事態が進む」気配があるものです。

- 大型・重要案件
- 予定どおり進んでいない場合
- 進捗上の障害が見込まれる場合
- トラブル・裁判等悪い方に発展する可能性がある場合（コンプライアンス上の疑義を招く場合も含まれる）
- 他部門と部門長レベルで協議してリカバリーしてもらうことが今後必要となる場合

　報告のコツは「頭出し」であり，「XXの件，動きがありましたので，追ってご報告いたします。」と連絡さえしていれば，（上司の性格によってはすぐ電話が来て「どういう動きだ？」と言われますが）少し報告が遅れても怒られません。その「頭出し」がないと，いくら報告に向けて努力しても「遅い」と言われかねません。

3　上司は忘れる

　また，上司は「忘れる」ということも十二分に理解しておくべきです。案件の進み方が遅い案件で，報告も遅くなっていると，上司がきれいさっぱり忘れて「驚く」ことがあります，だから，重要な案件は，アップデートの間隔を適切にコントロールし，「概要や背景・経緯・目的等」を覚えているうちに，「アップデート情報（最新の状況）→対応策（「従前どおり継続」でもよい）→今後の見通し」を説明し続けるのがうまい報告の方法です。

キーワード　【報連相】【メール】

Q 88

上司への報告手段はどのようにしたらよいですか？

A　• •

　状況によって面談，電話，メール，チャット等を使い分けましょう。

解　説

　上司に報告する方法としては，以下のものがあるでしょう。

- 直接面談
- 電話・ウェブ面談
- メール
- チャットツール

　総論としては，これらを同期・非同期及び対面・非対面で分類した Q56 をご参照ください。

　これを上司とのコミュニケーションの文脈に引き直せば，緊急性がない報告は，メール・チャットツールをベースに，緊急性によっては直接面談・電話・ウェブ面談を行うということになるでしょう。

　ただ，例えば同じオフィスにいるならば，会議が終わった後に「●●の件の会議でした。後でメールでご報告しますね。」と一声かけるというのも十分に合理的であり，例えば，上司としてその件が気になっていたら「ちょっとどういう感じだったか教えてくれる？」とそこで直接面談が要請されるかもしれません（自分自身が緊急性はないと判断しても，上司としてはその案件が重要で，すぐに聞きたいということもあるところ，「一声」かけておくことでこの点の目線合わせができます）。

　なお，例えば，2つ上の上司が法務の決定権者で，1つ上の上司は一応入っているだけ，という事案でも，1つ上の上司をCCに入れておくと，その1つ上の上司が気が回る人だと，自分の報告の内容を踏まえて「マズイ」案件は，2つ上の上司に「これマズイです」とリマインドしてくれるといった動きも考えられるので，「一応入っている」が重要なこともあります（ただ，ここでは，宛先「2つ上の上司」，CC「1つ上の上司」だけという状況を想定しています。無駄に大量にCCを入れるのは情報管理の観点からもむしろマイナスの方が多いでしょう）。

キーワード 【案件を回す】【確認事項】【リピーター】

Ⓠ **89**

上司から案件の依頼があったらどうすればよいですか？

Ⓐ ･･

　まず最初に背景，形式，内容，過程等の基本的な点を確認しましょう。

解　説

1　はじめに

　若手法務パーソンが当初担当する案件は，「ご指名」（→Q61）で案件が来ているわけではなく，あくまでも，上司からビジネスから受けた案件を割り振られているだけです。そのような場合の「実質的な依頼者」は上司

です。

　最初に以下の基本的な点を確認し，実質的依頼者との間で合意することが重要です。これは，ボールの比喩を使うと，きちんとボール（対応できる仕事）にしてから受けるとも言えるでしょう。

- 背景（なぜそれが必要か，ゴール等）
- 形式（期限，ファイル形式等）
- 内容（想定読者，目的等）
- 過程（各段階と進め方等）

2　背景

　まず，なぜその案件が来ているのか，大きな背景を理解する必要があります。例えば自社の今後の新たな柱になる事業の契約であるなどとなれば，それが今後の契約雛形を作るような重要な案件かもしれません。

3　形式

　次に，期限やファイル形式等の形式面です。自分のほかの仕事の状況等を踏まえ，現実的な納期に合意しましょう。例えば，自分がどうしても，3日後でなければ作業ができない事情があれば，その旨を説明して，4日後か5日後の提出でよいか，といった協議をします。必要であれば，上司がビジネスと話して期限を延ばしてくれるでしょう。

4　内容

　そして内容は，何をレビューするか，どのような成果物を提出するか等であり，そのイメージ等も含めて共有して合意します。例えば，同じ契約レビューでも，「変更できない契約なので，リスク説明（→Q55）のコメントを考える」のか「できが悪い相手方雛形について，最低限リスクを回避できるレベルまで直してあげるのか」等，案件によって成果物イメージが大きく異なり得ます。

5　過程

　最後に重要なのは，実質的依頼者の，プロセスに関する意見の有無です。意見がなければ，ある意味では裁量をもらえるわけですが，最初は，「まずは一度自社雛形と対比しながら読んで，その後で1条1条確認しようか」とか「今週中にビジネスと会議をしよう。その際に聞くべきことをまずは考えて」等といった形で進め方についての指示があることも多いでしょう。

　いずれにせよ，上司の理解力にも限りがあり，自分がある情報を持っていても，それを上司が持っているとも，理解しているとも限らないことにも留意が必要であり，それを前提に確認を取るべきです。

キーワード 【練り上げ式】【報連相】

Q 90

上司に成果物を上げた際「やり直し」をさせられないためにはどうしたらよいでしょうか？

A

方向性の段階から悩みを相談し，中間成果物（目次，骨子，草案等）を見てもらいながら練り上げましょう。

解 説

最初の基本的な点の確認（→ Q89）の過程において，途中で相談する機会を設けることになった場合はもちろんですが，そうでない場合も早い段階からできるだけこまめに相談をすべきです。

新人法務パーソンは，どう進めればよいか，不安や悩みを抱えるでしょう。これを上司に相談することで，その不安や悩みを「自分の悩み」ではなく，「チームの悩み」にしましょう。

報連相（報告・連絡・相談）の意味は，悩みを「上司」と共有し，悩んだ結果の判断を「上司の判断」にするという部分が大きいのです。最後に突然大きな悩みを打ち明けられても上司は困るため，なるべく早期の段階から相談すべきです。

その際には，その上司が社長だということはそれほど多くないことから，上司自身も「上司の上司」に報告しなければならないという前提で，上司自身が「上司の上司」に報告しやすい形にするという観点も重要です。例えば，タイミングが遅いと，上司自身が「上司の上司」に報告した際，「上司の上司」が「何でこんなに長い間放置していたのだ」と上司を叱責するかもしれません。また，方向性だけではなくその先の対応についても相談していくべきです。

そのような，徐々に相談をしながら正しい方向性に持っていく方法を，筆者は「練り上げ式」の仕事の方法と呼んでいます。練り上げ式によって「大きな方向性を誤るリスク」を回避することができます。こまめに相談して，正しい方向に進んでいることを確認してもらい，必要であれば助言を受けて，修正を繰り返しましょう。要するに，自分が方向性を誤る可能性を想定しつつ，上司の修正の手間を減らすためにどうするかを考えて，その観点から中間報告の仕方（報告のタイミング，報告する内容）を考えるという発想で臨むべきです。具体的には，「目次」「骨子」「要旨」「サンプル」「前半」「叩き台」等の中間成果物を上司に提出してそれを見てもらい，それぞれの段階でコメントをもらい修正をしていくというのが基本的な方

向性です。

　なお，これらの中間成果物についても，見直しは必ず行うべきです。第
1頁目におけるミスの存在はレビュアーの印象を決めるので，特に最初の
ページを入念に見直すべきです。固有名詞・数字・条文・敬称等の形式面
にも注意が必要です。別のドキュメントのフォーマットを流用する場合に，
前の内容が残っていることによるミスが多いので，十分に気をつけましょ
う。

キーワード　【タイミング】【ボール】

Q 91

　上司に「遅い」と怒られないようにするにはどうしたらよいでしょう
か？

A ・・

　他の案件の処理時間や，上司のレビュー時間を織り込み，タイムマネ
ジメントを工夫しましょう。

解　説

　8時間かかる案件は，純粋「理論的」には，翌営業日の依頼を受けたの
と同じ時間に完了するはずです。しかし，実際にはいろいろな制約，例え
ば別の緊急案件対応等があり，数分から1時間程度で済む小さな案件を除
くと，提出がかなり遅くなることが多いと言えます。ボールを手放すこと
（→Q81）等で一定の対応はできますが，この点を見越して予定を組まない
とバタバタしてしまいます。実際には，対応に使う実時間が例えば8時間
でも，他の案件に忙殺される等で対応不能な時間が例えば35時間あるため，
期限が例えば5営業日後であっても勤務時間（例えば40時間）中に完了でき
ないこともままあります。このように，実対応時間と対応不能時間を合わ
せた時間が期限までの勤務時間を上回った場合，実務上比較的よく使われ
る方法は「残業」です。ただし，「働き方改革」によってその方法がとれ
ないことも増えています。

　加えて，上司がレビューする時間という観点も重要です。5営業日後と
いう「期限」当日の朝に若手法務パーソンが上司にドラフトを提出した場
合，上司が例えば1時間でレビューできれば何とかなるかもしれませんが，
上司として3時間レビューにかかる場合，当日の朝では遅いということも
十分にあり得ます。

　特に，上司のレビューによる改善を期待して，クオリティが低いものを
上司に提出せざるを得ない場合，例えば期限までに当該案件に割ける時間

が2時間なら，期限の直前に2時間割いて期限ギリギリで提出してはいけません。むしろ，依頼を受けた直後に2時間を割き，「他の案件で忙殺されており，この後のご修正につき何卒よろしくお願いします」として上司に提出するべきです。依頼の2時間後に来れば，約5営業日がほとんど丸々残っているので，その分上司のレビュー時間が増えることになります。

キーワード 【答えを準備する】

Q 92
上司に相談しても，「何も考えていない」と怒られます。相談内容に問題があるのでしょうか？

A ••
自分の考えを持ち，「こういう理由でこう進めたいと考えているが，この進め方で進めてよいか」という形で相談しましょう。

解 説

相談された上司が不機嫌になる場合としては，上司がナイスではない人である場合（→Q97）や，Know when（→Q80）を間違えたという場合以外に，「何も考えていない」と思われたというパターンがあるでしょう。例えば，「どうすればよいですか？」「何からやればよいか分かりません。」等のセリフでは，やる気がなく，何も自分の頭で考えていない指示待ち人間に見えて印象が悪いです。

もちろん，「こういう理由でこう進めたいと考えているが，この進め方で進めてよいか」と自分なりの「答え」を準備した上で相談し，それで進めて問題ない，と確認してもらうことが一番スムーズです。最初からそこまではできなくとも，少なくとも，相談をする際に，「自分としてはこういう理由でこうするのがよいと思っているものの，こういう点が気になっている」とか，「A案とB案があり，それぞれのメリット・デメリットはこう考えている」等と，自分の考えを説明できるようにしましょう。

このような配慮は，上司も忙しい中，上司として回答に窮するような相談の仕方だと，上司の時間を余計に使ってしまうという観点からも重要です。文字通りの新人ならばともかく，若手法務パーソンとしては，上司としてどういう答えをすることが想定できるのかという観点で，質問を工夫しましょう。

キーワード 【思考過程】【内部コメント】

Q 93

自分なりに考えていた点について「この点を考えていないのはおかしい」と怒られます。どこに問題があると考えられるでしょうか？

A ・・

思考過程を内部コメントにして説明しましょう。

解説

　上司からある案件の審査を求められたとしましょう。そしてあなたとして，いろいろと検討した結果「検討しました。問題ありませんでした。」と上司に報告したとしましょう。この場合，上司から「この点もあればあの点もある。本当に全てを検討したのか。問題がないのか」と怒られるということは十分にあり得るでしょう。そして，そのような上司が指摘した点はもしかすると全てあなたが既に検討済みの点かもしれません。

　ここでは，上司の立場からすれば「説明がされなければ何もやっていないのと同じように見える」という点を指摘しておきたいと思います。つまり，実際には部下が既に検討を済ませており，その結果として問題がないという結論に達していたとしても，その点を検討したという言及がされていない限り，上司の目からは，何もやっていないのと同じように見えるのです。

　だからこそ，内部コメントが非常に重要です。例えば，結論として「問題なし」の場合でも，その結論に至った自分なりの思考過程を言語化して，レビューする上司に内部コメントで伝えましょう。例えば，「AとBという点が気になり，検討しましたが，Aという点については～という理由で問題がなく，Bという点についても～という理由で問題がないと考えました。」というコメントをしておけば，「問題なし」というだけの報告と比べて上司としての「安心感」が格段に違います。

キーワード 【メモ】【報連相】【上司は忘れる】
　　　　　　　【証拠・記録化】

Q 94

上司に相談する際にメモをすべきですか？

A ・・

上司を安心させるという意味ではメモをした方がよいですが，それに加えて，指示内容をメールやビジネスチャット等で共有しましょう。

　相談をする際，メモを取る人は多いところ，逆に，メモを取る様子が見えないと，上司は「聞き流しているのではないか」等と不安になることが多いでしょう。その意味で，メモを取るべきだ，というのは標準的なアドバイスです。

　ただ，メモについては，①必要な時にすぐに見返すことが難しい（メモ紙がなくなりやすい等），②必ずしも自分が受け止めた内容と上司の言いたい内容が同じとは限らないという2点に留意が必要です。①については，メモの保管に気をつけて，すぐに見返すことができる方法で保管するという対応が考えられます。また，②についても，メモを取りながら上司の話を聞いて，メモを元に「こういうことで理解は間違っていないでしょうか」と確認することができます。このように，メモの利用を前提に，これらの問題を解決することは可能だと思われます。そして，このような方法で，課題を解決できるのであれば，メモを利用すること自体は問題ないでしょう。

　ただ筆者は，上司の話を聞いている時は「●月●日まで」等という殴り書きだけをして，記憶が新しいうちに，ササッと上司に「先ほどはありがとうございました」として，合意した背景・形式・内容・過程等（→Q90）をまとめてメール（またはビジネスチャット）で送付してしまう方法をお勧めしています。その際は，後から検索しやすい標題にする等の工夫が重要です。こういうことをする理由は，上司はその指示を忘れる上，上司と自分の理解が相違する可能性もあるからです。そのような状況に対する対策としては，自分の手元のメモだけよりも，「メモを共有する」という意味でのメール送信の方が証拠（Q115）という意味でもリマインドという意味でもより優れていると考えます。

キーワード 【メール】【リマインド】【読みたくない書面】

Q 95
　上司がメールの添付ファイルを見てくれません。上司にCCをしてもメールを見てくれません。どうしたらよいでしょうか？

A ・・
　上司は忙しいのです。忙しい上司が気付けるようにするのもあなたの仕事です。

解 説
上司にメールを送ってもメールの添付ファイルを見てもらえないとか，

上司をCCにしたメールについて上司が「知らない」「気付かなかった」と言うといった状況はよく発生します。そのような状況を捉えて「上司が変だ」と非難するのはあまり適切ではないと考えます。

　つまり，上司は忙しいので，部下が送付したメール，特に添付ファイルやCCメール等を1つ1つ見て確認して部下に指示をするということはあまり期待できない，ということです。むしろ部下の方で，上司に対し，「緊急事態です！」等として，上司が見るべきことをリマインドした上で，その内容を要約してメール本文に記載する等のフォローをすることが望ましいでしょう。後でトラブルになって「そんなの聞いてないぞ！」となってから「転送してます！」「CCしてます！」といったところで十分なリカバリーにはなりません。

　なお，交渉案件での相手からの連絡や訴訟案件の相手の準備書面等は「読みたくない」ものですが，上司に転送する際に，ざっと読んだ上で「予想どおりの展開です」「マズいです」等，一言でもメール本文でコメントをする習慣をつけておくと，読むことを先送りをしづらくなりますので，これは良い習慣でしょう。

キーワード　【ミス】【リカバリー】

Q 96

重大なミスをしてしまった際の解決策はありますか？

A　リカバリー可能なミスはミスではありません。

解説

　上司とのコミュニケーションにおける鉄則は，「リカバリーが可能なミスはミスではない」ということです。若手法務パーソンがミスをするのは当たり前です。例えば，リスク検知（→Q38）を行う際にリスクを見落としたとか，手続上必要な手順を飛ばしかけたとか，様々なミスをするのはある意味で当然です。

　そして，ミスを隠してしまい，こじれにこじれてから上司に「万策尽きました！」と持ってこられると，上司としてリカバリーが不可能となるかもしれません。これに対し，ミスが判明した段階で直ちに上司に相談すれば，例えば，上司の人脈でキーパーソン（→Q58）に連絡をつけて調整してもらう等，リカバリーができる可能性は高いといえましょう。このようにしてリカバリーに成功すれば，ミスはミスではなくなります。ミスをした場合ほど「速やかな報告」が大事であり，速ければリカバリー可能であ

ることが多いものの，遅くなると手の打ちようがなくなることが多いのです。

　上司目線でいえば，ミスをきちんと隠さずに報告してくれた方が，リカバリーもしやすいし，任せやすいので，リスクが低いと言えます。そこで，ミスをきちんと報告する部下の方が評価は高くなります。

［キーワード］　【困った人】【ナイスではない上司】【報連相】

Q 97

ナイスではない上司に当たった際にはどうしたらよいですか？

A ••

　証拠を残して他の上司・先輩に相談し，ナイスではないのが自分ではなく上司の方だ，と説得的に説明できるようにしましょう。

［解　説］

　ここまでは「普通の上司」を前提に対応を説明してきました。しかし，「ナイスではない上司」というのも存在します。例えば，「忙しい」「聞きたくない」オーラを出して相談を拒み，相談をしたらしたで「そんなの自分で考えろ！」といった対応をする等して部下が報告・連絡・相談をしたくないように仕向けます。そして，部下に懸案を抱え込ませることで，問題が起こっても部下の問題にしようとします。

　ナイスではない上司に対する対策は難しいものの，とりあえず，メール等の証拠が残る方法で，「～という状況なので，私は～と考え，～とします。」という連絡をこまめに残しておきましょう。「ナイスではない上司」は無視をするかもしれませんが，その結果として問題が生じ，「なぜそういうことをしたか」と責められた場合，これらの過去送っておいたメールが証拠になります（その上司は「そんなメールもらっても読んでいない」等と言うかもしれませんが，悪いのが読んでいない上司の方であることを説明できます）。

　また，上司以外の先輩・同僚に相談するというのもオーソドックスな方法です。その上司が「ナイスではない」と思われていれば，先輩・同僚は「大変だね」と，親切に教えてくれるかもしれません。上司の上司と相談できるタイミング等があれば，うまく話をして，救い船を出してもらいましょう。基本的には，どちらかの異動が現実的な方法ですが，例えば，2つのグループがあれば，（業務の幅を広げるため等の名目で）別のグループと兼務にしてもらい，半分の案件を「まともな上司」の下でさせてもらうだけでも，少なくとも精神的には大分楽になります。

キーワード 【教育指導】【一度でできない】

Q 98

後輩を指導する際の注意点は何ですか？

A ••

後輩は「信じられない程できない」として，十分に心の準備をしましょう。

解説

最初は新人法務パーソンでも，しばらくすると，後輩の指導をする局面が出てくるでしょう。そこで一番重要なのは，後輩が「信じられない程できない」ことで，「信じられない程できない」前提できちんと育てる必要があります。

それは決して自分が優秀であるとか，会社の人事がレベルの低い人しか採用ができないとか，その会社のできない人が法務に送り込まれる（もしそうであれば転職（→Q184）を検討した方がよいでしょう）という趣旨ではありません。自分自身も数年前はその程度のレベルだったのにもかかわらず，実力がついてくるとそのことを忘れてしまうのです。

例えば，口頭で確かに伝えたはずの指示が全く理解されていない（1回言ったのにできていない）というのはよくあります（→Q100）。ただ，普通の会社に普通に入社できている以上，最低限のコミュニケーション能力があるはずです。その場合，話し手の「伝え方」の問題も大きいと言えます。

例えば，以下のようなことをしていないか，再度自省してみましょう。

• 早口（仮に耳が追いついてもメモが追いつかない等）
• 専門用語（社内用語を含む）を説明なく使う
• 後輩が共有していない前提がまるで共有されているかのような発言，表現方法を用いる
• 重要な話なのか，どうでもいい雑談なのかが伝えられていない（「へー。」と思って終わってしまう）

これらの点を改善することに加え，話が終わった後に，面倒でも「要点」（要するに「聞き取って欲しかった内容」）をまとめてメール等の後に残る形で後輩に送っておきましょう。そうすれば，後輩が要点を取り違えるトラブルがなくなるでしょう。その際のメールの表現は，後輩の理解力の低さを鑑みてその後輩がいつまでに何をどうすることを期待しているかを明示する等，相当配慮して記載すべきです。

Q 99

後輩が一人前になるのに何が必要でしょうか？

A

　契約法務を前提にすれば，ビジネス理解，リスク，契約法・重要取締法規の基礎と自社雛形の理解，報連相，会議対応，用字用語，ワードの使い方，落としどころの想定と，そこに向けた進め方，リサーチが必要でしょう。

解説

　後輩が一人前になる上で必要な事項としては，契約法務を前提にすれば，最低限以下のものが挙げられます。

- ビジネスの理解（→Q35以下，Q47）（背景知識，ビジネスモデル，その会社の稟議プロセスその他の意思決定プロセスのあり方，キーパーソン等）
- リスクに対する「気付き」
- 契約法・業態に応じて頻出の取締法規の基礎と自社雛形の理解
- 報連相（進捗管理，メモ取，チーム対応，緊急連絡等）
- 会議対応（モデレーション，議事録の取り方，言質を取られないようにする方法等）
- 用字用語
- ワードの使い方（コメント機能，修正履歴等）
- 落としどころの想定と，そこに向けた進め方
- リサーチ能力

　重要なのは，このうち厳密に「法律」といえるのは契約法や業態に応じて頻出の取締法規くらいであって，それ以外は法律そのものではなく，むしろそれ以外の仕事の進め方に関するものです。そして，新人はこれらの全てについて「何も知らない」のです。だからこそ，後輩を指導する時は，その後輩がこれらを何も知らない前提できちんと1つ1つ指導していかなければなりません（→Q98）。

　一般には，新人法務パーソンに対しては，法務部門では大体こうやって仕事を回している，というやり方を「軸」とし，まずはそれを手取り足取り指導し，自分でその従来どおりのやり方（「型」）ができるようになってもらい，その上で，その人の個性に応じて一番やりやすい方法を自分で模索してもらうのがよいと思われます。

キーワード　【一度でできない】【リカバリー】【ミス】

Q 100

　後輩が一度説明したことを理解せず，またミスをします。どうしたらよいでしょうか？

A ．．

　一度言ってそれを実践できないからといって怒ってはいけません。むしろそれが当然です。

解　説

　後輩指導中によく出る愚痴が「一度言って分からない」というものです。「同じことを何度も言わせるなんて！」と感情的になる先輩もたまにいます。しかし，後輩を萎縮させてしまうと，ミス等を報告しづらくなってしまいます。萎縮した結果，報告が遅くなって，リカバリー（→Q96）の手間が増えるとか，そもそもリカバリー不能になってしまうようでは本末転倒です。質問すべき時に質問することもしづらくなって，傷口を広げることにもなりかねないでしょう。

　自分の身を翻って考えると，自分は果たして一度言われたらそれで常にできるようになったのでしょうか。基本的には何度も同じ間違いを繰り返しながら覚えていったはずです。そもそも，一度聞いただけで全部分かってしまうような優秀な人なんて日本に何人いるかというレベルの天才でしょう。

　だからこそ，根気強く，同じことを何度も何度も何度も怒らずに説明しましょう。先輩の方で，間違いやすい点をマニュアル化して読んでもらう等，説明をする回数を減らすような工夫もすべきでありますが，それでも説明が必要であれば，何度でも手間を厭わず，怒らずに説明をすべきです。そして，そうすることが結果的に自分の手間を減らすことになります。

キーワード　【教育指導】【レベルの差】【ステップアップ】

Q 101

　後輩が，自分の現状と「一人前の法務パーソン」への距離に絶望しています。どのように教育指導すればよいでしょうか？

A ．．

　「低い階段を一段一段登ればゴールに到達すること」を示しましょう。

解　説

　レベルの高い「修羅場」を経験させることが若手の成長につながるのでしょうか。これを肯定する人もいそうですが，筆者は，これは「生存バイ

アス」的なところがあると考えます。修羅場を経験してメンタルがダメに
なったり，法務が嫌いになる人のことを考えると，むしろステップバイス
テップで，成功体験を積みながらステップアップするのがよいと考えます。
実際には成功体験ばかりにはならないものの，少なくとも「指導係の心構
え」としては，できるだけ成功体験を積ませようと考えるべきです。

　だからこそ，簡単なものから，低い階段を一段一段登ればゴールに到達
することを示すべきです。実務で法務パーソンが担当する案件で，新人に
全部お任せできる程度の難易度のものは少なく，ほとんどが新人に取って
歯応えがあるものばかりでしょう。しかし，それぞれの案件の中の比較的
簡単な部分を抜き出して教育・指導に使います。

　例えば，ビジネスとの会議の議事録を作ってもらいましょう。新人法務
パーソンの作成した議事録には，重要事項の欠落があったり，勘違いに基
づく不思議なやり取りが繰り広げられていることもあります。それは，会
議では業界用語や社内用語，略語等が何の説明もなく繰り出されているか
らです。議事録作成は意外と難しいものの，つまづいた部分を重点的に教
えてあげれば，メキメキ伸びるかもしれません。

キーワード 【教育指導】【魚を釣る方法】

Q 102

後輩に何を教えればよいのですか？

A ・・・

　いわば「魚」そのもの（結論）を渡すのではなく，「魚を釣る方法」
（その結論を導くための方法）を教えることを心掛けましょう。

解説

「調べれば分かることは聞くな」という上司・先輩がいますが，筆者は，
そうはなりたくないと考えます。調べて分かることであっても，後輩が聞
いてくれれば，にこやかに対応してあげたいと考えます。

　聞かれたときに，聞かれたことに対する結論をパッと探し出してそれを
与えるということもあり得ます。しかし，教育効果を上げる上では，そう
ではなく，調べ方を一緒に考えてあげて，次からは自分でその結論を導く
ことができるようになることを目指したいところです。例えば，マニュア
ルの場所，調べ方，読み方を教える等です。

　これは，比喩的にいえば，「魚」を渡すのではなく，いわば「魚を釣る
方法」を教えるということです（→Q84）。結論をパッと探し出してそれを
与えるだけでは，また次も結論を聞きにくるだけです。永久に誰かに与え

られる「魚」を待つだけの人にするのではなく，「魚の捕り方」を教えるのが同僚・先輩の役目です。そして，そうすることで，結局自分の手間も減るのです。

キーワード　【教育指導】【叱る】

Q 103

後輩を叱る際の注意点はありますか？

A　･･･

　上司に叱ってもらうことをまずは検討しましょう。もし自分が叱るなら，99褒めて苦言1のイメージで対応しましょう。

解　説

　後輩指導において，基本的には苦言を言うべきではありません。まずは不出来な成果物でも，褒めましょう。今の若者で「怒られて伸びる」若者がゼロかは分かりませんが，その割合は低いと言えます。しかも，怒り方に慣れていない若手法務パーソンが怒ると，「パワハラ」と言われる可能性も高いといえます。

　まずは，自分が「悪者」にならないよう，そもそも上司等，自分以外の人に叱ってもらうことを検討しましょう。上司に叱ってもらうには，自分が後輩の指導を「尽くした」ことを上司に理解してもらう必要があります。そのような観点から，指導を尽くそうと頑張るうちに，後輩の状況が改善し，叱ってもらう必要がなくなるかもしれません。

　どうしても自分で叱るべき場合でも，「99褒めて苦言1」くらいのイメージで，たくさん褒めた上で，次につなげるにはこれをしたらどうか，といった形で前向きに苦言を言うに留めた方がよいでしょう。仮に，99褒めた後に苦言を1言うとしても，それは衆人環視のところではしない，メールで苦言を言う場合もCCは入れずに1対1で送るといった配慮が必要です。

　なお，褒めるときはその人（後輩）を主語にして褒めるべきです。これに対し，叱るないし注意するときは人ではなく，成果物等（そのメモは……）を主語にするのが受け手に過剰な刺激を与えずに済むでしょう。

2-6　迅速対応により信頼を得るためには

キーワード　【スピード】【タイミング】

Q 104

ビジネスに「遅い」と言われます。解決策はありますか？

A ••

　ビジネスは，ビジネス側のタイミングに合わせて対応するよう，法務にスピードを求めます。法務としてもそれに一定程度対応すべきですが，そこで必要なのが「スピード」か「スピード感」かは個別具体的な状況に基づき判断すべきです。

解　説

　ビジネスは，相手が急いでいるとか，この日までに契約を締結したい等としてビジネスの求めるタイミングが実現できるよう，法務に対し，大至急法的リスクの検討や契約レビューをするよう求めます（→Q18）。そして，法務が「遅い」というのは，ビジネスの典型的なクレームです。

　法務として，少なくとも，そのようなビジネスの要求に一定程度対応すべきことは事実です。完璧を目指すあまり，時間と費用（弁護士費用を含む）を掛け過ぎて，絶対のデッドライン等を逃し，ビジネスの信頼を失うようでは，法務としての役割を果たすことができていません。法令などに反しない範囲で，かつ，ビジネスがリスクとして取ることができるリスクの範囲で，ビジネスが回せるようになりさえすればよいという割り切りも，（その割り切りをした前提での回答・レビューであることはビジネスにきちんと説明することを前提として）重要です。

　とはいえ，Q105で述べるとおり，本当に必要なのが「スピード」か，それとも「スピード感」かは個別具体的な状況に基づき判断すべきです。

キーワード 【スピード】【コミュニケーション】

Q 105

スピード「感」とスピードはどう違うのですか？

A ••

　スピード感はコミュニケーションの方法の問題，スピードは実体的な速度の問題です。スピードは徐々に改善していく前提で，即効性がある「スピード感」の実現を心掛けましょう。

解　説

　Q104のとおり，ビジネスは法務にスピードを求めますが，スピード，つまり契約レビューやリサーチ等を完了するまでの速度そのものは，決して一朝一夕で改善できるものではありません。確かに，繰り返しの中で徐々に法務の能力が向上し，ポイントを的確に把握して，「勘所を押さえながら迅速に対応する」ことができるようになります。しかし，少なくとも，「これだけで明日から爆速になる」といった「銀の弾丸」は存在せず，

まさに日々勉強をして徐々に改善していくしかありません。

　ところが，大部分のビジネスにはスピードについて評価する能力がありません。例えば「ベテラン法務でも10日かかるような，雛形が使えない難しい契約」について「速くしてほしい，前に（雛形を元に少し修正するだけで終わる）契約が2日でできたはずだ」等という，「不合理」な不満を持つことも多いと言えます。だからこそ，「スピード感」が重要です。スピード感はコミュニケーションの方法の問題で，ビジネスの「イライラ」をなくすということです。すぐにメールが返ってくる，いつ頃回答が来るかが約束される等，小さなことの積み重ねで「スピード感」を感じると，ビジネスは法務を信頼するようになります。「スピード感」なら，今日からでも改善できます。具体的には，Q110以下をご参照ください。

　ただし，「スピード感」の改善だけに安住すると，進歩がなくなります。大変ですし，時間がかかるものの，同時に日々勉強をしてスピードそのものを向上しなければなりません。

キーワード　【全社的リスク管理】

Q 106
スピードだけが速ければ，それでよいのですか？

A ……………………………………………………………………………
　スピードだけでは意味はありません。「スピードも質も」両方とも重要です。

解説

　Q104のとおり，スピードが重要であることは事実ですが，単にスピードが速いだけでは意味がありません。繰り返しになりますが，企業全体の観点からリスクを管理する法務が，その役割を十全に果たしてこそ，初めて意味があります（→Q37）。例えば，スピードの実現のため，リスクを見逃し，ビジネスの判断を全て追認するのであれば，それこそ本末転倒です。

　また，一見遠回りのように見えても，必要な情報を最初にきちんと確認して，完全で，網羅的で，正確な情報及び資料をビジネスから受領するということには，最終的なプロセス全体のスピードを改善するという意味があることも多いと言えます。

　このような状況の下，法務の業務において，スピードと質のいずれが大事か，という問題意識はあまり適切なものではないと考えます。「スピードも質も」両方とも重要なのです。

Q 107

ビジネスから非常にタイトなスケジュールを要求された際，どのような対応をすればよいですか？

A ••

そこで求められるスケジュールの「根拠」をビジネスに確認しましょう。

解　説

　法務の考える通常のスピード（標準処理期間等を定めているのであれば，その期間）で対応できるのであれば，スピードの部分が極めてクリティカルとはならないかもしれません。しかし，ビジネスがそれよりも迅速な対応を求めるのであれば，それがなぜかという「根拠」を聞くことも，1つのあり得る対応です。「＊＊日まで」，というリクエストがあったとして，それはなぜその日付なのか，その日付までに返さないと何がどう困るのかを聞くということです。

　ビジネスが法務を信頼していないと「3日後というと7日後に来るから，本当は7日後でよいが，3日後と言っておこう」等という無駄が発生し得ます。そういう事態を避けるため，根拠を確認するのは有益です。また，ビジネス側にそこを考えてもらうことで，どうしても間に合わないときに，期間を延ばしてもらいやすくするという効果もあります。

　加えて，ビジネスとして全体のスケジュール感をどう考えていて，その中で今回の作業をどう位置付けているか，ということの確認にも意味があるでしょう。ビジネス側にそのような全体像を考えさせるという意味，そこを通じて案件のオーナーシップ（→Q73，Q75，Q117）を明確に意識させるという意味や，法務側がそれを意識して必要な体制を整える（例えばそのプロジェクトに若手一人で入るのではなく指導担当のベテランを入れる）といった意味があるでしょう。

キーワード　【スピード】【リアルリスク】【リスク説明】

Q 108

ビジネスの要求するスピードを満たす対応のコツは何ですか？

A ••

リアルリスクの見極めをすることです。

解　説

　スピードの実現には，「リアルリスク」（→Q38）の見極めが重要です。

法務が長い時間をかけて大量に修正をしたものの，それが全て「てにをは」レベルのものだとしましょう。ビジネスが急いでいる状況であれば，全くの無駄な作業だと評価されるかもしれません。また，法務が長い時間をかけて大量の自社が有利になる修正を提案したとしても，交渉力の差から全く非現実的な提案である場合も，不適切な対応と評価されるでしょう。むしろ，大部分を「リスク説明」（→Q55）にとどめ，キモの部分だけ「ここだけは修正してください！」と依頼すべきだった，とされることも十分にあり得ます。だからこそ，「リアルリスク」を見極める必要があります。

「リアルリスク」の見極めのためには，単に法律を知っているだけではなく，その事案の性質や，相手との関係性等，様々な要素を分析しなければなりません。法務パーソン自身のビジネスに関する豊富な知見を有すること（→Q45）に加え，当該法務パーソンがビジネスから真の意味で信頼されて全ての重要な情報がもらえていること，そして，（重要性について判断ミスがないように）依頼部門と十分にディスカッションができることが重要です。まさに一朝一夕で改善しない事項ですが，この能力向上を諦めてはなりません。

逆に，ビジネスから「前も問題がなかった相手との小規模の契約です」と言われて前回スポット契約を締結した相手との「取引基本契約」を短時間でレビューすることを求められる，という状況であれば，確かに目の前の案件は小規模かもしれませんが，その取引基本契約が長期にわたって使われるかもしれない，といった観点を踏まえたリアルリスクの見極めを行うべきでしょう。

キーワード 【案件を進める】【段取り】【ボール】【法則性】

Q 109

段取りをうまくやるにはどうすればよいですか？

A ・・

「次に何をするのか」を理解し，的確な見通しを前提に，ボールを早くかつ適切に投げ返しましょう。

解 説

案件を的確・迅速に進めるには，（順調でないパターンを含め）「次に何をするのか」を理解し，的確な見通しを前提に，「次はこうなるから，早めに準備をしておこう」と「段取り」をしっかりして先手を打つことが大事です。段取り力がないと，「いつまでも仕事に追われるだけ」になりかねません。そこで，基本的には，しっかりと事前準備と確認を行い，ボールを

素早くかつ適切に投げ返す，というのが重要です。

　事前準備について言えば，会議の前に問題となりそうな部分の法律上の要件とかを調べてから会議に臨めば，その場で何を確認すればよいのかが分かるので，「戻って条文を確認→追加質問」等の手間が省くことができます。また，期限等の確認を怠って直前に慌てるのは大変見苦しいといえます。必要な点をしっかり明示的かつ早めに確認しましょう。

　その上で，気が重い案件こそ早めにボール（→Q91）を投げ返し，ボールをできるだけ保持しないというのが重要です。「嫌だな」と思っている案件は「自然に」たまってしまうので，意識的にボールを相手に投げ返さないといけません。目次，骨子，草案，叩き台等の中間成果物を上司やビジネスに送る（→Q90）というのは，このボールを早く投げ返す技でもあります。

　ただし，単にボールを渡すと言っても，「相手に配慮した」ボールを投げ返し，まさに相手のミットにきちんと入る良いボールを投げることが重要です。また，相手がそのボールについて次にどうしたらよいのか悩まないようにしましょう。例えば，ビジネスに「●の点を教えてください」と言うよりは「●の点を相手に確認してもらえないでしょうか」という方が，「●の点は分かりません，どうすればよいでしょうか」として余計にボールのやり取りをすることを回避できます。結構良いボールを投げたつもりでも，相手の経験値や状況によって再度ボールが返ってくることなどがありますが，これも良い経験と考えましょう（→Q81）。

キーワード 【キモ】【メリハリ】【緩急】

Q 110

緩急・メリハリのある対応とはどういう対応ですか？

A ....

　各案件のキモの点を抽出し，そこについては徹底的に対応しましょう。

解　説

　リアルリスクと関係して，各案件の「キモ」の点は手を抜かず徹底的に考え抜き，調べ抜かないといけません。逆にいえば，スケジュールがタイトな場合や他の案件が詰まっている場合等，キモ以外は浅くても，必要なら追って深める前提でサクッとボールを上司やビジネスに渡すことも考えられます。このような緩急をつけた対応が時間的制約のある現実の法務においては重要になります。

　慎重になり過ぎて，時間と労力をかけるべきところを間違った「遅く質

が低い」人は評価されません。形式面のカオの部分（目立つところ）と実質面のキモの部分（当該事案の特性に応じた重要部分）に時間や労力等のリソースを集中投下すべきです。

　形式面の「カオ」の部分としては，固有名詞（前株後株，異体字，肩書等），数字，条文，敬称等が重要です。後は「1頁目」をきれいに整えるだけで，良い成果物のように見えます。（逆に1頁目から間違っていると印象が悪くなります）なお，提出の際のメール本文も手を抜いてはなりません。それは，受け取った側は添付ファイルより先に本文を見ることが多いからです。

　実質面の「キモ」は，業務の類型と事案に応じて変わってきます。例えば契約書チェックであれば，当該契約類型でよく問題となる条項（注文・支払方法，契約不適合等）があります。この類型は「ものの本」を参考に勉強すべきです。これに加え，当該事案で「買主の資力が心配」等の事情があればその対応が重要であるところ，これはビジネスについての熟知（→Q45）と，経験の中で「前の事案でこういうことがあったからこれを気をつけよう」という経験則を蓄積していくという方法があるでしょう。なお，法務の共有フォルダ等に過去の法律相談などの記録があれば，そういうものを読むことで掴むことができる部分もあるでしょう。やっているビジネスが同じであれば，過去に出現したイシューが姿を変えて再度出てくることもままあるからです。

　逆に言うと，それ以外の部分は（例えば契約書チェックだと）「雛形どおりで大きな誤りはなさそうかざっと確認する」くらいが現実的です。このような緩急をつけた対応ができれば，短時間のうちにポイントを抑え，かつ，形式も整って見える仕事ができ，評価が高まります。

キーワード　【即レス】【健全な猜疑心】

Q 111
即レスは必須ですか？

A　2種類の「即レス」があり，実質的な回答という意味の「即レス」は不要ですが，スピード感醸成のため，受領の旨の回答は迅速に行いましょう。

解　説
1　はじめに
ビジネスにとって嬉しいのは「即レス」，つまり，即時にレスポンス（応答）することです。すぐに疑問が解消すれば，そのような「必要な時に

適時にアドバイスをくれる」法務を信頼し，積極的に相談するようになるでしょう。実質的な回答という意味の「即レス」は不要ですが，スピード感醸成のため，受領の旨の回答は迅速に行いましょう。

2　実質的な回答

「即レス」の1つ目の意味は実質的な回答を即時に行うというものです。ビジネスがよく聞く質問は限られていますので，事前に回答テンプレートを準備しておいて，すぐにそれを送るとか，例えば，自社のイントラネット上にFAQが掲示されているなら，そのURLを伝えるといったことが考えられます。

3　受領の旨，及び，確認をして折り返す旨を説明する

「即レス」の2つ目の意味は，受領の旨，及び，確認をして折り返す旨を説明するというものです。ビジネスとして，法務から長期間放置されたと感じてストレスを感じたり，イライラすることはよくあります。そこで，受領した旨をすぐに伝えるだけで，かなり好感度が上がります。この意味の「即レス」は，以下の文例のように，なすべき対応の内容と期限の明示を行い，今後あり得る事柄（不明点の確認等）を明らかにして，「ロードマップ」を示すイメージです。

「XX様

　法務部の●●でございます。ご連絡ありがとうございます。

　ご依頼いただきました「業務委託契約書」につき法務でレビューし，できるだけ早くご回答いたします。来週●曜日目処でよろしいでしょうか。

　なお，レビューの過程で不明点等ございましたら，別途ご連絡させていただくこともあろうかと存じますので，何卒よろしくお願いいたします。」

4　実質的な回答という意味の「即レス」をする場合の留意点

　最初の意味の「即レス」をする場合には，以下の3点が重要です。

　1つ目は，事前準備です。つまり，よく聞かれる内容に限定するとしても「即レス」するためには，何がよく聞かれる内容かを把握し，それに対する正確な回答も把握する必要があります。

　2つ目は本当に即レスをしてよいかの確認です。即レスできそうな簡単な案件ほど，「例えばビジネスが簡単に法務のYESを取ろうとして簡単そうに見せかけているだけの案件ではないか」等を吟味すべきです。例えば「口頭でも契約は成立しますよね？」とか「業としてでなければ許可なく●できますよね」みたいな質問に対し，法務がよく分からないまま，「はい」と回答したところ，後でこっそり重要な契約を口頭で行っていたり，業ではないと勝手に整理して業法リスクがある行為を行なっていることが

判明し，その際に「法務確認済みである」と言われるといった事態も考えられないわけではありません。そういう場合には「コンプライアンス上契約書を作ってください。相談に乗りますよ。」等と対応すべきでしょう（一般論につき→Q116）。このように，健全な猜疑心を働かせ，本当に即レスをしてよいかを見極める必要があります。そこで，迷ったら，2種類目の即レスとすべきです。

　3つ目は，単純ミスを避けることであり，宛先及びCC等が間違っている（例えば同姓の別人がいる場合に，間違って別人のメールアドレスに送付する）等の単純ミスを避けるための確認をするべきです。

5　受領の旨，及び，確認をして折り返す旨を説明するという意味の「即レス」をする場合の留意点

　2番目の「即レス」をする場合にも，以下の3点が重要です。

　1つ目は，直ちに上司と対応を協議すべきではないかの確認です。「超ヤバい案件」が「しれっ」と若手法務パーソンのところに来ている場合，普通に「レビューしておきますね」というべきではありません。後でビジネスを止める（→Q124）場合に，「法務が契約をレビューしてすぐ返すと言ったから，既に先方にもそう伝えている」等として，揉めやすくなります。例えば，「部長，営業から来た協業案件の契約を転送します。説明メールを見る限り，●●に違反しているとしか思えません。お忙しいところ恐縮ですが，部長に入っていただき，一緒にウェブ会議することから始めるということでいかがでしょうか。」というメールを送って，まずは，上司と情報を共有すべきでしょう。

　2つ目は，本当に作業が開始できるだけの材料が揃っているかの確認です。成果物と期限と費用を事前に確認すること（→Q67）が基本ですが，レビューの対象の契約書や資料等を全て受領したか（添付漏れとか「引用された見積書・約款等がない」等の確認，スキャンミス（例えば両面印刷の資料の片面しかスキャンされていない）によるページ抜けの有無の確認），ファイルにパスワード等が掛かっていないか（納期直前にパスワード送付をお願いすることの「気まずさ」と言ったら……），メールの下の方が文字化けしていないか（「以下のやり取りをご参照ください」といわれて最初は読めても，下の方が文字化けしているパターンがある）等も確認すべきです。特に，メール本文で「●条」として言及されている内容と，実際の添付ファイルの「●条」が違う場合にはファイル添付間違い等が推察されます。

　3つ目は，上記の1種類目と同じで，単純ミスを避けるということです。

Q 112

法律相談はどうすれば「スピード感」を持って進められますか？

A ••

　「調べないと何も言えるはずがない相談（外国法等）」「普通の法務なら調べなくても答えられるべき相談（口約束だけなら契約にならないですよねとか）」「調べる前に初歩的回答をすることが期待されるが，詳しい正式回答は調べた後でないとできない相談」の3種類に分けて進めましょう。

解 説

　法律相談も最初は上司や先輩と一緒に入るのでしょうが，しばらくすると法務側は自分一人で入ることになる場合が出てきます。その時には，「分からない」と言う勇気を持ちながらも，できるだけその法律相談の場を有意義にし，スピード感を醸すべきです。

　法律相談には，①「調べないと何も言えるはずがない相談（外国法等）」，②「普通の法務なら調べなくても答えられるべき相談（口約束だけなら契約にならないですよねとか）」及び③「調べる前に初歩的回答をすることが期待されるが，詳しい正式回答は調べた後でないとできない相談」の3種類があります。一律に全ての相談について「調べて追って回答します」という対応をするのも問題ですし，一律に全ての相談について「（調べる前に）私の考えはこれです」という対応をするのも問題です。

　むしろこの3種類のどれかを見分けられる能力が重要であるところ，基本的には，自分がソラで分かるなら②であり，そうではないもののうち，顧問弁護士の先生等への依頼が必要だろうというのが①，残ったものが③という分類になります。

　そして，実務では，③が多いところ，この場合の「初歩的回答」の踏込具合の塩梅が非常に難しいといえます。最初「一応調べますけど大丈夫だと思いますよ」と言ったものの，後から明文で禁止されていたことが分かったパターン等ではそもそも初歩的回答をしない方が良かったということになりかねません。「生煮えの回答」が法務の意図と異なり一人歩きするリスクもあります。もちろん，ある程度経験を積むと，「●●法の趣旨からすると，こういう類型の行為はかなり厳格に規制されているはず」というように，法の趣旨から「ヤバさ」を感じ取り「この辺りがマズそうですね，実際にどうマズいかは追ってガイドラインを調べます」等と言えるようになります。

　そのような中，筆者が励行している「即効性」がある方法が，「相談中

にリアルタイムで調べる」という方法です。直接面談であれば会議にパソコンを持ち込み，会議であれば（画面共有に注意しながら）Googleやリーガルリサーチシステム等で相談を受けている内容について調べます。Google検索であれば，最近の弁護士のニュースレターや弁護士ブログ等に根拠を付して書いていれば，LegalLibraryであれば「ものの本」のうちある程度信用できる著者が書いていれば，初歩的な回答としてはそう大きく間違ってはいないだろう，として留保付きで説明してもよいでしょう（ただし，2021年及び2022年だけでも相当多くの法改正がされており，記載後の法令変更などがあり得ることには留意が必要です。その場合，関係する法令名に「改正」を加えて検索するということがあり得ます。改正がされていれば「2021年に新たな改正があり，改正に関する検討もしないといけないので」として，会議後に調べることを正当化すべきでしょう）。これに対し，そういうものが見つからない場合，最初は③だろうと思っていたとしても，結論としてその質問は，①だったということになるでしょう。

　なお，①については，その法律相談の場では，顧問弁護士の先生に調査依頼のメールが書けるような内容を聞き取ることになるでしょう（自分や法務内で調べる場合でも，そのような内容を確認しておけば，すぐ調査に取りかかれることができます）。また，②については，Q111の「即レス」と同じで，本当にその場で回答をしてよいか等を吟味すべきでしょう。

キーワード 【契約】【スピード】【ボール】

Q113

　法務で行う契約レビューはどうすれば「スピード感」を持って進められますか？

A ・・・

　2つ目の意味の「即レス」に加え，早めの着手と，ビジネス側に確認を依頼すべき事項や提供を求めるべき資料等を早めにリストアップして対応を求めることが大切です。

解　説

1　はじめに

　ここでは，数日で返せる／返すべき契約のレビューではなく，ある程度重い，時間がかかるものの法務で行う契約レビューについての「スピード感」（→Q105）についてご説明します。顧問の先生にお願いすべきものはQ114をご参照ください。また，2つ目の意味の即レスによるスピード感の醸成は，ここでも有効ですが，Q111をご参照ください。

2 早めの着手

ある程度重い，時間がかかる契約については，まとまった時間が取れるタイミングにやろうと思いながら，時間があっという間に経過してしまう，という状況が発生しがちです。だからこそ，「この段階でレビューを完成させよう」と思うのではなく，隙間時間にでも，「まずは確認を依頼すべき事項や提供を求めるべき資料等は何だろうか」という観点のみの検討を早めに開始すべきです。

「着手さえできればほとんど終わったようなもの」と言われることがありますが，一見重そうに思えても，実際に着手して全体像を把握してみたら，意外と簡単だった，という経験はあるのではないでしょうか。逆に，着手して初めて想像をはるかに超える重さであることが発覚し，慌ててビジネスに納期延長を求める，という状況もあり得ます。この場合，納期直前の納期延長要求に「スピード感」はありませんが，依頼直後であればスピード感を持った対応と評して差し支えないでしょう。

3 ビジネス側に確認を依頼すべき事項や提供を求めるべき資料等を早めにリストアップ

その上で，「なるべく早くボールを手放す」（→Q91，Q109）ため，ビジネス側に確認を依頼すべき事項や提供を求めるべき資料等を早めにリストアップしましょう。

もちろん，比較的軽い契約であれば，契約レビューと同時に，コメントで確認事項をリストアップし，資料送付を依頼することもあり得ます。しかし，重い契約の場合，確認依頼や資料送付依頼を行うだけでもある程度時間がかかり，レビューと同時に行ったのではかなり遅いタイミングとなります。そこで，まずは確認依頼や資料送付依頼を早めに済ませてしまう，ということが考えられます。これによって，スピード感を演出できますし，ボールが手から離れ，心理的に楽になります。反対に，期限直前に確認依頼や資料送付依頼をしたのでは，ビジネスから「何でこんなに遅いのか，ビジネスの都合も考えろ」と，スピード感のない対応に対する不満が表明されてもおかしくありません。

キーワード 【M&A】【スピード】【通訳】

Q 114

主に顧問弁護士に対応していただくM&A等のプロジェクト等はどうすれば「スピード感」を持って進められますか？

Ⓐ ┈┈┈┈┈┈┈┈┈┈┈┈┈┈┈┈┈┈┈┈┈┈┈┈┈┈┈┈

　2つ目の意味の「即レス」に加え，情報共有方法を工夫しましょう。

【解　説】

　プロジェクトでも法務で対応する部分もありますので，Q113をご参照ください。また，2つ目の意味の即レスによるスピード感の醸成は，ここでも有効ですが，Q111をご参照ください。

　その前提で，タイトなスケジュールで行われ，かつ，顧問弁護士が重要な役割を果たすM＆A等においてどのようにスピード感を醸成するかは難しいところです。例えば，ビジネスと顧問弁護士が土日や深夜もavailableであるにも関わらず，法務が原則平日昼間のみ稼働をするため，スピード感が醸成できない，という状況があり得ると思われます。ただし，だからといって，「後は弁護士とビジネスで勝手にやってください」という対応を取ったのでは，内外の橋渡しをする良き通訳（→Q66）としての役割を果たすことができません。

　これは，難しい状況ではありますが，「必ず法務をCCに落としてもらった上で，一定の範囲でビジネスと顧問弁護士の間でもメールで直接やり取りをしてもらう」という方法は1つのあり得る方法だと考えます。もちろん，法務としてCCで来るメールを無視したのでは，「後は弁護士とビジネスで勝手にやってください」という対応と同じことになります。だからこそ，やり取りの内容を追いかけながら，適切なタイミングでフォローをして，ビジネスと顧問弁護士の間で円滑にやり取りができるよう尽力するべきです。

2-7　難局を打開する上での「証拠」の重要性

キーワード　【困った人】【証拠・記録化】
【法務担当者ショッピング】【リピーター】
【リスク説明】

Ⓠ 115

「証拠」を残しておく必要があるのはなぜですか？

Ⓐ ┈┈┈┈┈┈┈┈┈┈┈┈┈┈┈┈┈┈┈┈┈┈┈┈┈┈┈┈

　ビジネスは必ずしもナイスな人ばかりとは限らないところ，自分を守ってくれるのは証拠だけだからです。

【解　説】

　既にQ54で，ビジネスが完全な情報を出さないという話に言及しています。そして実際には，法務に対して悪意で接するビジネスの人が存在する

のも事実です。例えば，言質を取りに来る人がいます。会社の規定で稟議のために「法務承認」が必要な場合，あえて重要な事実を隠して「大丈夫」とだけ言わせて，「法務承認済み」にしようとすることがあります。このような人に手玉に取られれば，法務は全社的リスク管理（→Q37）という任務を果たすことができません。だからこそ，そのような「ナイスではない人」の存在を前提に，そういう人とどのように対応していくか，というのも法務が学ぶべき事柄です。

　なお，この問題は，全ての法務パーソンが適切に対応できなければいけません。つまり，「ご指名」の依頼が可能な会社では，このような「ナイスではない人」の対応が下手な法務パーソンがいると，いわば法務担当者ショッピングにより「ナイスではない人」がその人に集中して依頼し，特定の担当者が「セキュリティーホール」になりかねません。ただし，法務において，「ご指名」を禁止し，全て上司が一度受け付け，それを上司の裁量で配点する，という方法であれば，そのリスクは少ないかもしれません（→Q61）。

　ビジネスの「ナイスではない人」は，法務の説明を歪曲したり，場合によっては無から有を作り出します。例えば，口頭で一般論を聞かれてYESと言ったところ，取締役会承認が必要な案件について「法務承認済み」として稟議が上がり，弁護士資格を持つ社外取締役から「いくら何でもおかしいので，再度法務で確認するように」と言われて戻ってきたとしましょう。こういう場合に，ビジネスは「あなた」の承認をもって法務承認済みだ，と主張するわけです。法務部長はあなたを呼び出し，「何でこんな案件の承認をしたんだ！」と叱るかもしれません。この場合に，あなたを守ってくれるのは「証拠」だけです。もし議事メモを示して「その件については，一般論を聞かれて一般論を答えただけです」と説明できれば，部長はそれをもとにビジネスに抗議をしてくれるかもしれません。しかし，証拠がない場合，（部長の人柄にもよりますが）あなたは困った立場におかれます（なお，そもそも一般論でアドバイスをしてよいのかについてはQ116もご参照ください）。

　だからこそ，証拠づくりのため，法律相談後に，議事メモをメールかビジネスチャットで送ることをルーティンとすべきです（→Q94）。議事メモは，ワードでも，メール本文でも構いません。「先ほどはありがとうございました。口頭でも契約は成立しますが，重要な合意内容について書面がないと後で合意内容について「言った」・「言わない」の水掛け論になるかもしれないので，契約書の形で合意内容を書面にしてください。具体的な

案件があれば，遠慮なく法務にご相談ください。」と書けば十分に「証拠」になります（その際に上司をCCに落とすことは考えられます。これにより自分が仕事をしていることを上司にアピールすることができ，また，自分の判断が間違っている場合に，上司から早期に是正をするという作用も期待できます）。

　もう1つ重要なのは，リスク説明（→Q37）の証拠化です。すなわち，全社リスク管理の観点から，一定のリスクはあるが，ビジネスの取るリスクの範囲だ，と判断することはあるでしょう。つまり，違法ではなく，レピュテーション上の重大な問題もない場合，ビジネスとして，そのリスク以上のメリットが得られるなら，それはこの取引についてビジネスが取るリスクであり，そのリスクをビジネスが取るというなら，ビジネスを進めても構わないという判断はあり得ます。ただそれはあくまでも，ビジネスが法務からのリスク説明を受け，ビジネスがそのようなリスクテイクの判断を行ったことが前提となります。例えば，ビジネスの担当者が法務から聞いたリスク説明を上司に伝えず，その結果としてビジネスとしてそのリスクを理解していないままプロジェクトを進め，その結果リスクが顕在化した場合，ビジネスは「法務は何をやっているのだ」と言うでしょう。その際も，リスク説明の証拠が自分を守ってくれます。ただし，その説明は抽象的な法律用語満載のビジネスが理解できないものでは自分の身を守る効果も不十分になるので，ビジネスとの共通言語で説明すべきでしょう。

　なお，また，このような悪意があるパターンだけではなく，善意のビジネスであっても，法務のアドバイスは，「もしも事実関係がXXならば」等といった前提部分や「このリスクが存在する取引であることに伴い，運用の際には，この点に留意して進めてください」といった運用上の留意点を伝えることがあるところ，このような点は法的素養がないと理解しにくいと言えます。そうすると，口頭で話をして自分として理解してもらったつもりでも，相手が理解していないこともあります。だからこそ，きちんとその前提が何かを明示する，ということが重要です。ビジネスに対する留意点の説明においては，結論→前提→検討のように結論を先出しして，法務が何を前提にその結論に達したかも明確に分節して説明することが望ましいでしょう。

キーワード　【困った人】【一般論】【知ったかぶり】

Q 116

ビジネスの「ナイスでない人」はどのような対応をしますか？

A ••

　　「法務承認済み」の言質を取るため，一般論を聞く，情報の歪曲，過去と同じという，権威を使う，急がせる等の手練手管を尽くします。

解　説

1　ナイスではない人の手口を知る

　ビジネスの「ナイスではない人」は，様々な方法で法務の言質を取ろうとします。いざ「ナイスではない人」に出会った場合に適切に対応できるよう，先にその方法を知っておきましょう。

2　一般論

　まず，一般論を聞きます。「一般論として，合同会社は契約を締結できますか？」と聞いて「そりゃあ合同会社も法人だからね，契約締結主体になれるよ」と説明したら，怪しい合同会社と怪しい契約を結ぶことについて「法務確認済み」とされてしまうかもしれません。ビジネスは法律に興味がありません。一般論を聞くのは，その裏に具体的な案件があるからです。会社によっては一般論は回答しない，個別・具体論のみを回答するというポリシーを取っているところもあるようです（そこで，一般論を聞かれても，その背景にある具体論を教えてください，一般論を聞く質問には答えるなと上司に言われている，と回答することになります）。

3　情報の歪曲

　次に，情報を歪曲し，時には悪意で重要な情報を隠蔽します。例えば，「ライセンスを持っている業者さん」と取引するということで，業法はクリアしているか，と思ったものの，念のためその会社のHPの会社概要を見たらその業者は「全く別の業界のライセンス」しか持っていなかった，といったことはあり得ます。普通の法務であれば，その文脈でライセンスを持っていると言われれば，当該ビジネスに関するライセンスのことだと考えてしまうでしょう。そこで，これは「そこでいうライセンスが当該ビジネスに関するものではなく別の業界のものであること」という重要な情報を悪意で隠蔽した事案と評することもできるでしょう。

　ここでは，「知ったかぶり」をしないこと（→Q54）が効いてくるでしょう。ここでいう「ライセンス」とは何か，という言葉へのこだわりを持つことで，「ライセンス」というのが何を意味しているのか確認しようという意識が働きます。

4　「同じ」という説明

　更に「過去と同じ」と言います。しかし過去の案件と全く同じ案件は存在しません。

契約当事者が同じであっても，その企業の業績が異なることもあり，自社側の状況も異なるかもしれません。対象製品・役務に関する市場の状況も異なるかもしれません。

他の事案で何か学習して，従前とは異なる処理をする必要があるという認識があるかもしれません。昔の法制度なら適法だが，今は違法になっているかもしれません。ビジネス側の担当者の能力も均一ではありません。ビジネススキームの「ささい」な相違が実質的に結論を左右することもあります（なお，法務として経験を積むことでより適切な意見を言えるようになる（進化している）ところ，同じ案件でも，違う結論ということもあり得ます）。「同じ」となぜ判断できるのか，そういう判断をできる能力がビジネス側にあるとなぜ言えるのか，という観点から，きちんと突っ込んでいくべきです。

5　権威

加えて，「部長の肝入り」「社長案件」等といった「権威」を使うこともあるでしょう。権威に目が眩み，審理の手を緩めれば，むしろ全社リスク管理の面で問題を生じさせてしまいます。そうした権威の「重み」が分からないので，上司先輩に確認させてください，という対応（ある意味では「時間稼ぎ」）が無難でしょう。「権威」がある案件だからこそ，自分一人では判断してはいけないと言われている，という形で逆手に取るのも一案かもしれません。

6　即決即断を求める

最後に，「急ぎ」「今日中」「ここで決めて欲しい」等と，即決即断を求めるということもあります。これには，「上司からは私限りで決めてはいけないと言われている」等と上司を悪者にして，「上司とすぐ確認させてもらう」と言って逃げ出すしかありません（上級者になると「今決めろと言ったらリスクを合理的に評価できないのでNOですが，まさに少しお時間をいただきリスクを合理的に評価してYESといえないか検討したい，ということです」等という返しもあり得ますが，これは「上級編」でしょう）。

キーワード 【困った人】【丸投げ】【オーナーシップ】

Q 117

ほかにビジネスの「ナイスでない人」の対応として留意すべきことはありますか？

A ･･･

ビジネスとして果たすべきオーナーシップを果たさない，法務への「丸投げ」があります。

　ビジネス案件であれば，本来はビジネスこそがこれを前に進める責任を負い，法務はそのサポートをするはずです。ところが，ビジネスとして果たすべきオーナーシップを果たさず，法務に丸投げをする人もいます。

　例えば，契約レビューであれば，法務はリスク軽減のためにどのような条文案があり得るか等を検討します。そして，ビジネスこそがその法務の対応を踏まえて「意思決定」を行い，相手と交渉すべきです。

　ところが，一部のビジネスの（ナイスではない）人は，「法律の難しいことはよく分からないから，相手に送るべき契約ドラフトを法務で作っておいて」等と要求します。場合によっては，法務の方で相手と交渉をしてそれを実現するよう求めることもあります。

　これはいわば「丸投げ」であって，本来ビジネスが取るべきリスクを法務に取らせようとする，問題がある行為です。法務として考えがあっても，その案件のリスクを第一義的に引き受けるのがビジネスである以上，ビジネスとしてリスクテイクをする必要があります。要するに（主に法律の観点から）そのリスクの高低や取り得る選択肢を提示するところまでが法務の職責であり，ビジネスの行うべき意思決定まで肩代わりすることはできません（また，「肩代わり」をすることで，法務として本来なすべき業務にリソースが割けなくなるなどの弊害もあります）。

　本来自分事になるべきビジネスが，「自分事」になっていないことそれ自体がリスク要因を孕んでいるものと考えるべきです。もし，それを「他人事」だと思って「流して」しまうと，気付くべきリスクを見落として，必要な手当も適時にできないことも想定されます。だからこそ，法務としてビジネスの支援やお膳立て（→Q75）まではしても，それを超えた肩代わりを求めてきた場合，法務としてはそれを受け入れるべきではありません。そうすることは，ビジネス側がリスクを取る能力を養う機会を失うことにもつながりかねないことも理解しておくべきです。

キーワード　【困った人】【健全な猜疑心】

Q 118

　「ナイスではない人」の存在を前提に法務パーソンはどうすればよいのですか？

A ‥‥‥‥‥‥‥‥‥‥‥‥‥‥‥‥‥‥‥‥‥‥‥‥‥‥‥‥‥‥‥‥‥‥‥‥

　健全な懐疑心を持って対応しましょう。

解　説

　このようなビジネスの「ナイスではない人」に対する基本的な対応は，健全な「懐疑心」を持つことです。ビジネスが「事実関係はこうだ」と言った場合，それを前提（与件）にしてはいけません。「中の人」である我々は，その説明に対し，懐疑心を持って検討すべきです。

　Q116の例で，「ライセンスを持っている業者さん」と言われた場合，外部にいる顧問弁護士の意見書であれば，前提事実の項目にその旨を記載してよってライセンスの要否は検討しない，とすれば終わりでしょう。しかし，その前提が誤っていれば，法務パーソンがその構成員となる「会社」に損害を与えることになりかねません。だからこそビジネス熟知（→Q45）を生かして，前提についてもきちんと懐疑心を働かせるべきです。

　なお，このような「悪意」まではなくても，質問してくる人間の問題意識と質問の間に相違があるかもしれない以上，まずは，質問の背後にある問題意識をきっちり把握して，あなたの問題意識に照らせば，質問としてあるべき問いはこれこれで，かつ，それに対する答えはこうである，と答えるべきと指導する人もいるところです。

　ただし，法務パーソンにとって健全な懐疑心は必要とはいえ，「会社の一員（仲間・同志）」であるという意識を完全に捨てた，「猜疑心の塊」になってしまえば，信頼関係は形成できず，情報も入らないということになりかねず，そうなってしまうと，社内で法務としての機能を果たす上での障害となりかねません。あくまでも，事業部門との信頼関係を前提に「健全な」懐疑心を持って対応する，という程度問題であって，その「塩梅」が鍵となります。

キーワード 【空気】

Q 119
法務は空気を読めばよいのですか，読まない方がよいのですか？

A ....
　空気を読み取った上で，「空気を読まない」勇気を持つことが大事です。

解　説

　Q118のような話は「空気」の話として整理することもできるでしょう。確かに，法務としてまずは空気を読み取るべきです。例えば，ビジネスが明らかにダメな案件を「部長に指示された」と言って持ってきた場合，「部長案件だから何とか頑張ってOKと言ってくれ」という場合だけでは

なく，「無理なのは分かっているが，部長を説得できなかったので，『法務に聞いたがダメでした』と言いたい」という場合もあるでしょう。そこで，まずはこのどちらなのかを把握できる「空気を読み取る」能力は必要です。

しかし，そこから常に「空気を読んだ言動」をするのでは，法務の役割である全社的リスク管理を適切に行うことができません。空気を読み取っても，法務としての役割を果たすために，あえて空気を読まずに，例えば「部長案件でも，法務リスクがあるかどうかきちんと検討する必要があるので，詳しい事実関係を教えてください」ということも必要です。場合によっては，「空気を読まないことを恐れないこと」こそが重要です。

キーワード 【上司】【困った人】【報連相】

Q 120

「ナイスではない人」に自分一人で対応するのは不安です。どうすればよいでしょうか？

A ・・

法務の上司を巻き込んで，ナイスではない人と対応しましょう。

解 説

Q83で，「変な人の撃退」に上司が使えると説明したとおり，ナイスではない人の対応においては，法務の上司を巻き込むべきです。

法務の上司を巻き込む上では，法務内できちんと報告・連絡・相談をして，上司に「悪いのはナイスではない人だ」と分かってもらうことが必要です。むしろビジネスが，「とんでもない新人がいる」等と，法務部長にクレームを入れるシチュエーションさえ想定できます。だからこそ，法務内での報連相を通じて，上司に自分の正当性を事前に説明しておくべきであり，そうすれば，（普通の）上司はあなたを守ってくれるはずです。

なお，ビジネスを前に進める前提でリスク説明（→Q37）をする場合，「リスクはあるが，このように説明してビジネスに納得をしてもらってリスクを取ってもらう」という方針につき上司の承認を取りましょう。これで万が一の事態が生じても，自分個人の責任ではなくなります。

キーワード 【困った人】【人を見て法を説く】

Q 121

「ナイスではない人」がいることを前提にどう対応すべきですか？

A ・・

「人を見て法を説く」，つまり，信頼度に応じて踏み込みの度合いを変

えることが必要となります。

解 説

　このように，ビジネスには，ナイスではない人がいる以上，人によって「踏み込み」の度合いは変えざるを得ません。確かに「この人（チーム）ならリスクを最小化しながら対応してくれそう」という人もいます。法務の説明をきちんと理解して，前提を正確に把握し，リスク説明をビジネスの上の方に伝えてリスクテイクし，万が一そのリスクが発現してもビジネスの責任として進めてくれるような担当者であれば，できるだけビジネスが前に進めるよう踏み込んだ対応をすべきです（その場合のメール等はむしろ「正確に理解していることの確認」の意味が大きく，「証拠」としての意味は薄いと言えます）。これに対し，「この人は『法務確認済み』と稟議に書きたいだけで，通ったら留保条件とか全て忘れるだろう」という人もいます。Q116やQ117等で例示したナイスでない人に対しては，「警戒モード」で臨まざるを得ません。その結果として，法務見解のニュアンスは変わり得ますが，それも合理的なリスクコントロールのためには，やむを得ないでしょう。ただし，いくつか留意点があります。

　まず，「この人なら」に依存し過ぎると「この人」が異動・退職などしたときにその情報が伝わってこない，その情報に気付かないこともあり得るわけで，困ったことになりかねません。その意味では，人に過度に依存して「ニュアンス」以上のものを変えてはいけないでしょう。

　次に，厄介な人が（早急に法務承認を取ろうと）一見ナイスなふりをしているだけ，という可能性もあります。特定個人の行動には一定の傾向があるので，この人大丈夫かと不安になったら部内で確認すると「前科」が発覚することもあろうかと思います。管理部門との付き合い方の上手下手は共通するところがあるように思うので，法務内で情報がないときは経理や総務に相談してみるのも一案かもしれません。

　次に，「証拠」を残す方法を励行していれば過去の法務見解が残るため，「前回は（担当者が良い人だったことから）OKと言ってくれたのに」といったクレームが来ることはあります。その場合には「事案が違えば回答は違う」「法務も日々学習し進歩している」「会社の状況も日々刻々変わる」等という「適切な説明」が必要です。

キーワード 【困った人】【人を見て法を説く】

Q 122

「人を見て法を説く」際はどうすればよいですか？

A •••

　　DoesとDon'tsをはっきりさせる，相手の理解度（どこまで分かっている
か），相手の状況（何ができそうか，何をしそうか）を見極める，可能であれ
ば相手ができることの範囲を削る等が考えられます。

解　説

　　まず，DoesとDon'tsをはっきりさせ，Don'tsについては理由付けをはっ
きりさせましょう。一定の様式に則った行動が求められるところについて
は，安易に相手は信用せず，きちんと指示をするしかありません。また，
法令違反や，代表訴訟につながるようなケースについては，はっきりと，
何をしてはいけないかを伝えるべきです。ただし，いくら説明しても誤解
を招くリスクはゼロにはできませんし，法務の言ったことが変に一人歩き
する危険性は残ります。

　　そこで，相手の理解度（どこまで分かっているか）や相手の状況（何ができ
そうか，何をしそうか）を見極めるべきです。特定の担当者が繰り返し問題
案件を持ってくるという場合と，そうでない場合の双方の場合があります。
担当している得意先の問題や，本人の法務（というよりも管理部門）の利用
能力が影響しているのかもしれませんが，もし相手によって，一定の傾向
が見られるのであれば，それを意識しておいた方がよいのかもしれません。
例えば，その人との口頭での法律相談の後で，相談メモをその人だけでは
なくその上司にも送って，メール本文で明確にDon'tsを説明するといった
方法もあり得ます。

　　可能であれば，そもそも相手ができることの範囲そのものを削っておく
というのが，ある意味で一番安全です。例えば，知財案件で，出願前に対
外発表したいという依頼があった場合に，高速で出願し，対外発表前に終
わらせるといった方法です。ただし，そのような対応ばかりしていると，
相手の法務利用能力はいつまでも向上しないかもしれません。

キーワード　【困った人】【契約業務】

Q 123 ══════════════════════════════════════

　　ビジネスから契約書を短く，例えば１頁でお願いしたいと言われまし
た。どうすればよいでしょうか？

A •••

　　その人は契約に対する理解が乏しいと思われますが，まずはなぜ一定
の長さの契約が必要か，説明に努めましょう。その上で，形式上「一
枚」にすることも考えられます。

解 説

相手方当事者との付き合いが長ければ，ある程度条件を端折ることも考えられるかもしれませんが，特に「一見」さんであれば，法務の立場からすればどうしても保守的にならざるを得ないため，全社的リスク管理（→Q37）の観点から，一定の分量の契約条項が必要です。

一方で，そのような依頼をするビジネスの気持ちとしては，あまり仰々しい契約書を持って行くと，相手が嫌がって仕事を取れないかもしれない，と考えているのかもしれません。ノルマの厳しさ，営業成績のボーナスや人事考課への影響等によっては，とりあえず仕事を取るのが大事なのかもしれません。認められないものは認めないとしても，一定程度そのような感情に配慮すべきことも事実です。

まず，なぜ短い契約ではいけないのか，契約の重要性について説明をし，法務に対する理解を深めてもらうということが考えられます。ただ，それが難しい場合，形式上は「一枚」にする方法を考えることもあり得るでしょう。裏面約款的に両面ぎっしりに文字を埋めて，無理やり一枚にする方法や，「詳細条件は弊社条件書に基づくものとします」という1枚ものの文書を作成した上で，別途条件書をつける等という方法が考えられます。

キーワード 【ガーディアン】【タイミング】

Q 124
ビジネスを止めるべき時はどの場合ですか？

A ・・
全社的リスク管理の観点から，「許容できないリスク」が存在し，ビジネスの内容の変更での対応が難しい場合です。

解 説

法務に長くいると，必ずどこかでビジネスを「止める」べき時が巡ってきます。通常は，「完全に止める」べき場合は少なく，いわゆる「Yes, but」（→Q57）としてビジネスを前に進める前提で手直しを考えれば足りることが多いといえます。ただし，「その時」が来れば，毅然とNOと言って止めなければなりません。ここでいう「止める」べき時とは，基本的には，全社的リスク管理（→Q37）の観点から，「許容できないリスク」が存在し，ビジネスの内容の変更での対応が難しいという場合です。

ここで，タイミングの問題を指摘しておきたいと思います。つまり，止めるなら早ければ早い方がよいのです。既にキーパーソンが実質的意思決定をした後だと，その後形式的に取締役会等が残っていても，「儀式」的

なものになりかねません。その儀式の際「法務承認済み」という説明をするためだけに呼ばれる法務にできることは少なく，「流れを変えるな」という圧力にさらされます。だからこそ，できればキーパーソンへの相談前に法務に相談してもらうとか，できるだけ多くのキーパーソンに「法務に事前に相談したか？」と，決定前に法務に相談するよう言ってもらえるような信頼関係を構築していく必要があります。

　このような信頼関係の醸成は，本来は法務全体として努めるべきことで，本当は法務トップのマネジメントの問題ではあるものの，より良い業務を行う上では法務パーソンとしても留意しておきたいところです。その意味では，自分だけで抱え込まず，できるだけ早く，第一報で上司（管理職レベル）まで先に情報共有をして，都度updateしていくことが重要です（→Q87）。

キーワード 【ガーディアン】【寄り添う】

Ⓠ **125**
NOという場合にどのような工夫をしますか？

Ⓐ ••
　ビジネスの気持ちに寄り添い，また，法務としてできる限り頑張っていることをアピールしましょう。

解 説

1　できるだけビジネスの気持ちに「寄り添う」

　最終的に止めるにしても最初から「ダメ」という態度を取れば，ビジネスから反発されます。ビジネスが法務に「やりたい」として相談する以上，ビジネスなりに進めたい理由があります。それを頭ごなしに否定するのは，同じ会社の「仲間」の取る態度ではありません。やはり，ビジネスの気持ちに寄り添い，できるだけビジネスの気持ちを尊重する態度を取るべきです。「このプロジェクトを進めたい，ということですね。お気持ちはよく分かります」等，「仲間」としての共感を示しましょう（→Q76）。

2　法務として限界まで頑張った，と思ってもらってこそ説得力が出る

　これは，完全に「止める」場合だけではなく，ビジネスモデルの修正等でも同様ですが，そもそも法務として雑に案件を扱い，法務が検討を免れ，いわば「楽」するためにプロジェクト中止を求めている等と思われれば，ビジネスは猛反発するでしょう。だからこそ，ビジネスには，法務として限界まで頑張った，と思ってもらうべきです。そのように頑張って検討する姿を見せることで，NOという説明に説得力が出ます。

3 第三者を悪者にする（→Q3）

場合によっては，第三者を「悪者」にすることも必要です。以下のようなものが考えられます。

- 監査（監査法人・内部監査・監査役等）における指摘事項
- 顧問弁護士に禁止された
- 行政・業界団体からのガイドライン・指導等がある

要するに，法務とビジネスがタッグを組んでビジネスを進めようと頑張っているものの，第三者の妨害にあって悔しい，と説明するのです。顧問弁護士との関係では，親しい顧問弁護士にあえて「悪役」を演じてもらう方法もあります。「法務はビジネスの要望を通そうと必死で努力したが，冷徹な弁護士に法律上できないと言われてしまったのでできない。大変残念だ。」というシナリオに沿って演じてもらうわけです。

4 「ロジックを組むためのピースが足りない」論

同様にビジネスに寄り添う方法として，「ロジックを組むためのピースが足りない」という議論があります。つまり，まずは，「寄り添いたいので，最大限有利なロジックを組むため尽力します！」と宣言しましょう。その上で，当該ロジックに必要な「ピース」として，Aという事実関係やBという事実関係があれば有利に組めるのだが，そういう事実関係はありますかと聞く方法です。「ロジックを組むためのピースが足りない」論というのは要するに，結論としてダメという場合にプロセスとして法務は最大限有利な判断ができるよう頑張っているところ，求めている事実関係があるならOKといえるんだけどどうですか，という努力する姿をビジネスに見せるということです。とはいえ，やり過ぎると，ビジネスに「どうせポーズでしょ？」と思われると，信頼を失う危険があるので注意が必要です。

キーワード 【ガーディアン】【寄り添う】

Q 126

——法務パーソンがビジネスを止めるのは気が重いです。どうすればよいですか？

A ・・・

法務パーソンが個人で止めるのではなく，法務全体で止めるのです。

解 説

Q124及びQ125ではビジネスを止める方法について論じてきましたが，重要なのは，「法務が止める」のであって一介の法務パーソンが止めるの

ではないということです。もちろん，若手法務パーソンでも，相談を受けるうちに「絶対におかしい」と考え，「この案件は絶対に止めないといけない」と考える場合はあり得るでしょう。しかし，うまくビジネスとコミュニケーションできなければ，「この人はビジネスを止めたい人だ」等と，法務が悪者にされたり，「なんとしてでも通せ」等と脅される等リスクは大きいと言えます。

　だからこそ，例えば若手法務パーソンが一人で入ったミーティングでも，「はい，ご趣旨は了解しました。その方向で対応できないか，上司（→Q82）と相談して追ってご連絡いたします。」といった形で「感じ良く」，かつ「寄り添った」対応をしながらも，なお，「追って部門としての判断でNGを言う可能性がある」という「逃げ道」を残すコミュニケーションをすべきです。

　　キーワード　【ガーディアン】【信頼関係】
Ｑ 127
ビジネスを止める際にどうすれば納得を得られますか？

Ａ　‥‥‥‥‥‥‥‥‥‥‥‥‥‥‥‥‥‥‥‥‥‥‥‥‥‥‥‥‥‥‥‥‥
　継続的関係に基づく信頼関係が「止める」判断が受け入れられることにつながります。

解　説

　一回的関係の中で，ビジネスが何か相談をしたところ，法務が「止めるべき」と判断し，ビジネスがそれを受け入れる，ということはなかなか実現しにくいと思われます。なぜ法務の，「ビジネスを止めるべき」という判断が受け入れられるのでしょうか。実務上は，それまでビジネスを「進めた」実績を通じて得られた信用ないしは信頼関係があるからでしょう。Q61で繰り返しゲームや継続的関係について述べましたが，「ビジネスを止める」という局面でもこのような関係が重要です。

　上品な表現ではないものの，ビジネスを進める支援をして，いわば「貸し」を作ることで，その「貸し」を返してもらうことが可能になるといってもよいでしょう。もちろん，その場合はそれが「貸し」であることをビジネスに認識してもらうことが前提として必要でしょう。

　　キーワード　【ガーディアン】【寄り添い】【上司を悪者にする】
Ｑ 128
違法行為が発覚した際，ビジネスから「見逃してください」と懇願さ

れましたが，どうすればよいでしょうか？

A ••
　　絶対に即時に追認をしてはいけません！　法務全体で対応しましょう。

解　説

　似たような話は，Q124〜Q127の「案件を止める」という場合だけではなく，コンプライアンス違反の可能性がある状況でも発生します。法務がビジネスの問題ある対応を知った時，ビジネスは法務の「追認」を強く求めます。そのプレッシャーに負け，その場で「大丈夫」と言ってしまうと，大変なことになります。報告を受けた上司が「ダメ」と判断すれば，あなたはビジネスからの信頼を失うことになるでしょう。もちろん上司に報告しないのももっとダメです。

　ただし，逆に，頭ごなしに「ダメ」というのも考えものです。「あなた方は違法行為をやった大変な問題ある人たちだ！　厳罰を課すから首を洗って待て！」という立ち回り方をしてしまうと，その人たちはもう二度と自分に「悪い情報」を入れてくれなくなります。もちろん懲戒解雇になるような話なら別ですが，普通はそこまでの違法行為ではないことが多いでしょう。だからこそ，「上司を悪者にする」のがセオリーです。

　例えば，若手法務パーソンだけが入った法律相談で違法の可能性が高い事実関係が発覚した場合，「既に実施してしまった以上，それを動かしたくない，というお気持ち自体はよく理解できるものの，法務も組織として対応しているので，私限りで判断できない。上司に相談しないといけない」として気持ち上は最大限寄り添った上で，上司に相談するのが鉄則です。

　もちろん，明らかに問題がない場合において「問題がない」と答えてしまうこともあり得ます。ただ，微妙な話で，ギリギリセーフかな，と思っても，「良さそうだとは思うものの，法務で別途確認します」と，必ず法務全体で確認する必要がある，として「逃げ道」を残しておきましょう。

キーワード 【困った人】【証拠・記録化】

Q 129

ピンチをチャンスにする方法はありますか？

A ••
　　ピンチは，証拠があればチャンスになることがあります。

解　説

　普通に考えると，例えば，損害賠償の請求がされるとか，コンプライア

ンス違反を指摘される等の状況は，「ピンチ」です。特に，法務として，なすべき対応を行わず，例えばリスクを見逃してOKと言ってしまった案件であれば，「法務がピンチを招いた」ということになりかねません。

これに対し，きちんと法務としてリスクを指摘し，「損害賠償が請求されないよう，契約に沿ってXXという対応をしてください」「YYをするとコンプライアンス違反になるが，ZZであれば適法にできる」等とリスク説明（→Q37）をしていたのにもかかわらず，ビジネスがその言うことを聞かなかった等のため，ピンチを招いたのであれば，むしろ「だから，気をつけないといけないとあれほど言ったのに」と言えます。

もちろん，法務が悪くないから問題がないということではなく，法務が所属するところの会社のピンチである以上，損害賠償の額を減らす対応やコンプライアンス違反を是正する対応をしなければなりません。ただし，その是正策の策定の際には，どうすればビジネスが法務の指摘事項をきちんと実践し，今回のような事態を防ぐことができるのか，という観点は当然入ってくると思われるところ，そのような観点から導入される是正策は，法務機能の強化にもつながります。これはある意味ではチャンスと評することさえできます。

とはいえ，これは，きちんと証拠が残っていて，法務が説明・指摘をしたにもかかわらず，ビジネスが遵守しなかったと言える場合に限られます。もしも証拠がなければ「法務が適切な対応をしなかった」という話になりかねません。そこで，あくまでも「証拠を残すこと」がピンチが（場合によっては）チャンスになることの大前提です。

第3編 キャリア編

第1編では法律事務所所属の若手弁護士が悩むことが多い顧客との関係について，そして第2編では，インハウスを含む（資格の有無を問わない）若手法務パーソンが悩むことが多いビジネス，法務の上司・同僚・後輩，そして顧問事務所との関係について説明してきました。最後に，第3編はキャリア編として，法律事務所所属の弁護士としてのキャリアと，インハウスとしてのキャリアを説明していきたいと思います。このうち，1章と2章は若手弁護士である読者を念頭においていますが，3章（及び4章）は若手弁護士はもちろん，（資格の有無を問わない）法務パーソンにとっても有益だと考えています。

3-1 顧問弁護士としてのキャリア

キーワード 【運】【チャンスの女神の前髪をつかむ】【納得感】

Q 130

キャリアは「運」がすべてでしょうか？

A ・・

確かにそのような側面もあり，当初立てた計画に固執することは得策ではないものの，考える意味はあると思われます。

解 説

1 「運」等の外的環境に左右される部分があること

例えば，筆者のうちdtkは，新入社員として日系大手企業に入社し，当初は事業部門を4，5年ほど経験した後，法務に配属されました。法学部出身ではありますが，政治コースということもあり，法務に配属されるまで，法律家としてのキャリアを強く希望したわけではなく，むしろ，そのような法務配属，そして社費LLM留学でNY州弁護士の資格を得ることになるといった経緯から，法務キャリアが徐々に形成され，その後日本の資格取得に至りました。

これは1つの例ですが，キャリアに「運」等の外的環境に左右される部分があることは間違いありません。例えば，弁護士として40年間（30歳〜70歳まで）を生きる場合，30歳の時点で決めたキャリアが40年後の外的環境下において合理性を持っているかは不明であり，むしろそのような当初の計画に固執し過ぎることは不合理であるように思われます。

2 それでもキャリアについて考える意味はあること

それでは，自分ではどうしようもない側面があるから，キャリアについて考えることが無意味なのでしょうか。この点については，筆者はなおキャリアについて考える意味はあると考えます。

まずは，自分を見つめ，どのような人生を歩みたいか，それを実現する上で，職業生活上はどのようなキャリアを歩みたいか，ということを折に触れて考えて，ライフステージ（典型的には結婚，出産等）に応じて，その内容を更新していくことは，自分が何を希望するのかをよりよく理解することにつながり，それが，キャリアにおける「機会」を逃さない（チャンスの女神の前髪をつかむ）ことや，結果的に「納得感」が高いキャリアにつながるという側面は指摘できるでしょう。

また，自分のこれまでの歩みを折に触れて振り返ることで，自分の人生の意義を見つめ直すことができ，例えば，「こういう面白い経験をしたから共有してみよう」と，研究会やブログ等で共有すると，それをきっかけに執筆につなげる等，次の発展につなげることができるかもしれません。

更に，外部の市場の状況等の外的環境やあり得るキャリアの選択肢の情報を入手し，最新情報へと更新し続けることで，「もしもっと若いうちにこんな可能性があると知っていたら……。」というような後悔を減らすことができる可能性があります。例えば，30代まで転職を何回か行い，（法律事務所のイソ・アソクラスや法務におけるスタッフレベルの転職が相当活発であることから）良い経験やより良い待遇を得ることができ，「その職場が快適であればそこに居続ければ良く，問題があれば転職すればよい」といった考えを持っていても，40代になって突然壁にぶつかるかもしれません。もし，自分の顧客も専門性もない（法律事務所への転職の場合），又は，マネジメント経験を持っていない（企業法務部門への転職の場合）とすると，30代までならともかく，40代であれば転職の難易度が跳ね上がります。「40代のスムーズな転職のために何が必要か」と言った情報を知っていれば，早いうちから準備を開始することで，より自分として納得できるキャリアを過ごすことができる可能性があるのです。

キーワード 【一般民事】【街弁】

Q 131
街弁としてのキャリアは概ねどのようなものでしょうか？

A
昔は数年修行して独立が中心でしたが，パートナー昇格や，大規模事

務所に長期勤務する，そして街弁以外への転身等，選択肢は増えています。

解　説

　昔は新人イソ弁としてある事務所に入り，地方なら3年程度（東京ではもう少し長い期間）「修行」を積んだ後で独立し，その事務所にはまた別のイソ弁が入るということを繰り返す傾向にありましたが，今は優秀な人にはパートナーとして残って欲しいとして，パートナー昇格を認める事務所も増えています。

　また，大規模法律事務所は，そのような昔であれば独立するような年次の弁護士も採用し，少なくとも現時点では長期勤務への歓迎姿勢を示しており，キャリアの選択肢となっています。

　更に，インハウスへの転職（→Q160以降）等，キャリアの選択の幅は広がっています。

キーワード　【パートナー】【大パートナー】【企業法務弁護士】【依頼者は誰か】

Q 132
企業法務弁護士としてのキャリアは概ねどのようなものでしょうか？

A　‥‥‥‥‥‥‥‥‥‥‥‥‥‥‥‥‥‥‥‥‥‥‥‥‥‥‥‥‥
　大パートナーから仕事をもらう型か，自分で仕事を獲得する型かにより，誰を「顧客」にするかが変わり，それに応じてキャリアも変わります。

解　説

1　はじめに

　事務所によっても異なりますが，誰を「顧客」にするかという観点で，若手の企業法務の弁護士を分類すると，大きくは，大パートナーから仕事をもらう型か，自分で仕事を獲得する型かに分かれます。なお，これはもちろん「理念系」であり，多くは大パートナーから仕事をもらうが，2割くらいは自分の仕事をするとか，ほとんど自分の仕事をするが，2割くらいは大パートナーの仕事もするといった様々なバリエーションがあります。

2　大パートナーから仕事をもらう型

　大規模事務所等で比較的ポピュラーなのが大パートナーから仕事をもらう型です。新規で上場企業等の優良顧客を取りに行くことが難しく，反対に既に優良顧客をたくさん抱える大パートナーには，「自分の仕事を手伝ってくれるなら，パートナーに昇進させてあげたい」というインセン

ティブがあることから，そのような，大パートナーの仕事を手伝う優秀な
若手弁護士をパートナー昇格させる型です。

　この場合，もちろん現在の依頼者との信頼関係を深めること（→Q34）
は必要ですが，少なくとも新規依頼者獲得のための努力は求められていま
せん。むしろ，真の意味での顧客たる大パートナーに気に入られ「引き続
き自分（大パートナー）の仕事をやって欲しい」と考えてもらうことが必要
となります。そこで所内営業をして，「あなたをチームに入れて一緒に発
展したい」と考えてもらえることが重要となります。

3　自分で仕事を獲得する型

　これに対し，自分で仕事を獲得する場合もあります。パートナーとなる
以上「一国一城の主」であり，まずは自分の食い扶持は自分で稼ぎ，事務
所に経費を入れる，そのような前提で多少は他のパートナーの仕事もする
という型です。

　この場合には，いかに「自分の依頼者」を獲得するかにかかっています。
基本的には，マーケティング（→Q136）やブランディング（→Q137）を意
識してアソシエイト時代から個人事件を頑張ることになるでしょう。

キーワード　【事務所選び】【心理的安全性】【報酬】【評価】

Q 133
どういう事務所が「良い事務所」でしょうか？

A
　ボス・パートナーのイソ・アソに対する態度がよく，今後のキャリア
に役に立つ事務所でしょう。

解説

1　はじめに

　もちろん，若手弁護士にも「親の事務所を継ぐことになっており，それ
までの修行先を探している」「とにかく年収1000万以上が絶対条件」等，
それぞれの事情があると思われます。以下ではそのような個別の事情を捨
象した一般論をご説明します。

2　良いボス・パートナー

　何を持って「良い」ボス・パートナーというかは人によって違うでしょ
うが，ボス・パートナーのイソ・アソに対する態度のよさは，心理的安全
性を確保して毎日安心して仕事ができる，という意味で重要です。ボス・
パートナーと会うのが辛いなら，毎日がストレスフルで，そこでは長続き
しないでしょう。

ここで，クライアントにとって良い弁護士が，ボスとするに良い弁護士とは限らず，むしろ逆の可能性もあることには十分に留意が必要です。クライアントに好かれて，評判が良い弁護士が，そのクライアントの要求に応えるため，イソ・アソをこき使っている場面も想像できるところです。

3　キャリアについて

今後のキャリアに役に立つ事務所，つまり，「その事務所にいたこと」が，今後のキャリアの発展にとってプラスであること，という点もまた重要です。

例えば，３年後に独立するようにと言われる事務所が悪い事務所とは限りません。むしろ，３年間で独立できるだけの知識と経験を教え込んだ上で，場合によっては独立後にお客さんの紹介や共同受任の機会の提供等をしてくれる「良い事務所」かもしれません。これも今後のキャリアに役に立つ事務所の１つでしょう。

いずれにせよ，その事務所で何を学び，何を経験し，事務所や依頼者に取ってどのような役に立ち，それが自分の将来にどう役に立つのかをイメージできる事務所は良い事務所と言ってよいでしょう。

その事務所でパートナーになるキャリアが開かれているというのは，将来的なキャリアの可能性が１つ増えるということで肯定的な材料です。ただ，どの程度の割合の人がその事務所でパートナーとなっているのか，そのような「ジュニアパートナー」が本当に幸せか等は見ておくべきでしょう（例えば，ハラスメント気質のシニアパートナーの下のジュニアパートナーはアソシエイトをいじめることでストレスを発散しているかもしれません……）。

また，就職の段階で「唯一の絶対のバラ色の未来」というのはおよそあり得ません。例えば，独身で企業法務系の事務所に入り，結婚するまでは，バリバリ働いてキャリアアップしてパートナーになろうと思っていたが，結婚後にWLB（Q174）が充実するインハウスに転身する，といったキャリアチェンジ自体は頻繁に見られます。そのようなキャリアの変更の場合においても，なお，「その時のその事務所の経験が役に立つ」ような事務所なのであれば，いわば，柔軟性のあるキャリア形成を支援する事務所としてプラス評価をすることができるでしょう。

4　報酬の意味

最後に，報酬について付言します。例えば，報酬が400万円の事務所，600万円の事務所，そして1000万円の事務所があるとします。もちろん，「1000万円をくれるが，ボス・パートナーがパワハラだ」といった形で，上記２つの意味で問題がある場合，報酬額を基準に選ぶのではなく，上記

2つの点が「OK」な事務所を選んだ方がよいことが多いでしょう（冒頭で述べたとおり，「どういう環境でもとにかく年収1000万円」，といった個別のニーズを加味していない，一般論の限りでは，ということです）。

　これに対し，上記2点が一応OKな前提で，複数事務所から内定があり，それぞれ報酬額が異なるという場合，一般には「その事務所が提示する報酬は，その事務所のあなたに対する評価だ」と言えるでしょう。つまり，400万円の事務所はあなたを400万円払うに値する（逆に言えば，それ以上払うだけの価値がない）と評価し，1000万円の事務所はあなたを1000万円払うに値すると評価しているわけです。そのような観点で提示される報酬を評価し，事務所選びの一助にしましょう。

　もちろん，自分の実力と異なる高い評価をしてもらったため，居づらい，というシチュエーションも理論的にはあり得ます。しかし，例えば，新人に1000万円払う事務所は（非弁事務所等の例外的場合を除けば），最初は（報酬よりも新人が事務所にもたらす利益が小さいという意味で）「赤字」だが，数年の経験を積めば，顧客にその赤字分を含めて多くのチャージができるので，最終的には「黒字」になると考えているのでしょう（つまり，数年後には顧客にその時間をチャージできる程度のポテンシャルがあると評価されているということです）。そこで，入所時点においてはそれだけの価値が自分になくても，あまり気にせず，目の前の案件1つ1つを通じて学んでいく，という前提であれば，「自分の実力と異なる高い評価」だと恐れる必要はないと思われます。

キーワード 【新人】

Q 134

新人弁護士に求められることは何ですか？

Ⓐ 素直さ，コミュニケーション，及び，調査能力です。

解説

1 素直さ

　多くの場合，いくら優秀でも，新人弁護士は実務の「素人」と言わざるを得ません。だからこそ「入所後の伸び」が命です。その観点からすると，司法修習終了時点の実力の差は，いわば誤差の範囲に過ぎず，その後「伸びやすい」か否かが最も重要なのです。そして，「素直さ」つまり，ボスや兄弁・姉弁のアドバイスを素直に聞いて改善をする態度が「伸びやすさ」の観点から重要です（→Q84）。

2 コミュニケーション

基本的には，新人である以上，必然的に分からないことやミスは多数発生します。しかし，分からないことを分からないままにしたり，ミスを隠したら，それは弁護士として失格です。きちんとコミュニケーションを取りつつ，ミスを未然に防ぎ，ミスをした場合には，ボスや先輩に早期に伝えてリカバリーに協力してもらいましょう（→Q96）。

3 調査能力

事実や法律については，もちろんボスや先輩はよく分かっているのかもしれません。しかし，案件を一度共同受任したら，「自分がこの案件の事実と法律を一番よく知っている人になる」という気概で記録を読み込み，事実と法律をリサーチしましょう。このようなしっかりと事実面・法律面の調査をしてくれるイソ・アソは，新人時代から大きな価値をボス・先輩に与えますし，イソ・アソ自身にとっても勉強になります。

キーワード　【兄弁・姉弁】【丸投げ】【報連相】

Q 135

兄弁・姉弁になると何が求められますか？

A ....

後輩指導，顧客対応，案件を回すこと等が期待されます。

解説

1 後輩指導

まずは，後輩指導が求められます。後輩の作成したファーストドラフトのレビュー等です。この場合，後輩を人間として尊敬しながら接しましょう（→Q149）。むしろ，教えることを通じて自分が学ぶことを意識すべきです。

2 顧客対応

そして，多くの場合，ボス・パートナーは，依頼者との直接のコミュニケーションを徐々にイソ・アソに移譲していきます。もちろん，重要局面では会議にボスも入りますが，会議に入ってもイソ・アソが主に説明するよう促される等していきます。そこで，適切な顧客対応を行う必要があります（Q1～Q34参照）。

3 案件を「回す」

最終的には，（必要に応じてボス・パートナーと相談しながらも）主体的に案件を「回す」ことが期待されます。つまり，依頼者とコミュニケーションを取りながら作業（書面作成等）をし，相手方や裁判所とコミュニケーション

を取り事件を解決するというプロセスをイソ・アソが実質的に対応することが期待されます。もちろん，ある程度以上できるイソ・アソであれば信頼による「丸投げ」がされることもあります。この場合，イソ・アソとしては，自分として心配なこと等があればボス・パートナーとコミュニケーションをしましょう。「報連相」によって，一人の悩みではなく，事務所全体の悩みにしましょう（→Q82）。

4 顧客開拓

個人事件が許されている多くの事務所では，自分で顧客開拓をすることが期待されます。特に，将来的には食い扶持は自分で稼ぎ，事務所に経費を入れるべき場合（→Q132）には，安定収入を事務所からもらいながら，同時に個人事件を通じた顧客開拓を行い，現時点における収入アップと，将来に向けた顧客層・人脈獲得を狙いましょう。

なお，一部の一般民事事務所では，いまだに何年か後の独立を想定して採用することも見られます（→Q131）。その場合，そのような年次における独立ができるよう準備することが求められることもあります。

キーワード 【経営戦略】【マーケティング】

Q 136

弁護士の経営戦略とマーケティングとは何ですか？

A

法律事務所を経営していく上で競合に対し優位な立場を築き持続させること及び弁護士としてサービスの提供を受けてもらうための仕組み作りと考えるとよいでしょう。

解 説

経営戦略は競合に対し優位な立場を築き持続させることです（注：なお，これは経営戦略のうち事業戦略と呼ばれるものであるところ，全社戦略，つまりある会社が提供する多数の事業間の最適化に関する戦略も経営戦略としてカウントされていますが，法律事務所は法律サービス提供事業のみを行っていることが多いと思われますので，事業戦略が全社戦略と同じになります）。

マーケティングという言葉には様々な定義がありますが，商品やサービスを買ってもらえる仕組み等と言われることが多いといえます。弁護士に引き直すと，弁護士としてサービスの提供を受けてもらうための仕組み作りとなります。

いくら優秀な弁護士でも，その弁護士のサービスを受ける依頼者がいなければ，「宝の持ち腐れ」になります。そこで，特にパートナーとしては，

どうやって依頼者を獲得し，サービスの提供を受けてもらう（それに対して報酬を払ってもらう）か，そして多数の競合事務所が存在する中でどうやって自分の事務所の立場を競合に対して優位にするか等を考える必要があります。

　ここで，多くの場合，弁護士の業務は単発的か継続的かで二分されます（→Q25）。

- 単発的——スポット（プロジェクト型や訴訟に多いもので，当該案件について個別に見積りをして予算取りをして，サービスを提供して対価の支払を受けるもの。なお，例えば，訴訟でCAP（上限金額）1000万円のタイムチャージ等と合意した場合，一見，長期にわたり取引が継続するが，あくまでも案件受任時に予定されている範囲の支払が分割して行われているだけなのでスポットです）
- 継続的——顧問契約等（長期の契約を締結し，それに基づき各月の支払を受けるもの）

　弁護士にとってスポットの取引の良いところは，単価を上げやすいことです。ただ，次にまたスポットの取引が来るかの保証はありません。これに対し，弁護士にとって顧問契約等の継続的取引の良いところは，安定して（例えば顧問契約であれば契約書では1年を契約期間とするものの，自動更新で10年やそれ以上継続することもよく見られます）収入が得られ，事務所の経営の見通しが立ちやすいというところですが，その反面，単価が下がりやすいという問題もあります。

　このようなスポットと顧問契約等の関係については，それぞれの弁護士の戦略によるでしょうが，筆者らが見かけた範囲では，以下のような戦略の例が見られます。

- スポット（例えばM＆A）を中心に，「M＆Aならこの事務所・この先生」というブランディング（Q137）をしてできるだけ類似案件の継続的な依頼を確保する。
- スポット（例えば一般民事）を中心に，広告を行い，「この程度の広告費をかければ，この程度の売上になる」という経験則を元に，その時々のマンパワー（イソや事務員の数や繁忙）等を踏まえながら広告費を変動させて対応する。但し，広告一本だとアルゴリズムが変わることで，収入が激減する等のリスクがあります。
- 顧問契約を中心に，スポットでの「出会い」を単なる一期一会とせずに顧問契約に転換することで，安定した経営を目指す。

　どの戦略を採用するにせよ，まずは，認知して選択肢としてもらい，法律相談等で実際に話をして選んでもらう（受任）というのが重要です。だ

からこそ，認知度（及び単に「存在を認知する」ではなく，具体的な案件を処理する上での選択肢になる形での認知の可能性）を高める方法，及び，受任確率を高める方法を考えなければなりません。そのような観点からは，ブランディング（→Q137）を行うことが有用です。

キーワード　【ブランディング】

Q 137
弁護士のブランディングとは何ですか？

A
　ここでは，弁護士自身（又はその法律事務所）について，価格以外の選ばれるべき理由を認知させること，とお考えください。

解説

　ブランディングについてはイメージアップとか，差別化等と言われますが，ここでは，「価格」以外で選んでもらうための理由を認知させることとお考えいただくとよいでしょう。

　確かに，価格というのは企業において予算が限られる（Q21）以上，重要な選択の要素です。しかし，価格しか差別化要因がないのであれば，無限の価格競争に引き摺り込まれます。例えば，あるクラウドソーシングサイトでは「職種」を弁護士にして検索すると，時給1000円や1500円からの仕事募集が見られます。

　もし，このような価格競争をしたくないとすれば，当然のことながら依頼者に対し「なぜ『高い』あなたのサービスの提供を受けるべきか」という部分を説明できなければなりません。これがまさに価格以外の選ばれるべき理由です。この理由としては例えば以下のように様々ものがありますので，自分にあったものを模索してみてください。

• 経歴

　　さすがに学歴や司法試験上位合格，予備試験合格といった程度で心が動くのは新人採用のタイミングだけです。依頼者が弁護士を選ぶ際の決定的要素になりません。むしろ，「いまだにそれしかウリがないのか」と思われるリスクがあります。ただ，信頼されている事務所に所属していたとか，（企業法務では公表できない実績も多いものの）素晴らしい実績を上げている等はウリになるでしょう。

• 専門性

　　上記とも関係しますが，依頼者としては，「今抱えているものと同じような事件を処理したことがある弁護士に頼みたい」という思いはあり

ます。「未経験の弁護士が経験を積むための『勉強』にお金を払いたくない」という思いを持っている依頼者も多いでしょう（なお，信頼関係のある顧問事務所との関係では，パートナーやシニアアソの監督の下で合理的な予算の範囲なら，若手アソが勉強のために仕事をしてもよい，と思うことはありますが，そのように思ってもらえる関係を構築するまでが非常に大変です）。その意味では守秘義務に抵触しない範囲で，取扱い事件について（クライアントの規模感も含め）開示することも1つの手です。

　全ての分野についてそのような意味の経験をすることが無理である以上，専門特化をし，依頼者が相談した案件なら何でも「はいはい，これは別の案件でもうまく処理できてますが，こうすればいいんですよ」と言えれば，それは依頼者として安心感があるでしょう。

　また，「この分野と言ったら●先生」というように，専門分野でレピュテーションが蓄積されれば，それはなによりのブランディングになります。

- パブリケーション

　書籍，論文，セミナー等の成果が優秀であれば，それは一定程度以上のリサーチ能力や説明能力を裏付けると一応言えます。もちろん，「いわば『学者』であって実務能力がない」ということもありますし，成果が客観的に優秀なのか，それともいわゆる「情弱商法」なのかは，依頼者側できちんと見極めないといけないわけですが。

- 人間的魅力

　実は奥深いのが人間的魅力であり，社長等と良好な関係を形成する力も重要です。その「魅力」が法務にとって魅力的かは別問題で「社長の飲み友達が顧問弁護士だが，頼りにならないので顧問料を払うだけで仕事を依頼できていない」といった愚痴はよく聞くところですが，社長とたまに飲んだりゴルフをするだけで，ほとんど何の仕事もしなくても顧問料名目でお金が入ることを目指す，というのも1つの考え方です。

- 深夜・土日祝日の業務遂行

　そもそも，一定範囲では，それを「ウリ」にしていない弁護士にも，そのような大変な作業をお願いしなければならない（→Q19）のですが，むしろ，深夜・土日祝日の業務遂行をウリにすることで，そういうニーズを積極的に満たしにいく，というのも1つの戦略かもしれません。

　もしかすると今後リモートがより一般化すれば，あえて時差のある外国に住むことで，「日本の午後5時から午前9時まで業務を遂行します」というようなニーズを自然に（特に負担を感じずに）満たすことがで

きるかもしれません。

• その他

　なお，メディア等で尖った発言をする等，様々な露出方法があります。ただ，それがどの層への「受け」を狙っているかという問題があり，例えば，「タレント弁護士」について，企業の法務パーソンとして頼みたいと思うのか，というと，少なくとも一般論としては否定的に解されると思われます。

キーワード　【依頼者は誰か】

Q 138

企業法務弁護士として誰を依頼者とするべきですか？

A ・・

　正解はありません。企業の状況によって外部弁護士への依頼の仕方は様々です。候補としては大手（日本）企業，外資系企業，スタートアップ，中小企業があります。

解　説

1　大手（日本）企業

　伝統的な企業法務事務所の中核的ターゲットです。もちろん，多くの大手企業には既に「仲の良い顧問事務所」が複数ついているわけですが，新しい分野についてスポットで依頼する新しい弁護士を探すという状況はあり得るところですし，そこから顧問関係に発展することもあります。

2　外資系企業

　外資系企業ですと，そもそも日本に法務がなく，アジアパシフィックと直接やり取りをするといった場合もあり，英語力が必須です。また，今日本法に基づき行うことが，英米法等のグローバルの法域の視点でどう見えるかを踏まえて，彼らに説明してほしいというニーズに応える必要があります。例えば訴訟であれば，陪審制度とかdiscoveryがない（それゆえに証拠に関する取扱いや訴訟前の行動が異なり得る）とか，summary judgementがないとか，そういう諸々を踏まえて説明していきます。なぜその弁護士を起用するのか，説明しやすいようHPやパンフレットで守秘義務その他の制約に抵触しない範囲で実績を（できれば英語で）アピールすることが望ましいでしょう。

3　スタートアップ

　いわゆる資金調達，IPO，M＆Aや規制対応等スタートアップ特有の問題に対応する経験を積み，スタートアップの良き伴走者となるものです。

関与するステージにもよりますが，最初は弁護士費用をなかなか出せないものの，一定のステージ以降になると，むしろ必要な弁護士費用をきちんと払って上場に向けて適切な体制に整えるという方向になることが多いでしょう。一番最初は法務担当者が存在しないものの，一定のステージ以降になると法務担当者を雇用することが多く見られます。

4　中小企業

　中小企業の社長と友達になり，例えば，毎月稼働がほとんどないが5万円を確実に顧問料として払ってもらえる，もし万が一訴訟があれば別途報酬がもらえるということであれば，それはそれで「良いお客さん」です。とはいえ，そういう企業には法務担当者が存在しないのが通例であり，社長等のキーパーソン（→Q58）との信頼関係がキモになるでしょう。ただ，法務担当者が不在の上，歴史的経緯が複雑で，結果として，相談に来るときは事実整理が不十分なことも多く，事実関係の把握に手間がかかることがあります。また，法務に対する理解不足のために意思疎通に工夫が必要なこともあります。

キーワード　【ポータビリティ】

Q139

依頼者のポータビリティとは何ですか？

A　••

　　自分が独立や移籍をしたときに依頼者が（他のパートナーを含む）元の事務所に残るのか，それとも一緒に自分についてきてくれるかという問題です。

解説

　弁護士として将来的に独立することを考えている場合でも，最初は事務所からの報酬を生活費に当て，事務所事件をこなしながら，それに加えて，個人事件等で自分で顧客を獲得し，また，独立資金を貯め，自分で独立しても仕事を取り続けられるという一定の自信を持った上で独立するという進め方が一般的であるように思われます。

　ところで，このように独立を選択肢に入れる上では，「事務所を辞めた後」にその依頼者が自分の依頼者になるか，という点が重要となります。個人事件であれば，事務所を辞めた後も引き続き自分の依頼者になり続けるということが多いように思われます。ただ，事務所の方針で，少なくとも形式上は依頼者が事務所と直接契約を結んで，その上で，利益分配においてそのイソ弁／アソシエイトが連れてきた顧客であることを加味する等

としている場合，事務所との契約の関係で「辞めた後」に自分の顧客とすることに支障があることもあります。また，事務所が名門の場合「その名門事務所のシニアアソシエイト／ジュニアパートナー」という看板があるからこそ，その人に依頼者がついていることもあり，独立してもついてこない，という話も聞くところです。

なお，事務所事件の依頼者について，ボス弁が独立するイソ弁に「この依頼者はあなたがずっと世話してきたのだから，独立後も面倒を見てあげなさい」といわば「餞別」のように依頼者を渡していたと言った話が昔の「美談」として伝わることもありますが，少なくとも現時点においてそのような状況が必ずしも多いとはいえず，むしろ独立する弁護士としては，事務所事件の依頼者は（自分がコンタクトパーソンを担当していても）独立後は元の事務所に残るのだろう，と考えた上で独立を検討するべきです。

キーワード 【出向】

Q 140

企業法務弁護士として今後のキャリアの幅を広げる方法は何がありますか？

A ・・・

顧問先への出向経験がオススメです。

解 説

キャリアの幅を広げる方法として留学（Q141）や任期付公務員（Q143）もありますが，筆者の一番のおすすめは顧問先への出向です。つまり，顧問先の法務パーソンとなって，インハウスがどのような仕事をするかを知るということです。

ややもすると，出向では「お客様」となってしまって，例えば，出向者には，会議資料コピー，ビジネス文書のてにをはの修正，契約書の製本，上司へのパソコンの使い方レクチャー，出張手配等の「雑務」をやらせないことが多いと思われます。その結果，「本当の法務パーソンの仕事の全体像」を知ることができないリスクはあります。とはいえ，中に入っていろいろな実態を見る機会をフル活用すれば，外から眺めて想像するよりも圧倒的に多くの情報を得ることができます。

出向経験を踏まえて自分は事務所で弁護士をやるよりインハウスの方が面白いと思えばインハウスになればよいでしょうし，そうではなく，事務所で弁護士をやるとなっても，そのインハウス経験を生かして出向先を含む依頼者と良好な関係を形成できるという意味で，将来何になるにせよ大

きな意味があります。

　可能であれば，週5や週4の出向でその期間は出向先にどっぷり浸かりたいところですが，そこはパートナーの経営的観点（例えば，標準アワリー3万のアソシエイトをアワリー1万で出向させる場合，週5の160時間出向であれば単純計算で月320万円の損失が出ます。もちろん，本当に標準アワリーで160時間稼働できるか，という点はありますが）等を踏まえて週2・週3出向等になるかもしれませんが，それでもやらないよりはやった方がよいでしょう。

キーワード 【留学】

Q 141
キャリアを考える上で留学はどう考えるべきですか？

A ・・

　特定の目的があり，その観点から2年などの時間を投下する価値があると判断したのであればあり得ます。

解　説

　著者3名のうち，dtkは米国ロースクールへの社費LLM留学経験があるところ，留学はそれ以前の準備期間に加え，約1～2年の時間（dtkは1年間でした）がかかります。また，事務所の留学制度を利用しない私費留学であれば生活費・学費等の費用を投下するわけです。そのようなかなりのコストがかかることは十二分に理解した上で，本当にそれだけの価値があるかを考えて選択をすべきだと思料します（なお，事務所の弁護士の場合は，クライアントとの関係も一度切れることも想定されます。この点，留学制度がある事務所であれば，留学が想定される時点では，まだ「ボス」のクライアントであり，ボスが別のアソシエイトを代わりに差配した上で，留学から戻ってきたらまたシニアアソシエイトやゆくゆくはジュニアパートナーとしてそのクライアントの対応をすることが期待されるという形で解決されることもあると思われます）。

　例えば，「米国LLM留学をしたら米国で弁護士の仕事ができるのではないか？」「留学をしたら国際取引の仕事が来るのではないか？」等と単純に考えているのであれば，それはむしろ「ナイーブ」な考えであって，そのような「実益」が直ちに発生することはむしろ少ないと言えます。3年間米国にJD留学すれば別ですが，1年のLLM留学だけで米国で就職するのは相当困難で，かつ，高度の語学力を要します。

　（本当に最先端なのか，「タイムマシン経営」的にその実務を日本に転用できるのか等別途検討が必要ですが）海外の最先端の実務について現地で身をおきながら学びたい，仕事を少し離れて今後のキャリアを考えたい，ネットワーキ

ングをしたい，英語力を伸ばしたい等の目的であれば一定の効果はあると思われますが，その同じ目的を実現する方法はほかにもあるかもしれません。オンラインロースクール，テンプル大学ロースクールの日本キャンパス，MBA留学等，様々な選択肢があります。なぜそのためにLLM留学という手法を選ぶのか，なぜ（米国であればJD課程や客員研究員ではなく）LLM課程を選択するのか等はよく考えるべきです。また，「日本人同士でネットワーキング」をするための大学（アメリカで言えば，UCバークレー，コロンビア等の日本人の留学先としてポピュラーな大学）に行くのか，「英語力を伸ばす」ための日本人がいない大学に行くのか等も検討が必要でしょう。

留学先の国・地域については，1年で弁護士資格が取ることができることから米国がポピュラーではありますが，英国・EU，アジア等も選択肢となります。英国系の資格を取ると，相互認証でシンガポール・マレーシア・オーストラリア等で執務可能となるので，シンガポール等でLLBのコース（2年）にいき，solicitorの資格を取る（実務経験を積むためのworking contractを得ることが厳しいので，そこを回避するためのSQEという試験ルートを取ることになると思われます。口頭試問も含まれるので，米国の司法試験に比べると言葉に関するハードルは上がります）という発想もあり得ると思われます。また，2年留学する場合，1年目が大学，2年目が法律事務所という過ごし方が頻繁に見られますが，（人にもよりますが）2年目の法律事務所ではあまり仕事がないといった状況も聞くところです。「バケーション」ならともかく，特定の目的があるならば，その目的達成のため，2年間を総合して，どこでどのような活動をするのか，について熟考すべきでしょう。

いずれにしても，留学前のこれまでのキャリアと留学後における「ありたい姿」を考えて，足りないところを留学でどう補うか，という視点で留学先の国・学校・コースを考えることは，留学を有意義なものにするというメリットに加え，留学時のパーソナルステートメントを書きやすくするというメリットもあると考えます。

キーワード 【留学】

Q 142

留学をする場合に外国の資格は取るべきですか？

A ・・

こちらについても，メリット・デメリットの総合考慮となるでしょう。

解説

Q141のとおりdtkは，米国NY州の資格を取りました。そもそも，留学

期間は１年でしたので，米国でなければ資格を取ることは難しかったと言えます。外国の資格を取るか否かについては，どこの国に留学するのか，その法域の資格はどうすれば取るのか，ハードルがどの程度高いか等を総合的に勘案すべきです。

　そのような前提で，dtkがNY州の資格を取った理由としては，やはりLLMの一年間（厳密には一年ありませんでしたが）で学べることは限られており，アメリカ法の全体像を把握するには足りないという点が挙げられます。業務に関係のある分野の科目はある程度履修できても，単位上限等の観点から他の分野について学ぶことが難しいと言えます。そこで，全体像について学ぶ機会が，Bar Examの準備の以外になかったという側面があります。

　なお，米国弁護士の資格を得ても，その意味は外国人の弁護士と英語で法律の話をすることができるだけの能力があるものと制度的に，かつ，外国人の目から見ても分かりやすい形で担保されているということ（及びattorney-client privilegeが認められること）であり，それだけで米国法の仕事をする（practiceする）ことは困難ですし，事務所所属弁護士の場合に外資系企業の仕事が来るわけではありません。ただ，本国の法務関係者に日本の法律について，彼らに分かる言語で説明する能力の存在の可能性を示すものにはなるので，外資系インハウスへの転職の際には，一定の能力の証明として役に立つと思われます。

キーワード 【任期付公務員】

Q 143

キャリアを考える上で任期付公務員はどう考えるべきですか？

A ・・

　パートナーとしての「売り」を見つけるという目的であれば，どこの官庁のどこの部署に所属するかを選びましょう。これに対し，行政の考え方を知る等であれば，そこまで部署の業務内容にこだわる必要はないかもしれません。

解 説

筆者らに任期付公務員経験がないことを前提に述べますと，確かに，重要な改正法の立法担当者となり，その法律について一番よく知っていることを売りにしている若手パートナー等であれば，（セミナーや著書の内容を踏まえた上で）依頼の判断の際にこの点を前向きに考慮することはあり得ます。ただ，所属する部署がそもそも依頼者のニーズがある分野なのか，と

いう問題もありますし，「金融庁にいました」と言っても，依頼者の業種を所管していなければ，あまり経験を生かないという部分もあるでしょう。

　これに対し，行政の考え方を知る等の目的であれば，そこまで部署の業務内容にこだわる必要はないと思われるものの，それが直ちに依頼につながるか，と言えば必ずしもそうはならないと思われます。

　その意味で，依頼者を獲得する「即効性」はない前提で，今後のキャリアを考える上で「何のため」に任期付公務員をするのか，を考えた上で，その目的と適合的であれば任期付公務員になるのがよいでしょう。

キーワード　【ハードワーク】【心理的安全性】

Q 144
ハードワークが必要な事務所についてどう考えますか？

A
　どの程度「ハード」かという，いわゆる程度問題であり，業務時間，業務負荷，そして心理的安全性を踏まえて判断しましょう。

解説

1　はじめに

　弁護士業務には，業務を通じてでないと身に付けづらい事項（座学よりOJTが向く事項）が一定程度はあると思われます。例えば，契約レビューや交渉，訴訟対応等をOJTなしで身に付けるというのはかなり難しいように思われます。そのような意味で，特に若い時期に仕事がない，という状態が良いのか（むしろ「干された」と感じることもあるでしょう），というと，本人がそれを希望する限り，ある程度の仕事量があった方がよい，とは言えるでしょう。

　ただ，単にハードワークをすればよい，という発言は，生存者バイアス込みの発言と理解すべきでしょう。これを盲信して心身を壊しても発言者が責任を取れるとは思われません。ハードワークで得られた成果も，自分が壊れては，十分享受できないかもしれません。

　そのような前提の下，実務上「ハードワーク」が必要な事務所が少なからず存在しており，読者の皆様が内定している事務所や既に所属している事務所がそのような事務所の可能性があります。筆者（Ronnor）は，ブラック事務所の問題を懸念しており，Q148のとおりブラック事務所に入ったら転職等も検討すべきだと提唱していますが，多かれ少なかれ「程度問題」というところがありそうです。例えば，業務時間がいわゆる「過労死ライン」より大幅に少なければ大丈夫なのかというと，非常に負荷が

高いストレスフルな仕事をしていたり，ボスやパートナーに怒鳴られる等の心理的安全性がない状況であれば，それは大きな問題です。逆に，ある程度の業務時間（それでも「過労死ライン」より少ないことが前提ですが）であっても，若く健康な身体で，負荷がそこまで高くなく，心理的安全性が確保されていて，それを本人が望むのであれば，若い頃の一定期間に限定する限りではあり得るかもしれません。

2　時間

　まず業務時間は基準の１つとなると言わざるを得ません。万が一過労死をした場合に２〜６ヶ月間で月平均80時間を超える業務時間外労働をしている場合，因果関係を認めやすいとされていることに鑑みると，毎月240時間以上（週６日勤務で毎日10時間以上）働いていると危ない，と一応言えます。もちろん，そのような長時間労働の影響は個人によりますが，まずはこのラインよりも下の労働時間で働くべきとは一般に言えるでしょう。

3　負荷（ストレスフルな仕事か）

　では，仮に残業時間が月40時間やそれ未満ならそれだけで大丈夫か，というと多分そうとは限らないでしょう。例えば，仕事の内容が非常に細かく，１つのミスも許されないと言った状況であれば，非常にストレスフルで，場合によっては，残業ゼロでも参ってしまう，という人はいるのではないでしょうか。

4　心理的安全性

　そして，ボス・パートナーとの関係性（Q133）も問題であって，心理的安全性が確保された形で事務所での仕事をできなければ，残業ゼロでも非常に辛いかもしれません。

5　客観的な観点について

　最後に，仮に自分として「主観的」に大丈夫だと思っていても，例えば不眠，涙が止まらない等，身体が異常のサインを出していることもあり，客観的には耐えられていない，という状況にも留意すべきです。周囲の信頼できる人から，「最近，何かおかしいよ」と言われるような状況であれば，「大丈夫」という主観の方を疑った方がよいかもしれません。

キーワード　【雑用】【歯車】

Q 145

　就職した事務所では，まだ一番下なので，下働き・雑用しかできません。これらに意味はありますか？

•••

　具体的な「下働き・雑用」の内容がその先の仕事につながるなら意味があるし，なければ意味がないでしょう。

解　説

1　はじめに

　下働きや雑用ばかりになるのを嫌がる気持ちは十分理解できるところです。ただ，そういうものをしないと見えないこともあると思われます。むしろ，その先の仕事にどうつながるかとも関係します。具体的な「下働き・雑用」の内容に応じて検討してみましょう。

2　コピー，印刷，ホチキス止め等

　もし，そこでいう「下働き・雑用」がコピー，印刷，ホチキス止め等であれば，もしかすると，秘書・事務局の代わりに雇われ，その先につながらない（今後も継続してそのような作業だけをしてもらうことが期待されている）可能性があります。

　最近では新人アソシエイト・イソ弁の給与相場が上がってきたので，このような趣旨の採用は相当減っていると聞きますが，特にいわゆる「谷間世代」においては，弁護士資格を持った新人の方が，経験者の秘書よりも安いということで，このような事態も存在したと聞きます。

3　翻訳

　昔はジュニアアソシエイトが大量の和訳英訳等をさせられるということがありました。これを大量にやると，病む人も多いですが，一部の人は，同時通訳ならぬ「同時翻訳」として，読みながら同時に訳文を出力できるようになります。最近は機械翻訳をかけて，その成果物を修正するというように，仕事方法も変わりつつあるように思われます。自分の語学力（典型的には英語力）を上げるためにどうすればよいか，という観点で取り組むと，次につなげやすくなります。例えば，自分が知らない頻出単語をこの機会に覚える等です。

　なお，機械翻訳修正の作業は，それぞれのソフトの癖，つまり，間違いやすい部分（例えばDeepLが難しい文章や語句のまとまりを丸々飛ばして訳さず，しかも前後をきれいにつなげて，それを分かりにくいようにする等）を踏まえて対応すると効率的になります。

4　資料読み（DD，調査案件等）

　DD，調査案件等では大量に資料を読んでその内容をまとめる仕事が必然的に発生します。ジュニアアソシエイトレベルだと「何をシニアアソシエイトが読むべきか」を整理するため，（これはシニアアソシエイトに読んでも

らいたい，という）レッドフラッグを挙げるだけの仕事を割り当てられることもあります。

　このような仕事を「つまらない」と思う人もいるかもしれませんが，頭を使って仕事をすることで，仕事が楽しくなり，次につなげられます。例えば，大量の似たような契約書を読むという場合，あえて「相違点」を探し，「なぜ相違しているのか」を考えながら読む，そうすると，もしかすると，その契約類型のレビューをする際に役に立つかもしれません。

5　「全体像が見えない」ことについて

　なお，大手事務所に入ると例えば，多数の論点がある案件のうち1つの論点に関するリサーチや書面作成を自分とシニアアソシエイトで対応し，複数のチームから上がったものを別途シニアアソシエイトやジュニアパートナーが統合する結果，目の前の論点は勉強できるが，全体像が見えない，と言った状況があり得ます。全体像が見えないことのストレスは，案件が大きいメリット（例えば，公表できる段階になった際に，日経新聞の1面に掲載される等）とも裏表ですので，一概にそれを忌避すべきだとは言えません。

　むしろ，早めに全体像を見ながら（相対的に小さい）仕事をしたいのか，それとも，最初は全体像が見えない，場合によっては「歯車・部品」なのではないか等という不満があり得ても，それでも徐々に関与範囲や見える範囲が広がっていくことを希望するか，という本人の希望次第のように思われます。

キーワード　【契約業務】

Q 146

契約の仕事を好きになる方法はありますか？

A ....

　　まずは契約の裏にあるビジネスを知り，自分の業務の意味を深く理解することが考えられます。ほかにリーガルテックの利用や契約業務を特定の目的を達成する過程に位置付ける等も考えられます。

解　説

　契約レビューにどういう意味があるか分からない，例えば事務所の標準契約書雛形との差分を取り出して指摘するだけであれば，自分がやっていることはリーガルテック企業の提供するAIと変わらないと思う，というのは理解できるところです。また，内容を見てコメントしたところで，交渉力の格差や，交渉時間がないことなどから，結局問題点の変更はできない，というような場合もあるかもしれません。

　契約の仕事を好きになるにはまずは，その裏にあるビジネスを知り，自分の業務の意味を深く理解することが考えられます。例えば，依頼者のプロダクトを触ってみる（インターネット上のサービスであれば，少なくともフリートライアルができることは多いはずです）等，できるだけ具体的にビジネスを理解して，自分の「役割」や，その契約をレビューすることにどのような価値や意味があるかを理解すると，面白くなってくるかもしれません。

　また，リーガルテック（Q193以下）を入れて，そこで解決できるものはAIに丸投げをして，それ以外だけをやるのもあり得る選択です（事務所がリーガルテックを採用しない場合に，イソ・アソが個人で契約するのか，それをボス・パートナーに説明するのか等の問題はあるでしょうが）。

　加えて，契約業務を特定の目的を達成する過程に位置付けるというのも1つの方法かもしれません。例えば，自分の業務で比較的多い類型の契約について論文を書くとか，論文までいかなくてもブログにまとめて公表したり，研究会で発表する等です。こういう成果物を産む過程として契約業務を位置付けることで，契約業務をより面白く感じることができます。

　なお，ボス・パートナーであれば，依頼を断るという選択があります。ただ，イソ・アソはその事務所にいる限り，断るのは難しいという状況はあるでしょう。

　それでもどうしてもダメであれば，例えば，訴訟を中心とする事務所への転職が考えられます。

キーワード 【訴訟】【他人事】

Q 147

訴訟の仕事を好きになる方法はありますか？

A ……………………………………………………………

　できるだけ「他人事」として考えるのがよいと思われますが，自分に向いていない場合，訴訟をやらない事務所やインハウス等への転職も選択肢です。

解　説

1　「自分事」にし過ぎることは危険であること

　時々訴訟において「当事者化」する先生をお見受けします。ここで「当事者化」というのは，その紛争を過度に「自分事」にしてしまい，紛争との距離の取り方を間違え，その結果として過度に攻撃的な書面や訴訟対応をし，例えばまとまる和解もまとまらなくなる，場合によっては懲戒リスクを負う，といった状況です。そもそも，紛争が自分事になれば，そのス

トレスも大きいでしょう。

　もし，訴訟が嫌いという理由が，そのように過度に紛争を「自分事」にし過ぎることが原因であれば，むしろできるだけ「他人事」として，紛争と適切な距離をおくことで，精神的ストレスが減り，また，円滑に和解をまとめる等，成果にも良い影響が出て，訴訟が好きになるかもしれません。一般に「他人事」はマイナスの意味を持ちますが，ここではプロとして他人のためにその専門的知見を最大限生かして業務を行う——むしろ自分の感情と距離をおく——ことを指しています。

2　訴訟の限界

　また，訴訟という業務には，その本質から来る限界があります。結局訴訟というのは過去の問題の解決手段でしかなく，一種のトラブル解決業という宿命を負います。

　このような性質を持つ訴訟という業務そのものが自分に合わない，ということであれば，例えば，前向きな予防法務を主に行う事務所やインハウスへの転職といった「業務を変える」という方法も選択の1つでしょう（ただしQ170も参照ください）。

キーワード　【転職】【ブラック事務所】

Q 148
転職について気をつけるべきことは何ですか？

A ....
　ブラック事務所に居続けて転職をする気力も失われるリスクや，転職先としてブラック事務所を選んでしまうリスクに気をつけましょう。

解　説

1　「杉原千畝プロジェクト」

　ブラック事務所の問題は非常に重篤であって，筆者（ronnor）は「杉原千畝プロジェクト」と題していろいろとブログ等で発言しているところ，詳しくはそちらをご覧いただきたいと思います。以下，ポイントのみを述べます。

2　ブラック事務所で転職をする元気も失われるリスク

　ブラック事務所というのはいろいろなものがありますが，以下のような環境と総括できるでしょう。
　　①　労働時間——長い，深夜労働，土日祝日出勤等
　　②　業務内容——ブラック依頼者，負け筋について「大丈夫」と言ってボスが受けた事件の処理等

③ ボ ス 弁——パワハラ，セクハラ等
④ 対　　価——実業務時間で割り戻すと非常に安い

このような環境からは一刻も早く脱出すべきです。特に，正常な判断能力が失われることで，転職する気力さえなくなり，「座った目で漫然とブラック事務所で働き続け，最後は身も心もボロボロになる」リスクに注意しましょう。そうなってしまうと，転職の面接も満足に対応できなくなり，転職自体も困難になりかねません。

3　転職先もブラックなリスク

ここで，「どこでもいいから」と転職すると転職先もブラックなリスクがあります。基本的には，ブラック事務所のボスは，「外面」が良い弁護士が多く，だからこそ多くの弁護士が引っかかります。調査方法としては，以下のようなものがあります。

- Internet archiveで過去のその事務所のHPの弁護士紹介ページを見て，どれくらいの弁護士が辞めているかを確認する
- 現在のイソ弁及び辞めた元イソ弁の話を聞く
- 辞めた元イソ弁が，経歴としてその事務所の名前を対外的に表示しているかを確認する

ただ，そのような冷静な検討ができなくなってしまうということも多く，だからこそ，そのような状況になる前に別の場所への脱出を少なくとも検討し，他の事務所の人に相談すべきです。

キーワード 【後輩指導】【恐れの感覚】

Q 149

事務所の後輩弁護士が仕事ができないのでイライラして，少し乱暴な言い方をしてしまうことがあります。どう対応すればよいでしょうか？

A ···

①「やろうしていているのにできない」のか，②「やろうとしていないからできない」のかを見極めるとよいでしょう。

解 説

自分も忙しい中で，イライラしてつい強く当たってしまうこと自体はあり得るかもしれません。しかし，基本は，人については「恐れ（畏怖）」の感覚を忘れないように考えるのが良いと思います。その上で，後輩が，①「やろうしていているのにできない」のか，②「やろうとしていないからできない」のかを見極めるとよいでしょう（そのためには一定の時間や機会の蓄積が必要となります）。

①の場合であれば，できなかった原因をその都度レビューしてあげる機会を持ちましょう。その積み重ねにより多くの場合成長することが多いと思います。一方，②の場合であれば，やろうとすべきことを教示しそれでも改善しない場合には，事務所内にいる「相手方」だと思い，期待しないことによってストレスを軽減することを考えるとよいでしょう。②の場合で自分の分担が不相当に重くなる場合には，後輩の行動についてエビデンスを集積した上（→Q115参照）でもう一人の交渉「相手方」であるボス弁に対し後輩の指導担当から外すよう交渉を行うことになります。

冒頭で「恐れ」の感覚と言いましたが，人は時間と共に，成長，変化するものです。そして，自分の側も変化するものです。著者も少し軽くみていた後輩が，10年ほど経って一皮も二皮もむけて仰ぐような存在になったことも経験しました。目の前にいる後輩に，将来頭を下げてお願いごとをするような立場になる可能性は否定できません。今実感できなくとも，人の将来はおそるべきものがある，という考えを基本にもっておくとよいのです。また，仮に，今のできない後輩に対して不当に軽んずる対応をしていた場合に，将来何らかの形でリベンジされないとも限りません。そのような意味でも，すべからく人に対しては「恐れ」の感情を忘れないでおくとよいでしょう。

キーワード 【パートナー】【大パートナー】

Q 150

（企業法務）事務所内のパートナー昇格を目指すルートはどのようなものになりますか？

A ....

事務所にもよりますが，昇格パートナーに「依頼者獲得」を期待しないのであれば，優秀なアソシエイトであれば昇格できるでしょうし，その意味では，パートナー昇格後も仕事を提供してくれる「シニアパートナー」との関係が重要です。

解説

Q132でも述べたとおり，事務所によっては，パートナーに対し「自分で依頼者を獲得する」ことを期待するところもあるようです。そのような事務所であれば，昇格パートナーに対して要求される資質としては，自分の依頼者がいること（又は昇格後短期間で自分の依頼者を獲得できること）になります。ただ，比較的多くの事務所は，特にそのような資質は要求せず，実質的にはアソシエイトと同じ仕事をする前提で，いわば「シニアアソシ

エイトの上の階層」としてのジュニアパートナーを設定し，大パートナー（シニアパートナー）の依頼者の仕事をし続けるというモデルを採用していると思われます。

このようなモデルの事務所においては，特に依頼者を自ら獲得できる能力はパートナー昇格の条件ではありません。むしろアソシエイトにとっての「第一の依頼者」である，仕事をくれるシニアパートナーと良好な関係を構築することで，引き続きシニアパートナーが「ジュニアパートナー昇格後も一緒に仕事をしたい」と思ってくれるようにするということがパートナー昇格のための最も重要な資質といえます。

なお，事務所によってはパートナー昇格前に留学経験を持つことを必須とするところ等もあるようですが，ここは事務所によるでしょう。

キーワード 【とどまるリスク】

Q 151

現在の事務所に特に不満はないのですが，気をつけるべきことは何ですか？

A ....

シニアパートナーの病気・不和リスク，大型クライアント離反リスク，キャリアが狭まるリスク等に留意しましょう。

解 説

現在の事務所に特に不満がないのは素晴らしいことで，例えば，シニアパートナーと仲が良く，シニアパートナーから，ジュニアパートナー昇格を期待されている場合，特にリスクはないと思うかもしれません。なお，その事務所が非弁であれば，「現在の事務所に特に不満はない」ということにはならないと思われますので，本Qの検討対象から外します（→Q 156）。

とはいえ，シニアパートナーの病気・不和リスクは重要な問題です。例えば，50代等まだ若いと思われているようなシニアパートナーが突然病気になったりお亡くなりになられることはありますし，また複数人のシニアパートナー間でうまくやっている事務所では，もし今後不和が生じれば，分裂・解散ということもあり得ます（なお，合併・吸収等もあり得ます）。

特定の大型クライアントに依存しているところでは，その大型クライアントが離反すると，事務所の経営が立ち行かなくなるかもしれません。企業法務ではそこまで多いとはいえないものの，法務部長が交代し，新たな法務部長が独自色を出したい人だとすると，1番目に頼んでいた顧問事務

所が5番目になり，5番目に頼んでいた顧問事務所が1番目になる，といった事態は全くないわけではありません。この順位変更で売り上げが大きく減少するリスクがあります。また，一つの事務所で特定分野の仕事しかしない場合は，他の分野を手がける機会が減り，それが自身のキャリアの選択肢を減らすリスクがあることにも注意が必要です。

キーワード 【経営戦略】

Q 152
事務所経営において気をつけるべきことは何ですか？

A ･･
売上と経費のバランス及び安定性です。

解 説

　経営というのは，究極的にはいくら入っていくら出ていくかです。そうすると，売上と経費のバランスが重要です。また，今がいくら良くても来年以降の見通しが立たないのでは不安でしょうから，安定性も重要です。

　例えば，マーケティング（→Q136）を積極的に行い，その結果として，たくさんの売上が入るのは素晴らしいことです。しかし，広告費の負担が重く，例えば，ちょっとでも受任率が下がったら結構経営に痛手な状態が続けば，一見羽振りが良いように見えても，極めてリスクが高いと言わざるを得ないでしょう。

　これに対し，レンタルオフィスのようなところの一人事務所でミニマム経費でやる場合，例えば，年収2000万円，経費300万円で所得1700万円や，（実働を相当減らしながらの）年収1000万円，経費300万円で，所得700万円等を実現できるかもしれませんし，その方が例えば年収1億の弁護士より経営が安定し，場合によっては所得も高いかもしれません。

　経営のことを考えると，事務局員やイソ弁はまさに「経費」ですので，それに見合う売上の目処があるのか，というのを考えながら規模をどうするかを考えることになります。加えて，オフィスや判例検索サービス，コピー機のような経費と異なり，事務局員やイソ弁は「人」ですからマネジメントも必要です。そのようなマネジメントが自分は好きで得意であれば，マネジメントをしながら事務所を大きくできますが，嫌いで苦手な場合には，ミニマム経営でやるか，誰か代わりにマネジメントをしてくれるパートナーにそれをお願いしないといけません。なお，一人事務所にも別のリスクがあります（→Q153）。

キーワード 【一人事務所】【ミニマム経営】

Q 153

一人事務所でミニマム経営すればノーリスクでしょうか？

A ……………………………………………………………

　体調不良，忙しくて手が回らない，急に所得を増やすのが難しい，終活等のリスクがあります。

解説

　確かに，事務所の固定費が高い場合，それに見合うだけの収入（案件の受任）がなければすぐに大赤字になってしまいます。そうすると，自分一人の事務所，多くても自分と事務職員一人といったミニマム経営で，事務所もできるだけ賃料が安いところにする等して固定費を減らせば，案件の受任が少なくても（極論すれば国選と法テラスだけでも）赤字が出ない，という意味で，メリットがあることは間違いありません。

　とはいえ，自分一人ということは，自分が体調を壊す等して長期間業務ができない場合のリスクがあります（例えば，1か月業務ができず，他の弁護士に引き継いでもらう等の代替策も提示できないとすると，顧問の切り替え等が起こってもおかしくはありません）。また，運よく大きな案件が受任できても，その案件の処理が大変過ぎると他の案件に手が回らなくなるという問題や，複数の依頼者が潜在的にコンフリクトを抱えている場合の対応もあります。そこで，こうした事態に対する「代替策」ないしはバックアップを考えるべきです。例えば分野ごとに共同受任をする別事務所の仲の良い弁護士を確保し，大きな案件を一緒にやったり，一時的に手が回らない場合やコンフリクト対応が必要な場合にその弁護士に助けてもらう等の関係を確保しましょう。

　また，ライフステージによっては急に所得を増やすことが必要になる場合があります。例えば，子どもが私立の学校に行く関係で，これまで所得600万円だったのを1200万円にしなければならない場合，国選と法テラス中心のミニマム経営で所得600万円の状況を急に1200万円にするのは簡単ではないでしょう。地方によっては，周囲の弁護士に頭を下げて共同受任をお願いすれば対応できるところもあるようですが，これまで広告を打っていない事務所が急に広告を打ったらからといってすぐに仕事が集まるというものではありません。

　なお，ゆくゆくは事務所の「終活」の問題となります。例えば，顧問先を誰に託すか，事務職員をどの事務所に引き取ってもらうか等も考えなければいけません。

要するに，ミニマム経営にはミニマム経営なりのリスクがあり，「バラ色」はないということです。

キーワード 【一般民事】

Q 154

　新興大手が多くの都市に既に事務所を出している中，一般民事事務所はどうすれば生き残れますか？

A ‥‥‥‥‥‥‥‥‥‥‥‥‥‥‥‥‥‥‥‥‥‥‥‥‥‥‥‥‥‥‥‥

　人の仲介（人づて）による依頼ルートでの優位性が重要です。

解説

　いわゆる新興大手事務所と競合するがために，一般民事事務所が今後事務所として生き残れない，ということはないと思います。一般民事事件の依頼者が弁護士とつながるチャネルは，大きくは，①人の仲介（人づて），②ネット経由です。

　新興大手が①について優位性があるとは考えにくいと思われます。一般市民が着手金を支払うような一般民事事件を依頼しようとするときは，誰かに相談し，相談された人が自身の経験や仕事上の関係などからの人づてで弁護士にたどり着くチャネルがまだまだ多いと思われます（→Q29）。そのようなチャネルでは地元の関係性の方に優位性があります。新興大手は所属弁護士数の多さや組織の大きさで一定の信用度を依頼者に与え得るにしても，「人づて」の関係性の方が委任先を決めるうえではるかに大きな要素となるでしょう。また，事務所が「大きい」がゆえに敷居が高いと感じる人もいます。

　また，②においてもその優位性は限定されたものだと思われます。確かに，広告費が投じられることによる大手のネット上の優位性はあるでしょうが，小事務所でも地域性や事件種類に特徴を持たせたプレゼンスを工夫することにより結構やっていけるものと思います。

　なお，「裁判所を依頼者にする」仕事については，もとより新興大手事務所と競合するものではありません。

キーワード 【経営戦略】【一般民事】

Q 155

　（一般民事事務所の）経営が苦しいです。打開策はありますか？

A ‥‥‥‥‥‥‥‥‥‥‥‥‥‥‥‥‥‥‥‥‥‥‥‥‥‥‥‥‥‥‥‥

　現状打開のため，売上増加，経費減少，他の事務所との合併・パート

ナー加入，インハウス等の様々な選択肢を検討して信頼できる人に相談
しましょう。

解　説

1　売上を増やし経費を減らす

　経営難を打開するための正攻法は，売上を増やし，経費を減らすことです。売上を増やす方は，初心に帰ってQ29を参照してください。経費は比較的減らしやすく，例えば，現時点で駅近の賃料の高いオフィスにいる場合，思い切って少し駅から遠い古く狭めのオフィスや，場合によってはレンタルオフィス等にすることで（他事務所との分離等の要件を満たすことに留意する必要があります），経費を節減することが考えられます。最近は，オンライン面談も増えているので，必ずしもオフィスの質が決定的な意味を持たなくなってはいますが，この方法による場合，一定の顧客を失い顧客層の方向が変わるリスクがあります。このやり方で経営再建の見通しが立たない場合は，以下の方法を検討した方が良いと思います。

2　他の事務所との合併・パートナー加入

　既に顧問先がある等，一定の収入はあるものの一人で経営していたのでは経費負担が重いという場合，他の事務所との合併・パートナー加入も選択肢となります。相手探しにおいては，普段から弁護士会活動を行うなど他の弁護士とのつながりを広げておくことが役に立ちます（この点，Q29，Q185も参照）。

3　インハウス等

　また，インハウス等への転身も十分にあり得ます（→Q160以降）。経営に自信を持てない場合は真剣に検討した方が良い選択肢でしょう。なお，既存案件の処理は問題となりますが，友人に引き継いでもらうとか，副業を認めてもらえる会社に就職するといった方法も考えられます。

4　周囲への相談

　上記のような対応をすることは，主観的には恥ずかしいかもしれませんが，預かり金横領や非弁提携に陥ってしまうことを想起すると，恥ずかしいなどといっていられません。早めに信頼できる人へ相談をしてみましょう。もし相談できる人が身近にいなかったら，思い切って弁護士会のしかるべき人や元教官などに連絡をして「窮鳥」としてその懐に入ってみることをお奨めします。インハウスの紹介を受けたり，場合によっては「仕事が多いから，まずは共同受任で手伝ってくれないか，ゆくゆくは同じ事務所でやろう」といった話になるかもしれません。

キーワード 【非弁】

Q 156

非弁提携は怖いと聞きましたが，どのように回避すればよいでしょうか？

A ••

「うまい話」に乗らず，また，「一社依存」を避けることが重要です。

解 説

1 うまい話があるわけがないこと

現在の非弁は，「非弁提携しましょう」というような露骨な分かりやすいものではなく，むしろ通常のビジネスの顔をして近づきます。具体的には以下のようなものがあります。

- コンサルティングをします
- 広告を出してPRします
- （広告で事件が来たら，その対応をするのに必要な）事務員等を派遣します

その中で，通常のビジネスと非弁提携を分ける分水嶺は何か，というのが問題ですが，通常のビジネスで「うまい話」はあり得ないことから，「うまい話」を強調する場合，非弁提携ではないかと疑い眉に唾をつけて話を聞く姿勢が重要と思われます。

2 事件の紹介を受ける場合

事件を紹介してくれる人がいます。ありがたいと思っていたところ，「引き受けてくださってありがとうございました。本人も喜んでいます。私の顔が立ったので，お礼にご馳走します」。夜の付き合いが始まり，そのうち「これからもたくさん紹介できるので，今後は業務提携手数料ということで，私の方にも利益を落としてください。共存共栄でやっていきましょう」などと言われるといった状況があり得ます。もし非弁業者に対価を「支払う」関係になれば，弁護士法72条違反になります。日弁連「転ばぬ先の杖～弁護士のスタートを切った皆さんへ～」

https://member.nichibenren.or.jp/publication/hokoku/documentFile/bengoshi_start_171101.pdf では「払うな，使うな，任せるな」という標語にまとめていますが，紹介料など何らかの対価を払うこと，非弁業者が提供する事務職員など人を使うこと，更に事務処理や預かり金などお金の処理を任せてしまうことなど，非弁にどっぷり漬かってしまうと，もう逃れられません。

もし最初気付かないことがあったとしても，少しでも気付くことが発生したらその時点で直ちに，信頼できる弁護士に相談するようにしてくださ

い（→Q155）。

3　一社依存の危険性

　非弁業者の「コンサルティング」に乗って，広告を出せば確かに客が集まります。そして，その客の数が現在の人員で捌ききれなくなると，事務員等を派遣してもらえます。そうして，その業者との関係が密接になり，簡単には切れなくなったところで，非弁業者が侵食を図ります。例えば，広告料や派遣料を値上げして，どんどん利幅を減らされ，場合によっては赤字になるという状況が生じるかもしれません。そのような場合でも，複数社に広告を出していたり複数社から派遣を受けていれば，当該業者を切り，別の業者を利用するという選択肢があります。しかし，もしその一社に依存していた場合にはその会社の要求を拒否することは難しくなり，例えば広告料が売上より多いため，差額を「借金」として非弁業者に借り入れるといった形で，事務所の実権を奪われます。

　ある非弁事件における「一蓮托生」と言う言葉は人口に膾炙しましたが，その業者一社に依存していれば，いざ厳しい条件を出された場合に「断る」ことができなくなります。広告業者を使う場合は（もちろんコンプライアンスを遵守する）複数業者との関係を保持し，必要に応じて使い分ける等して，もしある業者が広告料を値上げするという場合に，自由に「切る」選択ができ，非弁業者に入り込まれる隙をなくすようにすべきです。

キーワード　【独立】

Q 157
独立について気をつけるべきことは何ですか？

A　タイミングを考えながら，十分に事前準備をするべきです。

解　説

　独立後の事務所経営一般についてはQ152のとおりですので，独立する際固有のポイントについて説明します。

　一人で独立する前提であれば，タイミングや独立後の事務所をどうするか等を自分で決めることができますが，反対にいうと失敗した場合のリスクを全部自分で引き受けるということになります。

　そうしますと，やはりタイミング，つまり何年目でどこでどう独立するか等を考えながら，事前準備をするべきでしょう。事務所に所属して，安定した報酬をもらいながら，個人事件で「失敗」を繰り返し，その過程で自分なりの仕事の取り方を考え，きちんとネットワーキングをして，その

上で，適切なタイミングで独立をするべきです。その準備には独立資金も必要です。もちろん，「ご祝儀」で早期のタイミングで仕事をくれる人もいるでしょうが，「●か月仕事がなくても食べていける」といった現預金がないと，仕事がない時期のメンタルに耐えられなくなる可能性があります。

キーワード 【共同経営】

Q 158

共同経営について気をつけるべきことは何ですか？

A ・・

　他のパートナーとの関係が重要で，重大なトラブルを回避するために，重要事項は事前に取り決めるべきです。

解　説

　友達と一緒に独立するとかパートナーに参画するパターンも見られますが，その場合，共同経営者（パートナー同士）で揉めるというのはよく見られます。

　話を聞く限り，以下のような「よくある」ポイントについて事前の議論と合意事項の明確化ができていないと，揉めやすく，しかも，なかなか解決しなくなり，最後は事務所解散等に至ることがあるようです。

- Aパートナーが連れてきた依頼者のためにBパートナーとCアソシエイトが業務をした場合に誰にどのように利益を配分し，誰がどのように経費を負担するか
- アソシエイトや事務職員の時間の大部分を使うパートナーが生じ，他のパートナーがアソシエイトや事務職員に頼みにくい状況が生じた場合にどうするか
- 新しく事務職員やアソシエイトを雇う場合に誰が雇うかを決定するか，どのように経費を負担するか
- 最後，別れる場合にどのように清算するか
- 最後，別れる場合にどの依頼者にどの弁護士が紐づくか（ポータビリティ→Q139）

キーワード 【事務局員】【恐れの感覚】

Q 159

　最近採用した事務局員は他の既存職員との相性が悪いので，試用期間満了をもって辞めてもらおうと思います。どんなことに注意するとよい

でしょうか？

Ⓐ •••

　　合意退職に向けて，なぜ退職を求めるのかを把握した上で，相手をリスペクトしたコミュニケーションを取りましょう。

解　説

　このような理由で法的に留保解雇権を行使することは基本的にできません。そこで，任意の話合いにより円満退所してもらうことになります。その話合いをするに当たっては，「相性が悪い」ことの原因として考えられる事実を洗い出し，その仕事上のパフォーマンス，仕事に対する姿勢や職場でのコミュニケーションの取り方等について，客観的に指摘できる問題点を把握しておく必要があります。もし，このような問題点を把握できないケースでしたらそもそも「辞めてもらう」ことはできず，全くの「お願い」ベースの話になってしまいます。

　一定の問題点が把握できたとして，それらを理由としても一方的に試用期間満了をもって辞めてもらうことは通常できないでしょうから，問題点を突きつけるのではなく，問題点を背景にしつつ「既にお感じになってらっしゃるのではないかと思いますが，当事務所の仕事のやり方とあなたが自然にやりやすいやり方とでは食い違いがあるように，私は感じています。いかがでしょうか」という感じで話してみてはどうでしょうか。

　このような話をする時に至るまで，試用期間開始時から終始一貫して，相手を個人としてリスペクトした対応姿勢が必要となります。「恐れ」の感覚（→Q149）をもって接するとよいでしょう。つい昨日まで，事務職員として仕事の指示をしてきた相手は，辞めてしまえば明日は全く外の人になってしまいます。全くの外の人が，事務所の中にいて知りえたことについて完璧に守秘義務を守ってくれるものでしょうか。辞めてもらうことになるその前から「私のことを尊重してくれた」と感じてもらうことが，結局あなた自身を守ることになるのだと思います。

3-2　インハウスとしてのキャリア
キーワード　【インハウス】

Ⓠ **160**

インハウスとは何ですか？

Ⓐ •••

弁護士資格を持った法務パーソンのことです。

解 説

　弁護士資格を持った法務パーソンはインハウスと言われますが，最近ますます増加しています。JILAの資料によれば（https://jila.jp/wp/wp-content/themes/jila/pdf/transition.pdf），2022年 6 月時点で，2965人，全体の約6.7%の弁護士がインハウスです。

　ここで，広い意味での弁護士資格を持った法務パーソンの類型としては，大きく以下の三類型があるでしょう（修習を終えていなければ，弁護士の登録はできないので，厳密な意味の有資格者ではありませんが，法務部門に 7 年勤務することによる修習代替制度等も存在することから，ここでは広い意味で含めています）。

- 司法試験合格のみ
- 修習修了後未登録or登録抹消済み
- 修習修了後登録中

　また，これに加え，例えば法律事務所での勤務経験があるか，社会人経験を全て会社で積んでいるか等で，より細かく区分可能でしょう。

　いずれにせよ，弁護士資格を持った法務パーソンの増加をきっかけに，法務のあり方や，法務パーソンのあり方に影響を与えるのではないか，と議論になっています。

キーワード 【インハウス】

Q 161

インハウスが増えると法務の本質は変わりますか？

A ●●

　インハウスがいかに増えようと，法務の本質に変わりはありません。

解 説

　一番最初に，この点についての筆者の私見を述べてしまいましょう。すなわち，インハウスがいかに増えようと法務の本質に影響はないのです。

　法務においては，法的リスク管理を中心とした，全社的リスク管理（→Q 37）が行われます。その際に，最低限の法律知識は必要でしょう。そして，例えば，顧問弁護士の言っていることが適切かを判断し，それを元に社内で説明して前に話を進められる程度の法律知識を持つ前提で，法務パーソンは，ビジネスパーソンとして全社的リスク管理を行い，（最後はビジネスを止めざるを得ないこともあるものの）主にビジネスを進めるため支援をすることにその業務の本質があります（→Q 41，Q 45）。

　そうすると，法律知識の部分については，もちろん司法試験に合格する程度の法律知識があること自体はプラスの要素ですが（→Q 49），それは法

務に必要な種々の素養（→Q99）のうち、「法律知識」に関して最低ライン
を超えていることの証明になっても、それ以上に有益なものではありませ
ん。そして、だからこそ、弁護士有資格者が多数法務に参入したとしても、
そのことによって法務の本質が変わることはないでしょう。

キーワード　【インハウス】

Q 162

インハウスが増えても、法務は何も変わらないのですか？

A ‥‥‥‥‥‥‥‥‥‥‥‥‥‥‥‥‥‥‥‥‥‥‥‥‥‥‥‥‥‥

外部調達の減少や法律に関する能力・教育、そして外国法上の特別待
遇等、非本質的部分への影響はあるでしょう。

解 説

このように、インハウスの増加は決して法務の本質的部分に影響をもた
らさないと考えるものの、非本質的部分への影響はあるでしょう。

まずは、外部調達を減らす効果です。つまり、これまでは、比較的簡単
な契約であっても、法務の内部で対応できないとして顧問弁護士に依頼し
ていた会社が、自社内のインハウスの増加によりますます自社内で対応す
るようになっています。もちろん、繁忙等との関係で、「自社内でできる
レベルだが、忙しいので外に出す」というのはあり得ます（→Q24（いわゆ
る猫の手））が、弁護士有資格者の増加により、業務について、自社内でで
きる範囲が増え、そのレベルが上がる効果は間違いなく存在するでしょう。

次に、法律に関する能力の担保や、法律知識に関する教育・研修の関係
の変化はあり得るでしょう。司法試験合格に必要な法律知識は、一般には
法務パーソンとして必要なレベルを上回ります。もちろん、例えば自社に
適用される業法は実務上必須だが、司法試験科目ではないという意味にお
ける、司法試験合格だけでの法律知識不足はあるのかもしれません
（→Q49）。しかし、業法は行政法であるところ、行政法の学修を通じて、
初見の個別行政法の仕組みを読み解く能力が培われているはずです。

更に、米国法のPrivilege等、外国法上、インハウスでも一定の特別待遇
が与えられる可能性があります（なお、日本の「事業者と弁護士との間で秘密に
行われた通信の内容が記録されている物件の取扱指針」は、インハウスは原則として対
象外です）。それと類似するものとして、グループの外国弁護士との交流の
際に、舐められずに、同じ「ローヤー」として円滑な関係を構築できるこ
と等はあるでしょう。

なお、社内では、同じミスでも、有資格者がした方が（特に法律知識につ

いて）ダメージが大きくなる可能性があることは留意が必要かと思われます。

Q 163

弁護士有資格者とそれ以外の法務パーソンにはそれぞれ複雑な思いがあるのですか？

A ....

一般論としては，法務を支えてきたという自負がある有資格者でない法務パーソンが弁護士有資格者に対し複雑な思いを抱くことはあり得るでしょうし，また，インハウスも一定の尊重を受けたいと考える人は多いでしょう。

解 説

ここで，法務と弁護士資格の問題については，弁護士有資格者も，そうでない法務パーソンも，それぞれ複雑な思いがあるのではないでしょうか。

つまり，弁護士有資格者は，司法試験合格まで多大な労力と時間をかけており，そのことに対する尊重を受けたい思う人も少なくないでしょう。資格手当がもらえる，会費（の一部）を会社が払ってくれる，昇進において積極的に考慮されるなどはその例です。

ところが，そうでない法務パーソンも，当然のことながら「これまで私たちが法務を支えてきた」という自負があります。しかも，法務パーソン全体（ここでは，一人法務や総務部門所属の法務担当等も含む）における弁護士有資格者の比率が低いことに鑑みると，元々は非常に小さかった法務をここまで成長させたことについて，主に貢献したのは弁護士有資格者ではない法務パーソンのことの方が多いと思われます。その意味で，このような自負には理由があります。それなのに，今後自社の昇進，待遇や法務の採用において弁護士資格がないことが大きくマイナスとなるとすれば，弁護士有資格者に対して否定的な「思い」を抱くことはむしろ当然でしょう（なお，弁護士有資格者が増える前は誰も弁護士資格を持っていないことを理由に特別な呼び方をされていませんでしたが，最近は「無資格者」という表現をすることも生じています。しかし，まるで「資格がない」法務パーソンである，というようなこの表現に対しては強い反発を隠さない法務パーソンも存在します）。

キーワード 【インハウス】

Q 164

インハウスが他の法務パーソンより難しいところはありますか？

A ••

インハウスに対し，ビジネスや他の法務パーソンが心理的垣根を生じやすい点に留意が必要です。

解 説

弁護士有資格者であることで，ビジネスとの関係でも，弁護士有資格者ではない法務パーソンとの関係でも，心理的垣根が発生しやすく，いろいろと「面倒」だ，という点がマイナスだと言えるでしょう。

ビジネスの中にはいまだに「弁護士先生」という感覚を持っている人が多いといえます。そうすると，法務がビジネスパーソンとして，一緒に働く「仲間」だと認定してもらうことが法務として全社的リスク管理を適切に行う上で重要であるところ，この心理的障壁によって「仲間」と思ってもらいにくい，ということはあるでしょう。ビジネスと信頼関係ができると「弁護士先生なのに，普通の社員同士のように気軽に相談できて嬉しいです」等と言われることがありますが，むしろ，そうした発言は，弁護士であることによって，ビジネス側にいかに心理的障壁ができてしまっているか，ということを示す例と言えるでしょう。

より深刻なのは，弁護士有資格者ではない法務パーソンとの心理的垣根です。有資格者の新人法務パーソンとして，弁護士有資格者ではない法務パーソンに「喧嘩を売る」のは簡単です。法曹資格がないことを小馬鹿にする態度を取ればよいのです。事務所にいた頃は，「気持ちよく顧問の先生に仕事してもらおう！」と，法務パーソンが，「先生，先生」とヨイショしてくれていたかもしれません。しかし，転職して自らが法務パーソンになれば自分こそが「中の人」として，「気を使う方」になってしまったのです。それに気付かず，まだ事務所にいるような感覚で，「自分は周りと異なる弁護士先生である！」という変なプライドを持って仕事をしていれば，人間関係はうまくいかないでしょう。「上から目線」の態度を取る人を，周囲が仲間だと思ってくれるはずがありません。また，「法務畑の人」ならば，多くの人が，過去に資格を「意識」したと思われます。その態様として，司法試験受験やロースクール以外に，「司法試験の過去問を見て費用対効果に疑問を持ったので，目指さなかった」等も含まれます。そのような人は，もしかすると弁護士に対して複雑な思いを持っているかもしれません。このような心理的垣根の問題に関連して，資格があると，

ミスをした時には，「資格があるのに使えない」という大き目の負の評価を受けるという点も指摘できるでしょう。このような心理的垣根の問題を解決するためには，（上記のとおり，自分が「使えない」ということを肝に銘じ）「法務の仕事はまだ新人ですので，教えてください（もし法律のことで役に立てることがあれば何でも言ってください）」と本心で思う以外に取るべき選択肢はないでしょう（もし本心でそう思えないなら，インハウスはキャリア上の選択肢から外すべきです）。

　なお，法務には雑用が多数発生します。コピー，ビジネス文書のてにをはの修正，契約書の製本，上司へのパソコンの使い方レクチャー，上司の出張手配，押印のための出社等です。これは誰かにやってもらう必要があるのですが，上司としても弁護士資格ある部下に依頼することについてはどうしても心理的抵抗があります。弁護士資格があることで自分が「使いにくい部下」となってしまう可能性さえあります。加えて，法務パーソン，特に有資格者は，異動に制約が生じることがあります（→Q175）。そこで，弁護士有資格者が法務のほかの同僚，特に上司と相性が悪いというのは，誰にとっても大変困ったことになります。その意味でも，インハウスは「面倒臭い」のです。

　最後に，弁護士資格を有することにより，例えば基本規程51条の「組織内弁護士は，その担当する職務に関し，その組織に属する者が業務上法令に違反する行為を行い，又は行おうとしていることを知ったときは，その者，自らが所属する部署の長又はその組織の長，取締役会若しくは理事会その他の上級機関に対する説明又は勧告その他のその組織内における適切な措置を取らなければならない。」という規定に従うことになります。もちろん，一般に法務パーソン（又は社員一般）が違法を見て見ぬ振りをしてはいけない，というルールを持つ会社が多いとは思われます。しかし，それが弁護士としての懲戒制度を担保として持つルールになっていることは，取締法法規違反の疑義がある場合の対応等においてインハウスへのプレッシャーが増えると言えるでしょう。

キーワード 【インハウス】【ゲームのルール】

Q 165
　難しい司法試験に受かった私にとって，法務の仕事は法律事務所の仕事よりもずっと簡単でしょうか？

A ・・
　事務所の弁護士とインハウスでは，単に「求められている能力が違

う」ということに過ぎません。むしろ，司法試験合格だけでは，法務パーソンとしては「使えない」ことの自覚が必要です。

解 説

司法試験合格者や修習修了者（登録の有無を問わない）は，（企業法務の実務経験を既に積んでいる人以外は）即戦力ではありません（→Q49）。もちろん，司法試験科目ではないもののビジネス実務で必要な業法等の法知識を知らないという部分もありますが，より重要なのは「法律知識以外」の部分です。すなわち，ビジネスを知らないので，その法律知識をどのように法務の業務，とりわけ，全社的リスク管理に生かすか，を知らないのです。

事務所を経て，大手企業の法務部門にプレイヤーとして転職した先生の第一印象が「企業で法務をやるってなんて楽なんだろう⁉」だったという話を聞いたことはあります。「法律に関する当たり前の質問を当たり前に即答するだけで後輩から尊敬の眼差しで見られる」と述べていました。しかし，後でその先生からは，「第一印象は間違っていた」とも聞いています。

事務所の弁護士とインハウスでは，単に「求められている能力が違う」ということに過ぎません。ややもすれば，事務所時代に求められたリサーチの深さやクオリティと，企業で求められるそれを比較してしまいがちです。そして，もし，そこだけを比較すれば，「事務所時代は原則論では片付けられないまさにハードケース事案について，細部までいろいろとリサーチしていろいろと考えて，事務所の名前で出しても恥ずかしくない成果物を出す必要があったのに，今は条文に書いている原則を説明するだけで褒められる」となりかねないでしょう。

しかし，そもそも，法務パーソンに対して，法律知識そのものについて，求められる程度が低いのは当たり前です。法務パーソンが分からない「専門的知識」については，意図的に顧問弁護士に「外部委託」しています。そのような高度な専門知識そのものは決して法務パーソンの1番の存在意義ではありません。基本的な法律知識を有し，高度な専門知識が必要なら，適宜これを調達・評価できることを前提として，ビジネスの熟知を生かして目の前の問題についていかに全社的リスク管理（→Q37）ができるか，というところにこそ法務の本質があります。だからこそ，内製化された範囲の法律知識のレベルが低いとしても不思議ではありません。そこで，「法律知識以外の部分における難しさ」こそが本質であり，「その案件にどれだけ入り込めるか」，更に入り込めた場合には，そのプロジェクトをどう進めるのか，どこに「落としどころ」を見つけるか，そして「マネジメ

ント」等が重要です。

　会社にもよりますが「法務の関与を最小限にしたい」という力学が働く会社は多いと言えます。その結果，最後の最後まで法務に相談せず結論を決めた上で，取締役会の審議の直前に「法務確認済み」の一言を稟議書に追加するためだけに確認を求めるなどする場合があると聞きます。その中で，きちんと法務が役割を果たせるように，各部署と信頼関係を構築してその案件に入り込み，できるだけ初期，つまりいろいろ変更が利く段階から相談をしてもらう必要があります。そのためには，法律の専門家としてではなく，「同じビジネスパーソン」「同じ仲間」として認定してもらう必要があります。

　その上で，その案件は法務が中心となって対応すべき案件だ，となれば，自分がプロジェクトを進めることになります。どういうルートでどのキーパーソン（→Q58）に相談するのか，どこでどのキーパーソンの助力を得るか等を考えないといけません。そして，いろいろなリスクがある中，全社的リスク管理の観点からどこを落としどころにするかを考え，その落としどころに向けキーパーソンを説得します。

　そして，ある程度の年次になると「マネジメント」をしなければなりません。例えば，「部下」を管理する必要が生じます。

　これらはあくまでも「企業法務パーソンの難しさ」のうちのわずか一部に過ぎませんが，このような企業と事務所における「求められる能力の相違」を理解することが必要です。確かに，企業の法務部門において，真の意味で「弁護士バッジがないとできない仕事」は極めて少ないと言えます。法務パーソンに対して一番要求されるスキルは「ビジネスパーソンとしてのスキル」であるところ（→Q35），司法試験合格はこの点を何ら担保するものではありません。加えて，労働者であるインハウスは睡眠時間を削ってでも何とかするというアプローチは避けた方がよいですし（法務としてサービス残業をなくす方向で社内の他の部署に働きかけをする場合はなおさらです），リサーチに使えるリソースにも限度があること（大きな商社とかは例外でしょうが）等もあり，事務所所属弁護士とインハウスではある種「ゲームのルール」が違うと理解すべきです。

キーワード 【専門性】【外部事務所】【企業法務弁護士】
【インハウス】【WLB】

Q 166

事務所の弁護士とインハウスの一般的な相違点はどの辺りにあります

か？

A ••

　　仕事の内容，仕事のやり方，報酬，WLB等が相違します。ただ，同じインハウスでも会社ごとに大きな相違があります。

解 説

1 仕事の内容の相違

⑴ 訴訟等について

　　後述のとおり，インハウスでも会社によって業務内容が異なっています。ただ，一般にはインハウスで訴訟の書面を自分で書くというところは，それほど多くないように思われます（ゼロではないですが）。訴訟は外注しやすいところなので，むしろインハウスは他の分野に注力ということも多いようにお見受けします。対裁判所への書面を書くスキルの蓄積という意味では，事務所の方が優れていることが多いのでしょうが，その分，それ以外のところがインハウスの注力のしどころになります。

⑵ 専門性について

　　もちろん，法務の内部にその会社で頻出する法律問題の専門家を抱えるという，本当の意味で「スペシャリストキャリア」を可能とする企業もゼロではありません。ただ，少なくとも，そのような専門性をつけられる企業が非常に多いか，というと必ずしもそうではないでしょう。

　　むしろ，マネージャーキャリアのような管理職に向けたキャリアが勧奨されるところも多いでしょうし，非マネージャーのキャリアを選んだ場合でも，「本当の意味で専門性が必要」な案件について，どこまで会社として（例えば，顧問弁護士にお金を払ってあなたを教育してもらい，専門性をあなたに移転する等して）専門性をつけさせてくれるかは疑問が残ります。日常的に発生する多数の特段強い専門性の不要な（ただ，ビジネス知識が必要な）案件をあなたに対応させ，そうではない非日常的な専門知識が必要な案件を顧問弁護士に委託するといった方向性を指向する可能性の方がむしろ高いのではないでしょうか。

2 仕事のやり方の相違

⑴ インハウスは仕事を断れない

　　企業で法務パーソンになると，依頼を事実上断れなくなります。もちろん，依頼部門の意向と異なる結論に誘導してそこに落とすことはできても，事業部の依頼を完全に「断る」ことはできません。ある意

味で仕事を「選り好み」ができるのは外部事務所の弁護士のキャリアの利点です。

　好きか得意の少なくともいずれかを仕事にできればよいのですが，「宮仕え」にとっては，好きでもなければ得意でもない事柄を上から命じられるのは日常茶飯事です。それを簡単にノーと言えません。それが嫌なのであれば，外部事務所の弁護士のキャリアを選ぶべきでしょう。

⑵　整理されていないものを整理することこそがインハウスの役割

　法律事務所からインハウスに転職する場合，転職先の会社が相当大きいところでも，この点に面食らうことが多いのではないでしょうか。特に大手事務所であれば，法務パーソンによる「交通整理」の終わった情報を主に処理していたでしょう。企業としては，外部弁護士に検討を依頼する場合，費用の効率的な支出という観点からは，相応に事実関係を整理した上で依頼しないと，タイムチャージ制だと費用が膨大になりがちなので，普通は一定の整理をします。ところが，インハウスであれば，ビジネスから，全く整理されていない「生の事実」が出てきます。例えば，Aです，と言われてそれを前提に検討していたら「実はBでした」と言われることはまま見られます。むしろこのような，いわば「カオス」な事実関係を主体的に整理する，いわば情報の交通整理が（インハウスか否かを問わず）法務パーソンとして求められているのです。これまでの比較的「きれいな」事実を前提に法律の適用を考えていた時代とは，頭の使うべきところが違います。これ以外の「前捌き」として，相談先となる事務所の選択や，相談範囲の選択にも頭を使う必要が生じることがあります。加えて，「後捌き」として，受領した回答・意見等をどのように社内で利用するかも重要です。

⑶　予算の制約

　これも企業によりますが，インハウスでは，一定程度予算の制約によって，「やりたいこと」ができないことも多いと言えます。例えば，自分としてこの分野は苦手だから顧問の先生に頼みたい等と考えても，予算の壁とか上司の承認が得られない等で実現しないとか，場合によっては，自力で解決するための手段も，自社内にないため，やむなく自分で自腹で資料を調達するというケースすらあり得ます。

3　報酬等

　報酬について額面は事務所の方が高いかもしれません。ただ，WLBの観点を踏まえた実拘束時間との関係で，本当に事務所が高いのかという点

や，福利厚生（インハウスになったら，自社の福利厚生を調べて「使い倒す」と，いろいろとおトクです）の充実度，そして長期に業務を継続することが期待できる企業に正社員雇用されることの安定性等を踏まえて本当に事務所の報酬が高いのか，は個別の案件ごとに変わるでしょう。なお，WLBについてはQ174をご覧ください。

4　企業も法律事務所もそれぞれ一括りにできないこと

　企業と弁護士事務所というのも，それぞれ一括りにするのは危険で，それぞれの規模，立ち位置などによっていろいろなものが異なっています。企業といってもインハウスが大勢存在し，小規模の弁護士事務所よりはるかに書籍や資料，データへのアクセス手段を持っているところもあります（商社の法務部とかがそうでしょう）。法律事務所でも，特に特定分野に業務を絞っている事務所では，全部が全部，あらゆる分野について資料が整っているわけでもないと言えます。このような意味で，個別具体的な企業や法律事務所の状況によって大きく異なり得るのであり，上記はあくまでも一般論とご理解ください。

キーワード　【外部事務所】【顧問弁護士】【インハウス】
　　　　　　　　【前捌き・後捌き】

Q 167

事務所の弁護士とインハウスの立ち位置はどう異なるのですか？

A ··

　　企業の意思決定及び実践の全体を見るのがインハウス，その一部において専門性を発揮するのが事務所の弁護士，という立ち位置の相違を指摘することができます。

解　説

　企業が意思決定をして，それに基づき行動をするという一連のプロセスの中で，法務パーソンは主に法的なリスクについて分析し，対応策を考え，当該対策の可否などの決定過程をサポートして，実行を見守ります。インハウスは，全社的リスク管理のため，全体を見て，収まるべき範囲に（経営陣の経営判断の範囲内に）収まるように必要な対応をすることになります（→Q37）。インハウスは法務パーソンとして，その全部を（自分で手を動かすのか助言にとどまるかはともかく）視野に入れることになります。

　これに対し，外部事務所の弁護士にお願いするのは，そのうちの一部に過ぎません。訴訟の対応であれ，それ以外の交渉であれ，法律相談であれ，その他の助言であれ，一部を切り取って依頼することになります。

インハウスは，その一部を切り取る決定をして，実際に一部を切り出し（必要な情報を可能な限り整理して，話を聴くべき人を集めるとか），切り出した業務を委託する先を決め，委託することになります（前捌き）。きちんと何を成果物として提供して欲しいか等を外部事務所の弁護士に伝えるというのが大事なインハウスの仕事であり，これができないと，自社の問題意識と十分噛み合わなかったりしかねません。そして，委託したことが終わるまでの間，必要な質疑応答などを行い，一段落したところで，得られた結果を社内に戻して，その後の対応業務を行うことになります（後捌き）。これら全てを法務パーソンが直接全部実施するとは限らないものの，その一連の流れを所管します。そして，このような内部調整的な業務が重要であり，社内政治の要素も含まれたりする面もあります。

インハウスと外部事務所の弁護士ではこのような立ち位置の違いから求められる役割や素質が違っているのです。

キーワード 【インハウス】

Q 168

インハウスを目指すべきかどうかは何を基準に判断すればよいですか？

A ••

一度は弁護士バッジを持っていることを忘れ，ビジネスパーソンとして活躍したいかを問い直しましょう。

解 説

ここまでの一連の説明は，要するに，「本当に会社員（や公務員）になった方がよいのか，そのリアルを知ってよく考えるべき」ということです。元々は「会社員に向かないから弁護士を目指す」という人は多く，例えば，午後に出勤してイソ弁の作った書面を簡単にチェックし，夕方から朝まで飲み歩く，といったライフスタイルを満喫している弁護士等も存在します。これは，まさに「会社員なら成功せず，弁護士を選んでこそ成功した」キャラクターでしょう。法務パーソンは実際の仕事の有無に関係なく，一定時間帯において常に相談可能である状態を保ち続けることが求められることから，時間の自由度の高い事務所の弁護士経験があると苦痛に感じることは多いようです。

自分が会社員に向かないのに辛い会社員生活を選んでしまって苦しむよりは，まずはこのような法務パーソンのリアルを知って，その上で，本当にそのルートを目指したいかを真剣に考えるべきです。いわば「サラリー

マン耐性」を自分がどれくらい持っているのか，という点が重要となるでしょう。

とはいえ，筆者として決してインハウスの仕事が悪いと思っているのではありません。むしろ，インハウスまたは法律事務所のいずれを選ぶかは「どの土俵で戦うか」の問題であり，自分が向いている土俵が何かを知り，そのような土俵で戦うかを決めるべきだと述べているだけです。インハウスを選べば，法律知識や法的思考力，リサーチ能力等は一定のところで頭打ちし，それ以上は（外部調達の対象であって，内部にいる人としては）評価されないかもしれません。インハウスにおいては，キーパーソンとのコミュニケーション力，「キーパーソンにアプローチして，うまく周囲を巻き込んでプロジェクトを進める」能力等のビジネスパーソンとしての能力が問われるのです。

インハウスを「法律家が会社に入る」と思ってしまうと，法律事務所と比べて，楽だけどつまらない仕事しかない，と思うかもしれません。しかし，上場企業の多くは，日本一の法律事務所より大きく，場合によっては百倍，千倍大きいわけです。「この大きな組織でいかにビジネスパーソンとして成長するか」を自分の頭で考えて，実践できる人にとっては，いわば「無限大の可能性」があります。もちろん，純粋な法律家としての成長であれば，裁判ができない等，制限はありますが，「法律の素養を持つビジネスパーソン」としてなら，可能性は無限大です。自分は果たして，ビジネスパーソンとして活躍したいかを一度バッジを忘れて問い直し，それが本当にYESならインハウスを選ぶことは，十分にあり得るでしょう。

キーワード 【インハウス】【転職】

Q 169
そうすると，難しい司法試験に受かった意味はないのですか？

A ･･･
弁護士有資格者であることは，転職の際に有利に利用することができます。

解　説

このように，弁護士資格が「法務に入ってから」はあまり使えないものの，多くの企業は，転職者の採用等において，弁護士資格は一定以上重視しています。つまり，法律を知らない人を法務に配属すると，その教育にかなりの労力がかかり，しかも法務に向かない場合にはそれが無駄になります。しかし弁護士であれば，とりあえず法律の最低限の知識はあり，ま

た，会社で使う分野の法律も学んでくれそうです。司法試験という日本国内で最難関というべき資格試験を突破するだけの能力があれば，業務で使う法律について，現時点では知見がなくても，しかるべき手段でキャッチアップできるだろうと推定することも可能です。その意味では，「転職」には弁護士資格は使えるでしょう。

キーワード 【インハウス】【争いが嫌い】

Q 170

争いが嫌いなのですが，インハウスになれば争いから逃げられますか？

A ···

争いの内容が変わるだけで，究極的には，インハウスになっても社内政治等という意味における「争い」からは逃げられません。

解 説

法律事務所所属の弁護士の方で，「訴訟を多数やってきたが，争いに疲れた」といった理由でインハウスを検討する方がいらっしゃいます。法律事務所ではクライアントがいて，その相手方がいるところ，クライアントと相手方とは利害が真っ向から対立しているケースが多く，弁護士は，その間に入ることで強いプレッシャーにさらされます。そのプレッシャーが合わない場合，インハウスはもしかすると魅力的かもしれません。

確かに，インハウスになると訴訟業務が減ります。特に，訴訟は自ら代理人となるのではなく，あくまでも外部事務所の弁護士に代理人をやっていただき，その管理業務を行うことが多いといえます。そうすると，例えば法廷で相手方代理人と議論をする等の機会は減りますので，そのような意味の「争い」からは逃げることができます。

ただし，法務業務を行っている以上，様々な「争い」から逃げることはできません。特に，法務は会社の意思決定のための調整に深く関与しますので，そこに「社内政治」的なものが入り込むことは避けられません。キーパーソン（→Q58）との関係も，そのような背景から必要となります。そうしますと，結局のところ「（典型的には少人数事務所において）組織内の争いはないが，代理人として他人の紛争の解決を主たる業務とする」という状況と，「代理人としての紛争解決業務はほとんど発生しないが，組織内の争いに巻き込まれ得る」という状況のどちらが自分として向いているのか，好ましいのかといった点を踏まえて，インハウスまたは法律事務所かを考えるべきであり，「争いが嫌いだからインハウス」といった安易な選

択をすると，後悔することになりかねません。

キーワード 【インハウス】【転職】

Q 171
インハウスに転職する場合，どういう点がポイントになりますか？

A ・・・
　どうすれば内定が出るかという観点で強みを打ち出すことと，どこに入社するかという観点でどのような法務であるかの確認がポイントとなります。

解 説

1 「どうしてもこの会社で働きたい」という気持ちを持たない

　弁護士有資格者向けのインハウス転職のコツとして，まずは，「どうしてもこの会社で働きたい」という気持ちを強く持ちすぎないことです。転職は縁とタイミングであり「良い人材」だからといって採用されるとは限りません。いくら「良い人材」でもその時点で求めている人物像（例えば特定の法務パーソンの穴埋め要員）と異なれば採用してもらえません。さすがに，「どこの企業でもよい」ではないでしょうが，未経験業界でも怖がらず挑戦すべきです。むしろ，どのような法務部かが大事で，一人法務か複数人いるか，インハウスの先輩がいるか（→Q176），転職組／プロパー比率等が重要です。

　その上で，採用する側は，①この応募者はなぜ自社に応募してきているのか，②この応募者は採用した場合に定着するだろうか，という問いを持ちますので，これに対してどう答えていくかを考えるべきです。

2 経験の棚卸しを元に，「強み」を打ち出す

　次に，「経験の棚卸し」をしましょう。これまで関与した案件（自分が主任として担当したものはもちろん，隣の席の人から相談を受けたレベルも含めて）をリスト化した上で，自分がどのような強みを持つ人だとアピールするかに関する1つのストーリーを決め，それに合わせて職務経歴書等を調整しましょう。

　例えば「英文契約をレビューできる国際法務のスペシャリスト」なら自分の国際法務関係の経験を重点的に記載し「英語案件なら任せてください！」とまとめましょう。「間に入って調整するのが得意な苦労人」なら，複数当事者や事務所内等での調整経験を生かして「会社でも調整力を発揮します！」とまとめましょう。一定の年次になるとマネジメント経験が必要となってきます。これまでの経験を棚卸しして「後輩を指導した」「部

門横断プロジェクトの事務局をやった」等の経験を説明すればよいでしょう。加えて、「プレゼンテーションスキル」「ビジネス理解」「協調性・チームワーク」「マネジメント経験」等、法務以外の項目が見られることに注意しましょう。

このような、自分の方向性を示した転職活動において、「ハマる」ところは引きが強いものの、「ハマらない」ところは、全くダメだったりします。要するに、過去にこういう経験をした、だから現在こういう能力（強み）がある、よって、将来当該企業入社後こう生かせるという話を過去・現在・未来を一気通貫して理路整然と説明できて、その「強み」がその企業の事情に鑑みて魅力的であれば「ハマる」ということです。

3　「何でもできます」のリスク

これに対し、「何でもできます」「何でもやります」で転職活動をすることは全くあり得なくはないかもしれません。ただ、その場合、「何もできない人」に見えてしまう可能性があります。また、「嫌な仕事任せ係」に任命されるリスクがあります。「GDPR対応やっといて。予算はないから外部事務所使えないけど、もし問題が起こったらあなたの責任だからね。」というようなことを言われる事態もあり得るかもしれません。このような、既存のメンバーが忌避する役回りを押し付けられ、「雑」に扱われたくないのであれば、やはり、「強み」として何かをアピールすべきです。とはいえ2〜3年の経験ならば「その経験の中で英文契約を多く扱ってきたので、国際分野なら経験を踏まえて頑張ります」という程度にとどまるのは当然であり、多くの企業は十分にそれを理解しています。決して、「私が入社すれば既存の顧問契約は全て打ち切っていただいて大丈夫です」といった人を求めているのではありません。

4　「強み」を打ち出す場合の留意点

面接では、打ち出した強みをアピールするストーリーに乗って、これまでの経験と成長にフォーカスしましょう。例えば「英文契約」ストーリーでいくなら、営業と一緒に外国企業の本社に乗り込んで、契約交渉をしてうまく契約をまとめたエピソード等、印象的なエピソードと、そこからの「学び」を準備し、可能ならその「学び」が実際に次の案件でうまく適用できたこと等を説明しましょう。

なお、①法務常識―1年分の企業法務の専門誌を読む、②会社情報―四季報・有報・ウェブサイト、③法務情報―応募している会社の法務に関するトピックを新聞記事検索等で調べること程度はやっておきましょう。M＆Aやりたいと言って、自社の最近のM＆Aの話を知らないと、面接官が

「あれ？」となるかもしれません。

　また，面接では自分の実績をアピールするよりは「話を聞く」というスタンスがよいでしょう。法務パーソンになったら「話を聞く」ことが重要な仕事です。

　「強み」をアピールして転職する場合，ほぼ確実に，面接で「それ以外はできない／やらない／やりたくないんですか？　例えば下請法対応とかはやらないということですか？」と聞かれます。例えば，「今までの下請法の経験は英文契約と比べると少ないのは事実です。しかし，もし担当に任命されたら一生懸命勉強して，役割を果たします。」といった形で意欲を示すと印象が良いでしょう。

　以上の対応をすれば，恐らく複数の企業から内定が出ると思われます。各企業は逃げられたくないため「早く決めてくれ」とプレッシャーを掛けてくると思いますが，まさにその時点で，「その複数社からどれを選ぶか」という観点で「一番自分にとって（相対的に）最も良い企業」を選択すべきでしょう。

5　質問

　インハウスを含む法務の転職で質問をすべき事項は Q172 にまとめました。

6　転職後の留意点

　転職をしたら最初が肝心であり，その最初の例えば1～2案件の振る舞いは，上司だけではなく同僚もよく見ています。ここできちんとやり抜くことで，信頼を獲得すると，その後はレビューもそう細かくはなくなりますし，むしろ周りから相談を受けるポジションを築き上げるきっかけになります。

　もっとも，この1点で評価が固まるとは限りません。その後は自社内の用語，自社内の文化，自社内の業務プロセス，自社内の規程や雛形等，自社のことを勉強することが必須です。ある意味では「自社の人になれるか」の問題です。

　「自社の人」になれたらそれでよいか，というと，そこからは「組織」と「人」の中でどのように信頼を勝ち取れるかという新たな課題に直面することになります。「●さんなら信頼できるから相談してみよう」と思ってもらって情報を得たり，キーパーソン（→Q58）に協力してもらえるような人にならないといけません。

　そうやっているうちにあっという間に2～3年が過ぎてしまい，人事異動の希望（例えば海外拠点とか）の話があったり，後輩が入ってくる，場合

によっては部下を持つというような形になってきて，この会社のキャリアを続けるか，別の新たなキャリアの方が良いのかを考えることになります。このような状況をプラスに考えられる人にとっては，インハウスは面白いキャリアでしょう。

キーワード 【インハウス】【転職】【質問】

Q 172

インハウスを含む法務の転職で何を質問すべきですか？

A ....

法務部門の業務内容，自分に対し期待されること，基本事項，インハウス特有の事項等です。

解 説

1 法務部門の業務内容等

そもそも，法務という名称を冠した部署が何をして，何をしていないのかも企業ごとに異なり得ます。他方で，法律を使う業務も，どこかの部署がそれを担当しているはずであり，それが法務という名称を冠した部署なのか，それ以外なのかも異なり得ます。それを踏まえ，具体的にその会社のどの部門で働き，どのような業務が想定され，そこでどのような役割を果たすことが期待されるのか，ということをできるだけ詳しく聞きましょう。

具体的には，次のような質問が考えられます。

—— 知財は，例えば知財部が法務の外にあるのか，それとも，法務機能の一部か，その場合，特許以外はどこまでカバーするか（例えば，特許・実用新案・意匠辺りは知財だが，商標，著作権，不競法は法務という切り分けはあり得ますし，また，特許でも出願は知財だが，ライセンス契約は法務という切り分けもあり得ます）。

—— 契約審査は，法務がするのか，ビジネス（契約審査担当者）がするのか，後者の場合に法務はサポートをするのか。

—— 労務は人事専管か，法務が関与する場合はどこからか（紛争にならないとやらないのか，紛争の場合も関与せず，人事が外の事務所と直接やり取りするということもあり得ます）。

—— 債権回収は事業部門か経理か（数字を見ているという意味では経理だが，相手先の情報を持っているのは事業部門だから彼らがすべきということもあり得ます。そういう場合に法務としてどこまでサポートするのかを確認すべきです）。

―――　M＆Aについて，経営企画等が仕切るのを法務が手伝うだけなのか，法務がある程度積極的に関与するのか。

―――　総会対応・取締役会対応について，法務が主担当か，総務や社長室等が仕切るのを手伝うだけか（開示・IR周りにどこまで法務が関与するのかとも関係します）。

―――　輸出管理についても，所管部署が別にあるのか，それが法務の中にあるのか。

―――　税務についても，経理等が主管と思われるが，印紙税は法務の主管か。

―――　広告・宣伝（商品の表示なども含む）についてもどこまで法務が関与するのか，法務以外のどこが所管しているのか。

―――　取締法規系はどこまでするのか（メーカーの製造現場周りで問題となるもの（主に環境系）は製造プロセスについての知識がないと対応しきれないので，本社法務部門の関与能力は高くなく，現場任せになる可能性が高いのではないでしょうか。また，製品についての規制は自主規制も含めていろいろあって，こちらも製品について，技術的な事柄も含めた細かい知識がないとダメで，こちらもビジネス頼りになることが多いと思われます）。

2　基本事項

　基本的な事項として待遇・福利厚生，リーガルテック（→Q193）等の片仮名系の技術（判例・文献データベースなどを含むがこれらに限られない）の使用の可否，外部団体（経営法友会等）への加入の有無・それらの会合への参加の可否（条件が付く場合の条件の中身），蔵書量，購読している雑誌及びそれらの回覧の有無，顧問弁護士等の外部専門家へのアクセスの容易さ，法務部門内部での人事異動・頻度，法務部門以外への異動の可能性（→Q175）等は聞いておくべきでしょう。

3　インハウス特有の事項

　インハウス特有の聞いておくべき事項として以下のものがあります。

- 弁護士登録を維持できますか？（日本とNY等，複数の法域で登録をしている場合はそのそれぞれについて）
- 弁護士会費（及び公益活動ができない場合の負担金）はどうなりますか？
- 資格手当，その他の手当はありますか？
- 会務等をするための制度（時間有給等）はありますか？
- 業務に差し支えない範囲で副業で弁護士業をできますか？
- （顧問弁護士と共に）訴訟の代理人になる機会はありますか？
- 弁護士資格の有無による業務の相違点はありますか？

- 弁護士資格の有無によるキャリアパスの相違点はありますか？
- 名刺に弁護士の肩書を入れたい場合に入れられますか？

　これらは，1つでもNGならダメではないものの，これらの回答からそれぞれの会社の「インハウス」に対する姿勢が透けて見えます。

4　優先順位やエージェントを通じた確認

　転職活動中は，時間の制約があって，こうした点を全部確認しようとするのは，正直なところ難しいと言わざるを得ません。とはいえ，入ってしまってから後悔するのもできれば避けたいところです。そこで，優先順位をつけて，自分にとって必須の事柄については，臆せずに確認しておく，ただし，相手が「悪く」思う可能性がある事項（例えば，WLB（→Q174）を最初から前面に押し出して福利厚生や待遇だけを聞くというのはどうか，という問題があります）はできるだけ相手が「入社して欲しい」と考えた後に聞くというのが良いでしょう。また，待遇面についてはエージェントを通しているならエージェントを通じて確認することが「気まずい」思いを最小化する方法です。

キーワード　【インハウス】【外資系】

Q173

　外資系でインハウスをすることは日本企業でのインハウスとどう違いますか？

A ••

　一口に「外資系」といっても千差万別ですが，多くの場合英語でのコミュニケーション，外国法の常識を持った上司とのコミュニケーション，エンプロイアビリティ等に留意が必要です。

解説

1　はじめに

　一口に「外資系」といっても各社それぞれ特徴があります。例えば，まだ日本に拠点すらない企業，拠点はあるが法務が本社かアジアパシフィック拠点にある企業，日本に法務があるもののいわば「法務部長」的なポジションの人が本社かアジアパシフィック拠点にいる企業，通常の案件は日本国内で完結し，例えば訴訟等の特別の案件について本社かアジアパシフィック拠点の承認を得るだけの企業等々です。このうち，多くの場合，日本に法務がある段階の企業でインハウスを募集していると思われます。大ざっぱには，比較的給料が高いということは言えますし，権限と責任が明確という点も指摘できます。以下ではこれら以外の特徴を説明します。

2 英語でのコミュニケーション

ビジネスランゲージが英語の企業もあります。ただ，日本に法務を作るほど日本に定着してくると，同僚との会話等は日本語でもよいが，メール等の記録に残すものは英語で残すといった程度だったり，ほぼ日本のグローバル企業と同様に，外国拠点との連絡以外はほぼ全て日本語でよいといった形で，程度の差はあります。

日本に法務があるもののいわば「法務部長」的なポジションの人が本社かアジアパシフィック拠点にいる企業の場合，いかにその人の承認を得るかが問題となります。昔は電話会議が多用され，最近ではウェブ会議に移り変わりつつあります。

このようなメールや口頭での英語コミュニケーション能力が必要であり，Reading/Listening能力だけでは（TOEIC990点でも）足りません。

3 外国法の常識を持った上司とのコミュニケーション

日本に法務があるものの，いわば「法務部長」的なポジションの人が本社かアジアパシフィック拠点にいる企業で課題となる上司とのコミュニケーションは，異なる言語で相手と意思疎通をすることの難しさを超えた別の問題があります。

多くの場合，「法務部長」的なポジションの人はどこかの法域で法曹資格を持つローヤーです。ただ，その法域が日本でないことが多く，むしろ英米法が比較的多いと言えます。そこで，英米法の常識で物事を考えます。例えば，裁判について，「ディスカバリー対応はどうか？」とか「Litigation Holdはやったか？」等と，英米法の常識では当然確認したくなるものの，日本では全く関係のない質問をされます。これに対してきちんと納得のいく説明をする必要があります。

日本独自の規制への対応も厄介です。各国で一律同じ形でビジネスをしたい，と言われても，日本だけ，独自の規制があるために，その意図どおりにできないこともあるところ，それを説明して納得を得るということも重要です。

4 エンプロイアビリティ

最後に，Employability，いわゆる雇ってもらえる能力が重要です。事業の廃止とそれに伴う人員整理というのは恒常的に発生します。親会社がいつ日本撤退を決断するかによっては，突然法務を含む日本のほぼ全従業員が失業することだってあり得ます。

そのような意味で，市場価値（→Q183），つまりいつでも転職できる状態を保ち続けるということが非常に重要となります。

キーワード 【インハウス】【WLB】

Q 174

インハウスになることでWLB（ワークライフバランス）は向上しますか？

A ••

インハウスは相対的にWLBを向上させやすいとはいえます。しかし，転職の際に最初からインハウスを強く前面に押し出すことが適切かは別問題です。

解 説

前提として，例外（企業内法務でも，資格に関係なく激務な人がいます）もあれど，相対的には，インハウスの方がWLBを向上させやすいというのは争いのないところでしょう。子育て中で働く時間に大きな制約がある等の状況も含め，ライフステージなどによっては，WLB向上を図るべき場合があり，その場合にWLBの向上を目的に企業内に入るという選択は十分あり得ます。

もっとも，転職の面接のときに，その点が最大にして唯一の転職動機と表現することは適切ではないでしょう。決断に至る動機がWLBであることと，面接で転職動機を聞かれたときにそれをいうことの適否は異なります。もちろん，WLB向上目的という点を伏せるというのは，報酬水準が下がって，WLB向上目的が見え見えのときには，誠実に質問に答えていないと受け取られかねず，逆効果でしょう。他方で，それ以外の動機がない，純粋なWLBだけという説明だと，（インハウスを「舐めている」とまで思われるかはともかく）積極的な動機がないことから，他の会社でも良いと考えているという受け止め方がされかねません。そういう志望動機の「薄さ」は，他の候補者との競争になった時には，不利に作用します。結局のところ，志望動機の中に入れるべきでしょうが，表現の仕方を考えるとともに，他の動機も交えてバランスを取ることが重要でしょう。

なお，インハウスの方がWLBを向上させやすいものの，そのことはインハウスの仕事が「楽」であることを意味するとは限らないということには留意が必要です。この点はQ165等をご参照ください。

キーワード 【インハウス】【異動】

Q 175

インハウスで法務以外に配属される可能性はありますか？

Ａ ••

　　各社の方針次第ですが，職務限定特約がなければ，その可能性はある
　と思っておいた方が良いと考えます。

解　説

　法律的な話をすれば，総合職で入社し，特に職務限定特約が合意されて
いなければ，法務以外に配属される可能性はあるでしょう。

　あとは各社の方針次第ですが，いわゆる法務「系」，例えばコンプライ
アンス，監査役室（事務局），内部監査，企業倫理，CSR等について法務と
名前のつく部門が担当していない場合において，そのような部門に配属さ
れることは十分にありそうです。また，管理部門（バックオフィス部門），例
えば経営企画（M＆A担当等），経理や人事労務に配属することもあるよう
です。これに対し，営業や製造等は時限措置等を設けて研修のため行かせ
る例はあるようですが，永続的に行かせる例はそこまで多くは聞きません。

　このような時限措置として営業等に行く辞令が出た場合，留意すべきは
「本当に「法務」に戻れるのか？」という点でしょう。有期で受け入れた
側も，それなりに使えるようになれば，手放したくなくなるかもしれませ
んが。また，現時点の法務部長が「2年現場を見てこい，必ず2年後に法
務に戻す」と約束をしていても，その2年後にその法務部長が異動してい
たり転職して「空手形」になるというリスクは留意が必要です。仮にそう
いうリスクがあるとしても，一定期間内に法務に戻れなければ転職するこ
とも視野に入れたうえで，異動をしてみるのも一つの考え方です。事業部
門の経験は，法務に戻ってからも，はたまた他社法務に移った場合でも，
活かす余地（事業部門から本社法務がどう見えるかという感覚などは他社でも活かせ
るでしょう）はあると考えます。

キーワード 【インハウス】【一人目】

Ｑ 176

　　その企業における一人目のインハウスになるのはどうでしょうか？

Ａ ••

　　その企業や本人の性格にもよりますが，「パイオニア」として新たな
　世界を切り開く覚悟が必要です。

解　説

　なお，関連するトピックとして，その企業の一人目のインハウスになる
ことについての私見を述べたいと思います。まず，ベンチャー系企業の法
務を志向する人は，複数のインハウスがいて，既に法務組織ができている

という状況に魅力を感じず，むしろほかにインハウスがいない「手付かず」の状態から，自分が法務の形を作ることにこそ魅力を感じるのではないでしょうか。

　例えば，自分自身が高いパフォーマンスを発揮し，経営陣に「この人なら好条件を出したい」と思わせ，優秀な後輩弁護士を一流事務所から引き抜けるような，魅力的なインハウス用の人事制度を構築するといった，いわゆる「ゼロイチ」が好きなのであれば，まさに一人目インハウスが適任です。ただし，インハウスを雇用することがいかなる意味を持つのかについて，周囲がどこまで理解しているか明確ではないことから，上司等から常に説明を求められ，相手の理解力の程度等によってはどこまで理解と支援が得られるか不明確であることは覚悟する必要があります。

　問題は，そういう選好を有さない「普通」のインハウスです。そもそも，事務所を辞めてインハウスになりたい，と思う人の中では，既に会社に存在する福利厚生制度等，「制度が既に存在することへの安心感とかかる既存制度のレベルの高さ」に魅力を感じる人が多いのではないでしょうか。例えば，筆者の知り合いのある女性弁護士は，元々所属していた事務所に明確な産休・育休に関する制度が存在せず，自分自身でボスと交渉して制度を作っていくよりは，既に充実した出産・子育て支援制度の存在する「ホワイト企業」への転職に魅力を感じ，インハウスとなったそうです。

　もし，そのような「充実した既存制度」に魅力を感じてインハウスになるのであれば，一般論としては，「二人目以後インハウス」の方が当該選好にかなうといえ，そのような選好を有する人に対しては，「一人目インハウス」になることはあまりオススメできません。

　基本的には，一人法務の場合はもちろん，既に法務パーソンの先輩がいるとしても「一人目の弁護士である」というだけで，非常に強い注目を浴びます。これは大きなプレッシャーとなります。先輩の（法曹資格を有さない）法務パーソンと比べられ，それに基づき「インハウス」へのイメージが形成されてしまいます。

　しかも，制度という意味では，例えば弁護士会費の負担の問題，（特に地方会におる）会務や国選等の実務対応等，様々な一人目インハウスが解決すべき課題が存在し，既に法務パーソンの先輩がいても，インハウスとして一人目であれば，一定程度は「制度形成」のため時間を取られます。これを楽しめるかが問題です。

　更に，「インハウス特有の悩みの相談を誰にするか」という問題もあります。インハウスであることから生じる，例えば弁護士職務基本規程51条

（違法行為に対する措置）の実務対応等の悩みについて，「相談できるインハウスの先輩」が身近にいるか，というのは比較的重要な問題です。

　なお，その観点からすると，単に「自社（グループ）」にインハウスの先輩がいるというだけではなく，一緒の職場，可能であれば，同じ事業所内というレベルではなく，「同じチーム内」のすぐ相談できるところに，頼れるインハウスの先輩がいることが重要だ，ということになるでしょう。

　実際には，いわゆる「インハウス」には弁護士登録中のほかに，有資格未修習，有資格修習修了未登録，有資格登録抹消済み等様々なステータスが存在し，「インハウス」をひとまとめに捉えられない（→Q160）等，いろいろと悩ましいのですが，その中でも，自分が一人目インハウス指向なのか，二人目以後インハウス指向なのかは1つの大きな方向性として考えておいて損はないと思われます。

3-3　社内価値と市場価値を上げる

キーワード　【キャリア】【付加価値】【評価者】

Q 177

　法務パーソンのキャリアやそのキャリア形成を考える上で何が重要ですか？

A

　社内及び社外における自分の付加価値を上げることです。

解説

1　はじめに

　キャリア形成のため，法務パーソンは，まずは仕事の中でその付加価値を発揮すべきです。つまり，法務としての全社的リスク管理における付加価値です（Q35以下）。例えば，契約雛形に適当に情報を入れたり，契約書のてにをはをそれなりに直したりすることは誰でもできますが，何の付加価値も与えていません。そうではなく，きちんと具体的なビジネスを熟知した上で（→Q45），どうすれば収まるべきところに収まるか，という観点で契約のドラフト，レビュー等の業務を行うべきです。これに加え，「自分」の付加価値という側面も考えていく必要があるでしょう。ここでは，社内の価値と社外の価値の双方をそれぞれ向上させることを考える必要があります。

2　社内の価値及び評価

　社内において付加価値を発揮していると，評価者にそれがプラスに評価されるでしょう。ここでいう評価者は，社内においては上司です。会社に

よって異なりますが，直属の上司ともう１つ上の上司が評価することが多いのではないでしょうか（ただし，一人法務等，評価者に法務の知見がない場合には，評価者にどこまでの能力があるか不明というリスクがあることにも注意が必要です）。

　そこでいう評価としては，「評価者の要求に現在どのくらい応えられるか」と，「将来的に評価者の要求に応えるのではないかとどのくらい期待させられるか」の２つがあることに留意が必要です。つまり，評価者は，今どうかはもちろん気にするのですが，（年齢等にもよるものの）今後成長するのではないか，と期待させられる人であるかという点も，評価者にとっては重要なのです。

　実際に，新人従業員が，「エース」として抜擢され，成長できる重要な仕事を与えられながら本当に成長していく，ということはあり得ます。もしかすると抜擢された時期において，「要求に応じられるか」という点では同期の平均と大きな違いはないかもしれません。しかし，何かの理由で評価者に将来に期待させることができたので，価値が高いと評価され，（予言の自己実現的に）経験が成長を生み，それによる高い価値の実現がより高い期待を生み，また経験を与えられ……というサイクルを駆け登っていったわけです。

3　社外の価値及び評価（市場価値）

　これに加えて，転職市場で自分が「高く売れる」，つまり，今の会社から何らかの理由で転職したいと考えた場合（→Q184）において良い条件で転職できるためには，転職市場で高く評価されるような価値を身に付けなければなりません。市場価値は必ずしも社内とは同じ評価基準で評価されるものとは限りません。

キーワード　【メール転送員】【付加価値】

Q 178

メール転送員とは何ですか？

A

　　メール転送員は，ビジネスから来たメールを外部事務所の弁護士に転送し，外部事務所の弁護士から来たメールをビジネスに転送するだけの，付加価値を提供できない法務パーソンの典型例です。

解説

　典型的な付加価値を提供できない法務パーソンが「メール転送員」です。ビジネスから来たメールを外部事務所の弁護士に転送し，外部事務所の弁

護士から来たメールをビジネスに転送するだけの人です。

　外部事務所の弁護士に助力を得る場合でも，本来は，前捌き・後捌き（→Q76）をして，内外の架け橋たる良き通訳（→Q66）としての役割を果たすべきです。

　もし，法務パーソンが，そのような役割を果たさず，形式的にメールの転送だけをしているとしましょう。そうすると，ビジネスとして外部事務所の弁護士の説明を誤解して，大きなトラブルを生み，全社リスク管理という目的が達成できないことも多いでしょう。

　確かに外部事務所の弁護士が優秀で，ビジネスにも分かるように分かりやすく噛み砕いてくれる場合，「メール転送員」でも大きな問題は生じないのかもしれません。しかし，例えば，法務パーソンが金曜日に休んだところ，木曜日の退勤後に外部事務所の弁護士からメールが来ており，転送が月曜日になるといったこともあるでしょう。その場合，その法務パーソンは時間を無駄にするという負の付加価値を生んでいると評することもできるかもしれません。

　メール転送員をやっていても，簡単には「バレない」かもしれません。例えば，外部事務所の弁護士から依頼していた法的見解が来た場合，それを法務パーソンが，時間をかけてじっくり検討した上でそれで良いと考えて，ビジネスに連絡したのか，それとも何も考えずメールを転送しただけなのかは，転送されたメールの表面上からは分かりません。しかし，そのような「何も考えず」「何も付加価値を産まない」ことが続くと，数年頑張った新人にすぐに追い抜かされてしまいます。そう，蓄積がモノを言うのです（逆行するエスカレーターの例えにつきQ187を参照）。

キーワード 【キャリア】【マッチング】

Q 179

法務パーソンには社内においてどういうキャリアがありますか？

A ・・

　法務パーソンには社内において法務系管理職コース，法務系専門職コース及び普通の管理職コースという3つのキャリアがあります。

解説

　法務系管理職コースは法務系の管理職を目指します。法務部門長や法務系執行役員が「上がり」の場合も，リスク管理担当取締役や監査役等を目指せる場合もあります。なお，これは各社で「法務部門」をどのように切り出すかにもよるところです（→Q172）。

法務系専門職コースは，プレイヤーとして，尊敬されるような専門性を磨きます。「専門職」としての知識・経験を尊重してマネージャーに準じる待遇を与えられるポジションを目指す方向性です。常に専門知識を更新し，会社にとって必要とされる存在であり続ける必要があります。

　普通の管理職コースは，一般の管理職として昇進を目指す中で法務知識を生かすものです。法務を知っているということを強みにしながら，子会社の社長をしたり，法務以外の部門長をしたりしながらマネージャーとしてキャリアアップします。幅広い好奇心を持って臨むべきであり，法務知識にこだわると逆に足を引っ張ることがあります。

　会社ごとに，上記それぞれのキャリアに対する「選びやすさ」や「困難性」は違うでしょう。例えば，若い法務パーソンには法務系管理職を目指して競争させるものの，ある程度「先」が見えてくると，法務系専門職（→Q166参照）はどうか，という「肩たたき」が行われるところもあります（そういう会社では，管理職＞専門職という格差があったりもします。しかし，ある会社員の方が，ある分野で尊敬され，その分野の実務家であればみなその名前を知っていて一目置いている，という話を聞いたこともあります）。

　いずれにせよ，自分がどういうキャリアを目指したいか，評価者（→Q177）がどのようなキャリアを「期待」しているか，というマッチングは，社内価値向上を目指す上で重要です。

　マッチングの度合いを確認する上で，自社のロールモデルとなる先輩が，どのような選択をしているのかを見るのもよいでしょう。少なくとも社内キャリアであれば，過去の事例から，あり得るキャリアパスの幅というのはある程度見えてくる会社が多いのではないでしょうか。

キーワード 【キャリア】【評価者】

Q 180

社内における価値を上げる際に何に気をつければよいでしょうか？

A　・・

「便利屋」にならず，その時々の評価者の現在の要求と，将来に向けた期待を知り，各案件で現在の要求に応え，将来に期待を持たせるのがよいでしょう。

解　説

1　社内の評価が上がることのメリット／低いことのデメリット

　社内において評価が上がれば，自分の会社人生がより豊かになります。例えば自分がやりたいプロジェクトに入れてもらい，そこで更に成長して

価値を上げるサイクルに入れれば，自分自身としてもその会社での居心地は良いでしょうし，また，会社はますます自分のことを高く評価するでしょう。

　また，ある程度評価されると，融通を利かせてもらえます。例えば，管理部門から毎年一人が社費留学に行ける場合にその希望が通る等です。それ以外にも，異動の希望や，最近では「在宅ワークの割合」もその対象となります。人事には裁量があると言われますが，その意味は，社内評価が高いと，自分の希望する方向で裁量を働かせてもらえる可能性があるということです。

　ここで，付加価値がないと判断されると，「便利屋」として「雑」に扱われます。「誰でもできるが，時間がかかって面倒な単純作業」等，やっても何のキャリアアップにもつながらない，嫌な仕事がたくさん来続ける未来が予想されます。そのような，「嫌なことを頼める／頼むべき人」になることを回避し，社内における価値を高めていかなければなりません。

2　社内における評価を高めるために

　その時々の評価者の現在の要求と，将来に向けた期待を知り，各案件で現在の要求に応え，将来に期待を持たせることが，社内における評価を高めることになります（→Q177）。そのためには基礎を固めることが重要です。

　また，例えば，同僚や後輩からの評価も，回り回って評価者が参考にすることもあるでしょう。更に，現在及び将来の案件で期待に応えるには，良い仕事ができる必要があります。つまり，最低限の法律を知るとともにビジネスを熟知し，「キーパーソン」を中心とするビジネスや顧問弁護士等との良好な関係も重要です。

キーワード　【キャリア】【主張】

Q 181

自分の望むキャリアの発展を実現するにはどうすればよいですか？

A　‥‥‥‥‥‥‥‥‥‥‥‥‥‥‥‥‥‥‥‥‥‥‥‥‥‥‥‥
　アピールをすること，会社のニーズとの関係性を説明すること，及び「言い出しっぺ」として勉強することが重要です。

解　説

　社内で自分がやりたい勉強を業務として行ったり，やりたいプロジェクトに入れてもらったり，社内留学等の制度を使わせてもらったり，評価者に自分がやりたい方向の期待を持ってもらうためにはどうすればよいので

しょうか。

1　アピールの重要性

　まず，①常々，上司や同僚にアピールして，「●●の人」という認識をしてもらうことが重要です。アピールを怠ると，自分ではなくほかの人が選ばれた後で，「え，これやりたかったの？」「え，これあなたができたの？」というような，気まずい雰囲気が流れます。

　とはいえ，いくらアピールに邁進しても，②「周囲の信頼」がなければ「また言ってる」で終わり，アピールをしてもそこから「次」につながりません。この「周囲の信頼」というのは，一日にして得られるものではなく，日々継続的に積み重ねなければなりません。

　周囲の信頼とアピールの双方があると，時間が経つ中で徐々に，③周囲に機会をもらえたり，関係者の方を紹介したりしてもらうことができます。もちろんその機会の確度や頻度は「夢」の内容によってバラバラで，ここは「運」もあるでしょう。

　そして「機会」があってもそれを「つかむ」ことが重要です。そのためには，④エレベータートークを磨くこと，つまり，自分が夢を真剣に目指し，その能力を持っていることを簡潔かつ分かりやすく説明できるようになるべきです。特に「実現能力」を過去の実績等によりきちんと裏付けるべきです。「十分に実力を蓄えてから」等と考えず，早めの時点でその時のベストを尽くして関連する実績・成果を作っておくことは，後で実現能力について説得力のある説明をしやすくなるという意味があります。

2　会社のニーズとの関係性

　ただし，常にその本人の「やりたい」という主張が認められるとは限りません。そもそも，「会社が現在又は将来的に必要」かどうかが重要です。例えば，「フランス語の契約をレビューできるようになりたい」といっても，普通の会社はそのようなニーズがないので，「自分で勉強しなさい」で終わってしまうでしょう。その意味で，「やりたい」という前に，上司が何を（誰かに）「やらせたい」のかは，きちんとリサーチしておくべきです（これは，コミュニケーションの重要性にもつながります）。

3　「言い出しっぺ」として勉強

　また，「言い出した人がやる」という風習がある会社もあるでしょう。（そのような風習が良いかはともかく）「言い出しっぺ」が対応することを奇貨として，自分が経験を積みたい分野のことを言い出しましょう。例えば，自分が下請法を勉強したければ，購買部門の問題を指摘し，下請法の観点から顧問弁護士の指導の下で徹底的にレビューするという提案をしてはど

うでしょうか。そのプロジェクトの社内担当者に任命されれば，下請法に強くなれるでしょう。これはある意味「マッチポンプ」なところがありますが，「通常業務に加えてプロジェクトを行う」ということはそこまで多くはできないでしょうから，そのような「ほどほどの利用」を前提にすれば，うまいやり方でしょう。

キーワード 【部下】

Q 182

初めて部下を持つことになりました。どんな仕事が必要になりますか？

A ....

「マネージャー」の仕事が必要になります。

解 説

　部下を初めて持った人によく見られるミスは，プレイヤーの仕事を続けてしまう，というものです。例えば，部下の仕事が遅い場合にこれを巻き取って自分でやってしまうといったことです。確かに仕事は期限まで終わりますが，それでは部下が成長しません。どのようにして期限までに部下に良い成果物を提出させるかを考えてこそマネージャーです。要するに，マネージャーは「優秀なプレイヤー」ではなく，全く異なる仕事が求められているのです。

　また，プレイヤーとして優秀である場合，プレイヤーとしての自分を基準に他のプレイヤーと接してしまうことの危険性も気になるところです。例えば自分基準で「当然これくらいできるはず」と考えることは危ないかもしれません。

　では，どうやって部下を育てるかですが，直接育てられると考えるのは，単なる驕りかもしれません。育つ環境を整えるのがせいぜいではないのかと思われます。そういう意味では，下の人を育てる以前に，下の人が仮に何か失敗をしたとしても，失敗についての相応の叱責はさておき，彼なり彼女を守るのがまず重要でしょう。下の人が安心して働けるようにする（心理的安全性を確保する）のがマネージャーとしてまず行うべきことです。

　加えて，肉体的にも精神的にもある程度の水準にないと，そもそも仕事にならないところであり，ストレスに耐えるタフさが必要です。

Q 183

社外における価値（市場価値）はなぜ必要ですか？

A ••

　「自分が要求と期待に応えやすいところに行く」可能性を持つために，特に転職を考えていない現段階から市場価値を考えるべきだからです。

解　説

　社内で高い評価を得るためには，現在の要求と将来の期待が重要です（→Q177）。しかし，会社が要求し，将来的に期待することと，自分自身がやりたいことがマッチしない可能性（→Q179）というのは「宮仕え」である以上常に存在する重要なリスクです。一定程度は自分でチャンスをもらうために頑張る余地はあります（→Q181）。ただ，100％思い通りのキャリアになることはありません。加えて，「評価者ガチャ」という表現が正しいかは分かりませんが，評価者が変に偏ったりする危険があり，そうすると，これまで頑張って評価を高めてきたにもかかわらず，「新しい上司が異動してきてゼロ評価になる」といった場合もあるでしょう。

　そこで，「今の場所における現在の要求と将来の期待に応える」という選択と「場所を変えて自分が要求と期待に応えやすいところに行く」選択を常に比較し，熟慮の末，場所を変えた方が良いと思えば，変えるべきでしょう。そして，そのような選択をしやすくするため，特に転職を考えていない現段階から，社外の価値を考えるべきです。

　例えば，自分が付加価値を上げたつもりが，その付加価値というのが，今の勤務先，その中でも今の部署でしか有用性のないものだったとしましょう。例えば，直属の上司が気難しい人で「その上司の機嫌を取る」ことが今の部署の要求事項であって，それに適切に応えることで価値を上げても，それは残念ながら他社では通用しない能力です（もちろん，その経験を通じて「コミュニケーション力全般」を向上させれば話は別でしょうが）。そのような他社で通用しない能力だけを高めた場合，市場価値がゼロと評価されるかもしれません。

　だからこそ，社内の価値と社外の価値を双方上げることが大事なのです。市場価値を上げ，いわば「逃げ道」を社外に作っておくことで，精神的にも安定できる，という効果も期待できます。

　なお，「熟慮」が必要だ，ということは逆説的に言えば，「正常な熟慮すらもできないような環境」は速やかに辞めるべきだ，ということも意味します。例えば，名ばかり管理職で少額の手当だけで，残業代なしで長時間

労働させられる等で転職を考える時間もない，といった場合，「石の上に
も三年」のような，昭和の考えを励行するよりは，速やかに「逃げる」方
が良いことが多いでしょう（→Q148）。

キーワード 【市場価値】【転職】

Q 184
インハウスを含む法務パーソンはどのような場合に転職（社外における
価値）を考えることが多いのですか？

A ・・
ハラスメントやメンタルがやられる場合がありますが，それ以外にも
望むキャリア展開が得られないこともあります。

解　説

ハラスメントなどで，今の会社に居続けることが精神的又は肉体的に苦
痛である場合もあるでしょう。この場合，回復に時間がかかる上，メンタ
ルが安定していないと転職活動自体もおぼつかない（面接などが突破できな
い）ので，被害が深刻にならないうちに，速やかに「転進」を図るべきで
しょう。

加えて，メンタルヘルスの観点もあるでしょう。法務はその仕事そのも
のがストレスフルです。案件を進めたい事業部と無理難題を言う相手方の
板挟みになったり，指摘した社内コンプライアンス違反について「何とか
見逃して欲しい」と社内政治力を駆使して圧力を掛けられたりします
（→Q170）。だからこそ，「何でも相談できる人」がいないと病んでしまい
ます。真面目過ぎる人こそ病みやすいと言えます。「私が辞めても所属組
織は問題なく回っていくし，所属組織が回っていくかに気を遣うべきは自
分の上の管理職だ」という，割り切った考えが必要です。その意味では，
強いストレスがあり，上司にも同僚にも相談できないという環境であれば，
外に出ることもストレスを軽減してメンタルのダメージを避けるという意
味で重要です。メンタルがおかしくなると，転職活動もままなりません。
だからこそ，メンタルがおかしくなる前に転職すべきです。この点は著者
（ronnor）のブログにおいて，弁護士を想定して，「杉原千畝プロジェク
ト」と題して逃げるべき人がとどまってメンタルを病んでいないかについ
て，警鐘を鳴らしているので，参考にしていただきたいと思います
（→Q148）。

これに加え，望むキャリア展開が得られないということもあり得ます。
まず，1社の中で，（「部付き部長」等の形でポストを増やすことがあり得るとし

ても）法務部門長には，近い世代の中で一人しか就けないのが現実でしょう。人数の多い法務部門では，一人の法務部門長の陰には，望んでもそのポジションに就けない人間が一定数出ることもあります。そこまでいかなくても，座りたい「椅子」に空きがあるように見えないときに「転進」を考えるのはそれほどおかしなことではないと言えます。企業規模によっては，管理職に上がる時点で「椅子」取りゲームをしなければならない状況というのもあり得ます。

　それとは別に，人事裁量により自分にとって心外なところへ異動させられること（いわば「異動ガチャ」と称することもできるかもしれません）というべきものののも想定されるでしょう。一般には法務以外の部門に異動することは十分にあり得るところです。法曹資格を有していれば「法務系」の間での異動になることが多いように思われますが，それでもコンプライアンス，知財，内部監査，監査役室（監査役事務局），企業倫理，CSR等の様々な部門に移動することはあり得ます（→Q175）。また，物理的に，本社以外の法務拠点に行く，事業部の契約担当，子会社・関連会社出向，海外派遣等の可能性がある中，家族を含めた人生設計において例えば「東京にずっと居たい」という状況において転職を検討する，という人はいるでしょう。

　加えて，法務部門内でも，積みたい経験が積めない可能性も考えられます。例えば，自社の機関法務（総会等の担当。総会の当日だけ手伝うような話とは異なる）は，マンパワーの少なさ，求められる判断の精緻さなどから，担当が固定化しやすく，同じ人間がずっとやり続けることにメリットがあることからすれば，近い世代に別の担当者がいる場合，自分として経験を積みたくても担当するチャンスが回ってこないことも想定されます。

　なお，上司や同僚と「合わない」というのは転職検討の上での1つの要素ですが，それが上記のハラスメントやメンタルという域に達していない場合，上司や同僚が異動や転職することも十分にあり得るので，直ちにそれだけで転職する，ということにはならないでしょう。

キーワード　【市場価値】【転職】【リスク】

Q 185
転職とそのリスクについてはどう考えればよいですか？

A ‥‥‥‥‥‥‥‥‥‥‥‥‥‥‥‥‥‥‥‥‥‥‥‥‥‥‥‥‥‥‥‥
　転職には確かにリスクはありますが，同時に転職に備えないリスクもありますので，外とのつながりを持ちつつ準備しましょう。

解　説

1　転職とリスク

転職に一定のリスクがあることはきちんと理解しなければなりません。「客観的に恵まれている」人が，「主観的に不満を感じた」場合の転職リスクは大きいと言えます。客観的に恵まれている人が従来と同程度の待遇の転職先を見つけられない，ということはよく聞きます。また，その不満の内容がどうしても元の職場では解決できないものであれば転職の余地はありますが，不満を言い出せばどの組織でも不満が出ます。「ホワイトからブラックへの転身」になる可能性もあります。

例えば，福利厚生に恵まれた大企業からスタートアップへの転職は，もちろんスタートアップ法務自体が悪いわけではないものの，事前にスタートアップ法務の実態をきちんと聞いておかないと，あまりにも環境が違い過ぎて，「こんなはずではなかった」になるかもしれません。

加えて，会社が変わることにより，人間関係とか知識／経験で使えなくなるものが生じます。その結果として，会社固有の事項について学び直しが必要で，その期間は短期的にはパフォーマンスが上がらないかのようにみえることもあり得ることもリスクです。これは転職そのものに起因するので，大企業間の転職でも生じ得ます。

2　転職に「備えない」リスク

この点はQ184をご参照ください。転職に「備えない」こともまたリスクだからこそ，社内と社外の価値を上げ，可能性を増やすべきなのです。

3　外とのつながり

最後に外とのつながりが重要です。結局，自分の市場価値を上げるには，まず，他社で法務はどのような仕事をしており，他社でどのような人が必要とされているかを知る必要があります。また，他社の状況を知ることで，「法務」の特徴と「自社」の特徴を切り分けることができます。転職した後に，自分が「法務のやりがい」だと思っていたのは，実は自社の特殊な事情に過ぎなかったとは知りたくないでしょう。

そこで，ネットワーキングが大事です。例えば転職した元同僚に転職先の話を聞くこともあり得ますし，業界団体や法務団体（経営法友会，日本組織内弁護士協会及び国際企業法務協会が有名ですが，筆者（ronnor）はSNSを中心に経営アニメ法友会の活動に従事しています）の活動が考えられます。加えて，SNSもよいでしょう。ただ，SNSはアカウントがバレることを防ぐよりは（発言が累積・蓄積する前提で）最後はバレると思って，それでも差し支えない範囲でやるしかないでしょう。ここで「差し支えない範囲」というのは，守

秘義務違反やインサイダー規制違反にならないようにすべきというのが大前提であり，それに加えて，炎上等もしないようにするということです。

キーワード 【市場価値】【転職】

Q 186

転職に備えて何を準備すべきですか？

A ●●●

経験の棚卸しのための職務経歴書の定期的アップデートと引継ぎ準備，そして偏見を排した情報収集です。

解説

1 経験の棚卸しのための職務経歴書の定期的アップデート

現時点で転職を考えていない人でも，過去の経験を棚卸しするため，職務経歴書を定期的にアップデートするのがよいでしょう。

「転職の際にこの仕事をどうアピールできるか」との発想は有益です。「何も考えずにひたすらメールの転送だけを繰り返しました」（→Q178）であれば何のアピールもできません。そこで，「営業とのヒアリングから案件固有のリスクを洗い出し，顧問の先生のドラフトが実務でワークするか検証しました」等としなければなりません。そういう発想を持てば一見つまらない仕事も意味のある経験に見えてくるかもしれません。逆に，社内的には一見意義があるように見える仕事でも，外部の人に説明できるように表現すると，実はたいしたことをしていないように見える，なんてこともあるでしょう。このように職務経歴書のアップデートを通じて，自分の今の市場価値を再確認することができます。

また，「自分がなりたいポジションの転職のためには，過去にAとBとCの経験があるのが望ましいところ，AとBの経験はあってもまだCの経験はないから，これからCの経験をするため，上司にアピールしよう」等という，足りないところを探す契機とすることができます（なお，転職を検討する段階以前の段階においてもエージェントとのコミュニケーションを行うことも，適切なエージェントを選べば有益なことがあります）。履歴書に書くべき過去の案件を忘れた場合には，現職については，メールボックス（チャットツールの類なら自分の発言になるでしょうか）を見返して記憶を喚起しましょう。

2 引継ぎ

平素からいつでも辞められるように引継ぎ資料を作っておくことで，いざというときにスムーズに辞められるようにするというのも1つの方法です。転職活動をしていたらとんとん拍子に進んでとても良い転職ができそ

うだが，転職先が「できれば今月中，遅くとも来月頭から稼働を開始してほしい」と強く求める，といった場合，引継ぎが簡単にできることは大きなアドバンテージです。引継ぎ資料作成の際には，引き継ぐ相手が，中にいる人とは限らないという前提で，当然と思われることでも省略せずに書いておくのが無難です。

　なお，全ての案件で，口頭ベースのコミュニケーション（会議，電話相談等）の後に簡単に議事録・議事メモを作る習慣を作っておく（→Q94）と，まさにその資料が引継ぎ資料のドラフトになります。

3　偏見を排した情報収集

　最後に，偏見を排した情報収集も重要です。例えば，弁護士の場合に「インハウスか事務所か」という2択で考えるのではなく，企業に所属しながら副業として弁護士業務を行う（→Q172）とか，「事務所に所属しながら，週のうちのかなりの時間を自分のメインクライアントへの出向・法務受託（→Q25）に充てる」といったハイブリッドな形態も（どのような企業，どのような事務所に所属するかにもよりますが）選択肢になり得る時代です。そこで，今の頭の中にある将来のイメージがもしかすると「偏見」ではないか，という観点も踏まえながら，幅広く情報を収集しましょう。

> **キーワード**　【市場価値】

Q 187

社外における価値を上げるにはどうすればよいでしょうか？

A ....

　市場選択や一貫性にも留意しながら，市場価値の高い経験及び知識を獲得することを意識して勉強に投資しながら勉強を継続しましょう。

> **解　説**

1　はじめに

　「どうしてもこの会社で働きたい」という気持ちを持ちすぎない（→Q171）という発想で臨むのであれば，「転職市場」の将来像をイメージしながら，いかに市場価値を高めていくかという考え方になるでしょう。

2　一般的な市場価値

　市場価値は，その時，その時で異なり得ます。そこで，例えば2023年に転職活動を行う場合において，市場価値が高い事項・スキルが2025年も同様に要求・期待されているのかは不明です。とはいえ，一般には以下のものが挙げられるでしょう。

　まずは，基礎力であり，基礎的な法律分野（司法試験科目）における最新

の知識はもちろんのこと，典型的な契約類型（NDA，売買，業務委託等）の
レビュー経験，法律相談経験，簡単なリサーチ経験，簡単なコンプライア
ンス対応経験等々の法務関係の標準的な経験や知識です。

　次は，法務でよく欲しがられる知識・経験・能力であり，例えば英語
（英文契約），下請法・優越的地位の濫用，（その業界の）業法等です。

　更に，一定以上の年齢（35歳位のイメージ）だと「マネジメント経験」が
ベターとなり，もっと上の年齢（40代以上のイメージ）だと「マスト」にな
るでしょう。

3　経験と知識

　ここで，上記で挙げたスキルというのは，「実際にそのような案件が来
た時に適切に対応できること」が求められています。ただ，転職の際に，
転職先が採用を決定する場合，（契約レビューテストや口頭試問をする会社もあ
るようですが）少なくとも転職先の具体的案件をアサインしてこのスキルを
確かめるということはされていません。そこで，経験と知識が重要です。
まずは，類似経験を有していることです。求めるスキルと過去の経験の類
似度が高ければ高いほど望ましいですが，全く同一である必要はありませ
ん。また，類似経験において「うまくやる」ことができているのがベスト
ですが，そこまで理想的にいかなくても，その経験を踏まえて「次はうま
くいく」ための教訓を身に付けていることが必要でしょう。これに加え，
勉強をして知識を得ていることです。これは，経験を通じた知識ももちろ
んですが，それ以外の勉強も含まれます。ビジネス実務法務検定2級や1
級等の資格を有していることはその知識の証明になります。

4　市場の選択と一貫性

　例えば市場を「外資系金融法務」に絞り込むことで，期待される給料は
高まるかもしれません。それに対し，もう少し広く「（日系及び外資系の）
グローバル企業法務」くらいに位置付けた方が柔軟性は増すかもしれませ
ん。いずれにせよ，自分という「商品」をどのマーケットで売るか，とい
う観点からの市場選択が重要でしょう。社会人経験があるということは
「まっさらな状態」から教育をするのではなく，その経験を「合う」と
思ってくれる人がいるところが，「市場」です。その市場をどこに設定す
るかによって，「買い手」から自分を見た「使い勝手」も異なり，評価も
異なってきます。

　また，「市場」の選び方という意味では，キャリアに一貫性があった方
が，「商品」としての自分を売り込むことが容易でしょう。例えば，「営業
も開発も法務もできます」というキャリアを有していることが，ある程度

の大企業で本当に求められるかというと，一般には否定的なように思われます（もしかするとスタートアップではそういう「何でも屋さん」の方が好まれるのかもしれませんが，それもキャリアのステージにもよるのでしょう）。ただし，そこは説明の問題という側面もあり，うまく説明して「確かに一貫性がある」と思わせられるのであれば，障害にならないかもしれません。

5 勉強を継続する

そして，勉強という意味では，法務は毎日勉強を続けないといけない，因果な職種です。法律や実務運用は常にアップデートされます。昔の法令を前提とした実務運用は，最新の改正に対応できないと大きなコンプライアンス上の問題が生じる可能性があります。そして，目の前の案件について，「大丈夫かな？」「これが問題ではないか？」と気付けるようになるには勉強を続けることが必要です。

現時点で契約書に「和議」（解除事由），「滌除」（抵当権）等の文言があれば，「おかしい」と思えるでしょう。しかし，今の知識のまま，アップデートができないと，将来の改正に対応できなくなり，若い人に「先輩，おかしいですよ」と笑われてしまいます。ここでは，「逆行するエスカレーター」の比喩が当てはまるでしょう。前に進まないといけません。最低限現在地にとどまり続けないといけません。しかし，エスカレーターは下に降りていく。だからこそ，エスカレーターと同じ速度で駆け上がらなければ，奈落の底に落ちてしまうのです。

また，ビジネスレベルの英語をマスターしたいのであれば，勉強を継続しないと物にならないでしょう。その意味では，継続のためのモチベーションづくりも重要です（なお，独身であれば融通が利きやすいですが，家族がいれば，家族の理解と支援をどう得るか，という点も重要です）。

そうすると，自己への投資のための一定の支出は法務パーソンである以上やむを得ないとなります。例えば，書籍代，セミナー代，英会話学校の費用等です。もちろん，一部は会社が出してくれるかもしれません。ただ，やはり，在宅勤務も増える中で，会社に本があるということでは足りず，ある程度は自宅に，自分の手元に本がある必要があるのではないでしょうか。この点は，会社の書籍データベースが家からもアクセスできるとか，無料ウェビナー（ただし内容は玉石混交です）を利用する等，お金を投資しなくてもうまくできることがあるものの，その場合でも本を読む時間，ウェビナーを受講する時間等，「時間」を投資しなければなりません。

キーワード 【勉強】

Q 188

（法律を念頭に）勉強すべき対象は何ですか？

A ･･

　「定評のある書籍・論文」を熟読し，資格試験で体系的に勉強しましょう。

解　説

1　定評のある書籍・論文

　モチベーションの問題はありますが，文献を読むのは勉強の基本です。その際は，「固いところ」，つまり，その専門家集団において存在する「共通認識」部分を理解するのが大事です。

　そうすると，やはり例えば，江頭憲治郎『株式会社法』等，定評のある「これは信頼できる」と（単に声が大きいだけの人ではなく）法律家コミュニティ全体に評価されているものを読むのが重要です。もちろん，「イラストが多用されて文字も大きい入門書」のようなものを否定するつもりはありません。こういうものを元にその分野の全体像を「大づかみ」して，その法分野の地図を頭の中に作る，ということもまた重要です。ただ，分かりやすさに振った比喩的な説明で「大づかみ」して終わりではなく，やはり，その後で定評のある書籍で正確に理解しておかなければ，実務で「使える」知識にはなりにくいでしょう。

2　資格試験を利用する

　「ついで勉強」（→Q190）で体系的知識を仕入れられればよいですが，なかなかうまくいかないこともあります。大学院でのリカレント教育等も検討対象となりますが，そこまで時間も費用も費やせないという人もいるでしょう。そのような場合に体系的学習とモチベーションを両立させるのが資格試験です。例えばビジネス法務実務検定のような法律系，ITパスポートのようなIT系等，分野ごとに様々なものがあります。レベルもまちまちで，ビジネス法務実務検定は3級から1級まで徐々にステップアップする楽しみがあります。

　そして，そのような勉強の結果，合格すれば実力の証明にもなります。例えば会社によっては資格手当がもらえるところもありますし，転職の際に「XXの実務経験を生かしその体系的理解と力試しとしてXX資格を取得しました」と言えれば，（そのXXが欲しい会社に転職する前提で）かなり有利になるでしょう。

3 その他

最新の話題等を入手するという意味では法律雑誌を読む，というのもあるでしょうし，最近では大手事務所がニュースレターを出したり，ウェビナーを無料でやっていたりするので，（内容は玉石混交ですが）そういうところを通じて情報収集をするという方法もあり得るでしょう。会社で経営法友会に入っていれば，そこの月例会のウェビナーを視聴するのも考えられます。

キーワード 【勉強】

Q 189

法律以外としては何を勉強するべきですか？

A ・・・

英語，会計，IT等が考えられます。

解 説

1 英語

TOEIC，TOEFL，英検などの資格試験が実務で直ちに役に立つことは期待してはいけません。むしろ，留学の社内選考，ロースクールでの選考，転職の際の書類審査等の参考資料となり，学習のモチベーションの維持のためのものと理解すべきです。

実務で使える英語力はOJTで得られる部分が多いといえます。ただし，そのような実務ベースの知識が「断片的」になってしまうことを踏まえ，体系化したいという考えはあるところで，こういう点をクリアするために，海外のロースクールのLLMコースなどへの留学というのも選択肢たり得ます（→Q141）。

2 会計・ファイナンス系

確かに会計・ファイナンス系に強いことは，法務内での差別化につながる可能性がありますが，片手間でできるほど簡単な分野ではないことには留意が必要です。ただ，特に機関法務系では，理解が求められることが多いように思われる分野ですし，契約審査などをしている際に，ビジネス上の影響度合いを考える上で，これらの知見が有用なこともあるでしょう。日商簿記2級程度を目指すことが考えられると思われます。

3 IT

会計・ファイナンス系の次に思いつくのはIT系です。最近のDX等の流れでその重要性は増しています。ITパスポートレベルをまず目指し，その次は情報セキュリティマネジメント試験を検討することが考えられます。

Q 190

効率的に勉強するにはどうすればよいでしょうか？

A ●●●

　　時間がない中でどうするかを考える，お金をもらって勉強する，隙間
　時間活用，福利厚生，付け焼き刃の知識の血肉化等の効率的な勉強のア
　イディアを利用しましょう。

解 説

1　時間がない中でどうするかを考える

　仕事をしながら勉強する場合，時間がない中でどうするかを考えないと
いけません。

　まず，効率を重視すべきです。例えば語学ならば，独学や大教室よりも
マンツーマンレッスンが良いかもしれません。

　次に，「勉強時間をお金で買う」ことも考えられます。独身なら自炊で
はなく外食を，家庭持ちは必要に応じて，家事の外注等を活用して，勉強
時間を捻出することも考えられます。

　更に「プレッシャー」として，周囲に例えば資格試験に合格すると宣言
したり，英語なら語学学校に先にお金を払い，「背水の陣」を敷くといっ
た方法もあります。

2　お金をもらって勉強する（一石二鳥）

　会社員の有する一番大きいメリットが，「お金をもらって勉強」できる
ことがある点です。例えば，市場価値（→ Q183）の観点から，例えば「英
文契約のレビュー能力をつけたい」としましょう。上司に英文契約をやら
せてほしいと依頼し，自分の作った英文契約書を会社のお金で顧問弁護士
に添削してもらい，勉強することが考えられます。

　結局1週間に40時間は仕事をしないといけないのです。その40時間が自
分が発展したい方向（上げたい価値を上げること）につながらなければ，単な
る貴重な「時間の切り売り」になりかねません。それに対し，40時間が自
分が発展したい方向（上げたい価値を上げること）につながるなら，一石二鳥
で最高です。もちろん，実際に40時間の全てがやりたい「勉強」にはなら
ないでしょうが，少しでもそのような「お金をもらって勉強」という一石
二鳥の時間が増えることを目指すべきです。

3　隙間時間活用

　「隙間時間活用」として，例えば，通勤時間等の隙間時間を勉強に当て
ることが考えられます。実際には，隙間時間のゲームやTwitter等も重要

な息抜きになっており，そういう息抜きをしてはならないということではありません。しかし，例えば，通勤時間が往復2時間あれば，その2時間を5日×50週積み重ねると，1年で500時間も勉強できます。そこで，例えば，スマホでできる勉強は何かとか，通勤時間に英語を聞けないか等，少しでも隙間時間を活用できるよう努力すべきです。

4　福利厚生

大手企業に勤めている人は，是非自社の福利厚生についてイントラネットで調べて欲しいと思います。例えば，ビジネス実務法務検定試験対策講座等，通信教育の費用を会社が負担してくれるかもしれません。また，社外セミナー等への参加費を出してもらえて，かつ，業務時間を使える（時間有休を取らなくてよい）とか，社費留学（国内の大学院等を含むこともある）制度等，様々な利用可能な制度があるかもしれません。

5　付け焼き刃の知識の血肉化

業務の過程で，その場その場で必要となる「付け焼き刃」の勉強をすることになり，その時点では知識が入ります。しかし，それが付け焼き刃のままであれば，次第に風化してまたゼロに戻るだけです。そこで，いかにそのような断片的知識を「血肉化」していくかを考えなければなりません。

まず，「ついで勉強」があります。今必要とされているところだけではなく，その法律の体系がどうで，今学んでいるところがそのどこに位置付けられ，そしてどうしてその結論なのかを「ついで」に勉強しましょう。

次が，「学んだことのまとめ」であり，自分が後で「あれ，なんだったっけ？」と思った時，すぐに参照できるよう，自分がその案件のための勉強の過程で得たこと，その問題の解決に役立った資料等をまとめて整理しましょう。その知識が次に困った時に役に立つかもしれません。

更に，「学んだことの振り返り」をすべきであり，事前に何を考えたか，計画どおりに進んだか，進まなかったとしたらなぜか，案件の中で何を学んだか，良かったところはどこか，次は改善したいところはどこか，疑問点等をリストアップし，同僚や先輩に適宜確認しましょう。

加えて，「学んだことの共有」をすべきであり，せっかく学んだのだから，共有しましょう。例えば，①法務内勉強会，②社内研修，③社外勉強会・社外法務組織の研究会，④ブログ等々様々な方法で共有の機会があります。共有のお陰で助かる人もいるし，フィードバックでもっと学ぶことができます（当然のことながら守秘義務の範囲での共有となります）。

Ⓠ 191

仕事をしながら成長するコツは何ですか？

Ⓐ ┈┈┈┈┈┈┈┈┈┈┈┈┈┈┈┈┈┈┈┈┈┈┈┈┈┈┈┈┈┈┈┈

今やっている仕事の意味を考えることです。

解　説

　Q145では法律事務所での弁護士の雑用について検討しましたが，法務にも「定型的」な仕事が多いといえます。例えば毎年同じ時期に同じような契約を締結するのでそれをチェックするとか，毎年同じ時期に同じような手続をするのでその書類をチェックするなどです。

　このような案件について「年月日を今年のものにするだけでよい」等とかなり安易に「機械的処理」をしてしまう人がいます。特にスタッフレベルであれば，その後上司や先輩のレビューが入るので，何とかなるでしょうし，また，「結果」として，修正は年月日だけ，といったこともあり得ます。

　しかし，そのような毎年契約するというアレンジの意味やそれぞれの書類に込められた意図が分からないと，「間違い」に気付くことはできません。将来，上司や先輩のレビューがなくなった際に大きな間違いをし得ますし，そもそもそんな仕事はつまらないでしょう。定型的な業務にもそれ相応の意味があるはずで，それを理解せずにやるのは勿体無いですし，進歩にもつながりません。そこで，できるだけその意味を考えながら仕事をして成長につながるようにしましょう！

Ⓠ 192

短時間に圧倒的成長する方法はありますか？

Ⓐ ┈┈┈┈┈┈┈┈┈┈┈┈┈┈┈┈┈┈┈┈┈┈┈┈┈┈┈┈┈┈┈┈

短期間の圧倒的成長は「無理」です。価値は徐々に上げましょう。

解　説

　ここまで，価値を上げることの重要性を強調してきましたが，「圧倒的成長」を短期間に実現することを目指すべき，と捉えるのは適切ではありません。1年目で3倍仕事をして3年分の経験を積む等は，もしかするとそれができる人がいるのかもしれませんが，それができた人による「生存バイアス」がかかっている可能性があることには注意が必要です。自分は自分，他人は他人で，「マイペース」で価値を徐々に上げていくべきです。

仕事における成長は単なる結果論に過ぎず，それ自体を目標とすべきではありません。むしろ，「ブラック」な労働環境の組織が，結果として成長する可能性があることを過度に強調することがあり，警戒すべきです。

3-4　テクノロジーとの付き合い方
キーワード 【テクノロジー】【付加価値】

Q 193
テクノロジーとはどう付き合っていけばよいですか？

A ・・
テクノロジーがますます発達する時代，テクノロジーをいわば「道具」として，これをうまく使うことが大事であり，自分の付加価値が何かを意識し，これが下がらないように留意してください。

解説
付加価値について意識することは，ますます発達するテクノロジーとの関係でも重要です。すなわち，現在は，「リーガルテック」等の技術が発展しており，これらの技術を利用することで，時間と労力がますます節約されることが期待されます。

しかし，例えばAI契約レビューシステムにファイルをアップロードし，その結果をそのまま相手に送るという「法務パーソン」に，どのような付加価値があるのでしょうか。笑い話の要素が強そうですが，「相手から変な修正提案があったので，元に戻すか理由を説明するよう依頼したら『AIのレビュー結果ですので，修正を受け入れてください』と言われた」といった話があります。このような法務パーソンがもし万が一存在すれば，会社の信頼を失墜させるという意味で，マイナスの付加価値としか言いようがないでしょう。

（「ネタ」に対するツッコミを入れる野暮な行為にはなりますが）当然のことながらAIレビューが誤っている可能性があり，（AIを利用すること自体には問題ないものの）「その会社の修正提案・コメント」として外に出すのであればAIのミスの有無を検証したうえで，ミスがあればそれを人間がカバーした上で恥ずかしくないものを出すべきであるところ，そのような精査をしていないため，変な内容を相手に出してしまっています。そして，変な内容を出しただけなら，「単純ミスで見逃した」という可能性もあるところ，相手が具体的にこの点がおかしいのではないか，と問題提起をしたのに，「修正を受け入れてください」という回答では，単純ミスではなく「法務の力量がなく，AIの誤りを批判的に検討する能力がない」ということで

あり，しかもそのことを外部に自白してしまっているわけです。

　要するに，テクノロジーは「道具」なのであり，その道具をうまく使うことが大事であって，道具に振り回された結果，契約審査の質や能力といった付加価値が下がるのであれば本末転倒です。

キーワード 【テクノロジー】【仕事】

Q 194

そうするとテクノロジーに仕事が奪われるのですか？

A ••

　例えば，30年のスパンであれば，行う仕事の内容は変わっても，引き続き我々人間が法務業務を行い続けると思われます。

解説

　「テクノロジーによる人間の代替」というと，おどろおどろしく感じますし，「テクノロジーに仕事が奪われる！」という自然な嫌悪感・不快感はよく理解できます。確かに，テクノロジーの利用がますます増えるにつれ，個別の「タスク」のレベルではテクノロジーに代替されることは多いでしょう。

　例えば，昔は判例を調べるには（例えば図書館に行って）判例雑誌の記事をいちいちコピーしていました。今はインターネット上の判例データベースで，簡単に判例の原文（場合によっては解説まで）を読むことができます。つまり，昔法務パーソンが担っていた，判例を読むため「図書館に行って雑誌をコピーする」仕事は確かにテクノロジーに代替されているのです。

　しかし，これは「テクノロジーに仕事が奪われる！」という話なのでしょうか？　少なくとも，テクノロジーに仕事が奪われる「恐怖感」とは真逆で，むしろ利便性が上がっただけです。50年後，100年後のことは分かりませんが，例えば30年後に，全ての法務の仕事が機械に置き換わり，「昔は法務部門なんてものがあったんだよ」「へー，全社の観点からのリスク管理なんて当然AIがやるものでしょう。そんなことを人間がやるなんて，何とも遅れていた時代があったんですね」と言われる世の中は来ないと確信しています（もし来たら謝ります）。

　その予想が大きく外れないという前提で，現在論じられているテクノロジーによる仕事の代替というのは，産業革命からという観点ならば数百年，人間が道具を使い始めてからという観点であれば万の単位の年数を経て継続している定期的で漸進的な「新陳代謝」の一種だと考えます。個別具体的なタスクは代替されても，人間がその仕事をしなくなる，ということで

はなく，むしろ，人間がテクノロジーを便利に使って仕事をする，という「おなじみ」の事象が繰り返されるだけだと考えます。

なお，「低付加価値のタスクが機械・技術によって代替される」という状況は過去何度も発生していますし，今後もそのような状況が発生してもおかしくありません。しかし，それは，　Q177　等で繰り返してきた，法務パーソンとしての付加価値を高めることの重要性を再確認する話に過ぎず，テクノロジーの恐ろしさの話ではないと考えます。

キーワード 【テクノロジー】【仕事】

Q 195

「つまらない仕事」はテクノロジーがやってくれるのですか？

A ....

必ずしも「つまらない仕事」だからテクノロジーが得意というわけではありません。

解 説

では，何がテクノロジーに代替されそうなタスクなのでしょうか。確かに，テクノロジーが得意なことの一部には，付加価値の低い繰り返し作業，いわゆる「つまらない仕事」が含まれます。しかし，全ての「つまらない仕事」がテクノロジーが得意な仕事か，というとそうではないでしょう。

例えば，国選弁護におけるいわゆる「ペットの餌やり」は悩ましい問題と言われます。すなわち，弁護士でないと餌をあげられないわけではないので，少なくとも餌やりに弁護士業務としての付加価値はありません。しかも，「家から金品がなくなっているがこの期間に家に入れるのは一人だけ」と言われる等のリスクがあります。反面，被疑者としては，自分の家族であるペットに餌をやってくれと強く頼むでしょう。このような典型的な悩ましい行為として挙げられる「ペットの餌やり」をAIがやってくれるようになるのはいつなのか，等と言われることがあります。しかし，いくら付加価値がなくても，ペットの餌やりをAIがやってくれる未来はなかなか来ないでしょう。

筆者は，テクノロジーは「定型・大量・単純・反復・迅速・ミス許容」が得意だと考えます。つまり，同じようなもの（昔は「厳密に同じ」である必要があり，非常に「融通が利かなかった」ところ，今でも融通は「利きにくい」ものの，似たものを同様に処理することができるようになってきています）が大量に来る場合に大量に反復して処理をするというものはテクノロジーが得意です。これに対し，人間は，ほどほどの量をほどほどの時間で行う前提で，複雑で

非定型的なものでもできるし，ヒューマンエラーはあっても，少なくともテクノロジーを使った場合に生じるミスは少ないと言えます。

　ここで単純か複雑かは，ある程度評価の問題があります。例えば，100頁の契約は一見複雑に見えますが，AIは「長さ」を苦にしないので，契約類型によってはAI契約レビューが対応済みのこともあるでしょう。とはいえ，一般には，人間にとって単純と思えるものの方がテクノロジーは得意なことが多いと言えます。

　そして，「ミス許容」というのは，テクノロジーが少なくとも人間と異なるような「ミス」をすることから，そのようなミスを許容できる分野ではなければ利用されないということです。AI契約レビューは，人間なら同一と分かる言い回しの違いを理解せず，存在する条項について条項がないとか，存在する内容について内容がないという「ピント外れのコメント」をするといった「ミス」をします。それは単に，自然言語処理がそのようなレアな言い回しを同一と認識できなかった（機械学習型であれば，そのような統計的に出現確率が低い言い回しに対する対応が不十分だった or あえてしなかった）ということであり，それだけで一律に「使えないテクノロジー」と決めつけるべきではないでしょう。むしろ，単にミスの立ち現れ方が「違う」というだけです。同様に，締結済みの紙の契約書をOCRして契約書管理ソフトで管理していたら，OCRの読み取りミスがあり検索しても出てこなくなった等も，ミスの立ち現れ方が違う事例とも言えるでしょう。

　ただし，AIがミスをするからといって，ミスが許容されない業務にテクノロジーを使えないということではありません。人間がチェックをして，テクノロジーのミスを是正するということで，ミスが許容されない業務に対し，ミスが生じる可能性のある今の技術を利用することができます。テクノロジーと人間の役割分担を考え，それぞれが「得意」な仕事をするように配置することで，「ミス非許容」が「ミス許容」に変わり得るのです。その結果として，多くの仕事が少なくとも当面は人間の仕事として残るものの，タスクの一部がテクノロジーによって担われ，また，人間が行うタスクも，テクノロジーのミスのチェック等，内容が変わります。

　単純で定型的な大量繰り返し作業については，人間は「チェック」するだけでよいので，かなり労力が減るでしょう。これに対し，複雑で，非定型的な作業は人間に残ります。その限りでは，定型的で単純な大量処理の「つまらない」仕事の一部がテクノロジーに置き換わり，人間はますます非定型的で複雑な仕事に注力することができるようになるとも言えるでしょう。

キーワード 【テクノロジー】【仕事】

Q 196

「テクノロジーを使うより自分を使う方が安い」という意識で戦っていけますか？

A ⋯⋯⋯⋯⋯⋯⋯⋯⋯⋯⋯⋯⋯⋯⋯⋯⋯⋯⋯⋯⋯⋯⋯⋯⋯⋯⋯

テクノロジーの進化によって難しくなる可能性はあります。

解 説

ここで，テクノロジー時代における生き残り方として「私の方がテクノロジーより安いので，私を使ってください！」という方法自体も考えられなくはないでしょう。例えば，AIレビューソフトの1アカウント当たりの月額費用より毎月の給料が低い，という形でテクノロジーと勝負していく，というのは，全くあり得ない戦略ではありません。

しかし，テクノロジーが将来的にも発達を続ける中，特に「大量・迅速」の部分でテクノロジーと戦うことは難しくなるのではないでしょうか。例えば，人間がAIレビューソフトと，契約レビューにかかる時間で勝負をするというのは，必ずしも合理的とは思えません。むしろ，「人間ならでは」の付加価値（→Q197）で勝負すべきでしょう。

キーワード 【テクノロジー】【付加価値】

Q 197

テクノロジー時代における「付加価値」とは何ですか？

A ⋯⋯⋯⋯⋯⋯⋯⋯⋯⋯⋯⋯⋯⋯⋯⋯⋯⋯⋯⋯⋯⋯⋯⋯⋯⋯⋯

テクノロジーにできない（テクノロジーが苦手な）仕事にこそテクノロジー時代における人間の付加価値があります。

解 説

テクノロジー時代においては，「何がテクノロジーにできないか」「何がテクノロジーにとって苦手なのか」を知ることが，自分の付加価値を向上させる近道です。テクノロジーが得意なものについてテクノロジーと「張り合う」のは得策ではありません。

逆に，テクノロジーが苦手な物事について付加価値を伸ばしていけば，自分はテクノロジーによって代替されにくいタスクが「得意」である以上，長期にわたってあなたのタスクはテクノロジーに代替されず，あなたの仕事は残り続けるでしょう。だからこそ，テクノロジー嫌いの人でも（むしろ，だからこそ）テクノロジーが何をでき，何が得意で，逆に何ができず，何が苦手なのかを知ることに大きな意味があるのです。

なお，重要なのは，2023年のテクノロジーの技術水準だけで考えてはならないということです。Q195で，AIレビューの典型的なミスやOCRのミスを指摘しました。しかし，例えば65歳が定年でも，35歳の読者にとっては定年までまだ30年あります。今の技術水準をベースに考えるのではなく，少なくとも10年後にどこまでテクノロジーが発達するか，という観点から考えるべきでしょう。例えば，これまで「翻訳」は「人間がやるべき付加価値が高い仕事」と思われていたのではないでしょうか。しかし，読者の皆様の企業においても，「とり急ぎ参考訳を作る」タスクは，人間ではなく翻訳ソフトにさせることが多いのではないでしょうか。例えば10年前くらいにおいては，「機械翻訳はあるけども，少なくとも法務の実務では使い物にならない」とされていたと記憶していますが，その時代からは隔世の感があります。これと同様のことが契約レビュー等の法務の業務の一部にも言える可能性があることには留意が必要です。

キーワード 【テクノロジー】【キャリア】

Q 198
テクノロジー時代のキャリア発展のコツは何ですか？

A ･･･
テクノロジーに使われないようにして，テクノロジーを使う側に回りましょう。

解説

テクノロジー時代においても，テクノロジーの苦手な非定型的仕事は，あくまでもテクノロジーは「支援」をするだけで，人間の手に残るでしょう。そのような非定型的仕事の典型は，全社的リスク管理という付加価値を発揮しながら，内外のキーパーソンとやり取りをして案件を回していく，というまさに法務業務のコアとなる部分です（→Q35以下）。このような，いわばテクノロジーを使う側の法務パーソンは，付加価値が高い人として，相応の報酬をもらいながら，ますます便利になるテクノロジーにより，従前より楽に仕事をできる，という将来像を想起することも可能です（少し楽観的過ぎるかもしれませんが）。

逆に言うと，そのような付加価値を発揮できない人は，いわば「テクノロジーに使われる」ことになり，付加価値が低い仕事しか経験できず，いつまでも付加価値を上げられないまま苦しむ，というような将来像も予想できなくもありません。読者の皆様には，是非テクノロジーを使う側に回っていただきたいです。

キーワード　【テクノロジー】【キャリア】

Q 199

人間に残る非定型的な仕事とはどのようなものでしょうか？

A　‥‥‥‥‥‥‥‥‥‥‥‥‥‥‥‥‥‥‥‥‥‥‥‥‥‥‥‥‥

　　典型的には，法務業務のコアとなる，コミュニケーションを行いながら実施する全社的リスク管理です。

解　説

　では，人間に残る非定型的な仕事とはどのようなものでしょうか。その典型は法務業務のコアとなる，コミュニケーションを行いながら実施する全社的リスク管理です（→Q198）。

　例えば，プロジェクト推進のため，「キーパーソン」との良好な関係を構築する（→Q58）ことについて考えてみましょう。将来的には，「質問した後回答が一定時間ないと，自動で『●日間回答がありません』とリマインドがされる」とか，「テクノロジーを使ってキーパーソンの好みそうな説明パターンを明確にする」など，テクノロジーによるますます高度になる「支援」を受けることができるでしょう。リーガルテックと呼ばれるものの中でも，ワークフローシステムや，契約業務管理システム等には，そのようなコミュニケーションを便利にする機能があるものも多いと言えます。しかし，まさに「人間同士の信頼関係」を構築し，プロジェクトを前に進める部分その「主たるタスク」は30年後も人間が担い続けると考えます。

　また，法律知識やビジネス知識を含む知識の共有については，少なくとも「典型的」なものは，例えばチャットボット等で代替されてしまうかもしれません。しかし，「今後●●になるかもしれないとしてビジネス内で議論されている」といった情報は，今後テクノロジーがますます発達し，権限管理やアクセス管理がしっかりしていくにつれ，ますます法務に共有されにくくなるかもしれません。だからこそ，ビジネスと密接な関係を構築して情報を取りに行く，という人間こそが付加価値を発揮できる法務におけるコミュニケーションの重要性（それが重要な業務として人側に残ること）はテクノロジー時代も不変だと思われます。

　これに対し，契約関係は微妙なところです。例えば，契約の条項の法律や雛形に照らしたリスク，例えば「その規定と任意規定や雛形を比較してどちらにどのくらい有利かの比較」はテクノロジーが得意でしょう。しかし，目の前の「この」案件の固有の事情からして最適か，といった観点での検討ができるまでは，相当時間がかかりそうです。要するに，一般的な

問題の発見と一般的な回答案の提示はテクノロジーが得意ですが，それはあくまでも一般論であって，「本当にこの事案においてその一般論が当てはまるか」という個別論，ないしは個別具体的案件における最適解の模索については，人間がなお担い続けることが期待されるでしょう。

このように，コミュニケーションを行いながら実施する全社的リスク管理は，ビジネスを熟知しているビジネスパーソンたる法務パーソンこそが，テクノロジー時代においても引き続き担い手であり続けると期待されます。

キーワード索引

著者略歴

弁護士　京 野 哲 也（きょうの　てつや）

平成 3 年　弁護士登録
平成12年　東京フィールド法律事務所を設立
平成20年　最高裁判所司法研修所教官（民事弁護）平成23年度年まで
平成24年　司法試験予備試験考査委員（民事訴訟法）平成26年度まで
平成27年　筑波大学法科大学院教授（ロースクール）平成30年度まで
平成31年　びほく法律事務所（岡山県高梁市）開所
令和 4 年　岡山大学客員教授
著作等：
　『Q＆A若手弁護士からの相談203問　企業法務・自治体・民事編』（編著：日本加除出版, 2022年）
　『クロスレファレンス 民事実務講義』（ぎょうせい, 2011年, 2015年［第 2 版］, 2021年［第 3 版］）
　『Q＆A若手弁護士からの相談374問』（編著：日本加除出版, 2019年）
　『民事反対尋問のスキル　いつ, 何を, どう聞くか？』（編著：ぎょうせい, 2018年）
　『基礎から実務へ　民事執行・保全』（共著：日本加除出版, 2013年）
　『最新　債権法の実務』（共著：新日本法規, 2017年）等

ronnor

法学部卒業後ロースクールを卒業。現在はある企業で法務を担当。
約10年の法務経験を生かし, Business Law Journalでは,「企業法務系ブロガー」として, 辛口法律書レビューを連載。
著作等：
　『Q＆A若手弁護士からの相談203問　企業法務・自治体・民事編』（共著：日本加除出版, 2022年）
　『アニメキャラが行列を作る法律相談所』（単著：総合科学出版, 2011年）
Blog：http://ronnor.hatenablog.com
Twitter：@ahowota

dtk

法学部卒業後に入社した会社で法務部配属及び社費留学で米国ロースクールLLMコース修了。その後日米の企業で企業法務の担当者・管理職を経験。その間に米国ニューヨーク州弁護士登録及び日本の司法試験に合格。司法修習後，弁護士登録。弁護士事務所勤務を経て，現在日本の上場企業の法務部門長として勤務。

Twitter：@dtk1970

Q&A 若手弁護士からの相談 199 問
特別編—企業法務・キャリアデザイン

2023年3月28日　初版発行

編著者　京　野　哲　也
発行者　和　田　　　裕

発行所　日本加除出版株式会社
本　　社　〒171−8516
　　　　　東京都豊島区南長崎3丁目16番6号

組版　㈱粂川印刷　　印刷　㈱精興社　　製本　藤田製本㈱

定価はカバー等に表示してあります。
落丁本・乱丁本は当社にてお取替えいたします。
お問合せの他、ご意見・感想等がございましたら、下記まで
お知らせください。

〒171−8516
東京都豊島区南長崎3丁目16番6号
日本加除出版株式会社　営業企画課
電話　　03-3953-5642
FAX　　03-3953-2061
e-mail　toiawase@kajo.co.jp
URL　　www.kajo.co.jp